北京
口述  历史

诗书继世长

——叶赫颜札氏家族口述历史

杨 原 著

北京出版集团公司

北 京 出 版 社

图书在版编目（CIP）数据

诗书继世长：叶赫颜札氏家族口述历史／杨原著. —
北京：北京出版社，2014.10
（北京口述历史）
ISBN 978－7－200－10929－0

Ⅰ．①诗… Ⅱ．①杨… Ⅲ．①满族—家族—历史—中
国—近现代 Ⅳ．①K820.9

中国版本图书馆 CIP 数据核字(2014)第 199794 号

北京口述历史
诗书继世长——叶赫颜札氏家族口述历史
SHISHU JISHI CHANG——YEHEYANZHA SHI JIAZU KOUSHU LISHI
杨 原 著

＊

北 京 出 版 集 团 公 司
出版
北 京 出 版 社

（北京北三环中路 6 号）
邮政编码：100120

网　　址：www.bph.com.cn
北 京 出 版 集 团 公 司 总 发 行
新 华 书 店 经 销
鸿博昊天科技有限公司印刷

＊

787 毫米×1092 毫米　　16 开本　　17 印张　　280 千字
2014 年 10 月第 1 版　　　2014 年 10 月第 1 次印刷
ISBN 978－7－200－10929－0
定价：58.00 元
质量监督电话：010－58572393

《叶赫颜札氏家谱》封面

《叶赫颜札氏家谱》书页

主编的话

定宜庄

这套《北京口述历史》是由北京出版集团与我，以及几位年轻同人共同策划的。我们的宗旨，是希望用口述历史的方式，为北京这个城市独一无二的历史文化，以及它所经历的这百余年的变迁，尽我们所能地，留下一些记录，哪怕只是些断片和残影。

北京作为一个数百年的"京城"，一个大国的首都，研究和介绍它的各种学术著作和其他出版物，乃至描述它的故事的文学作品和民间传说，早已经是汗牛充栋。而我们这个口述系列与其他诸多作品的不同，就在于这是以北京人自己的口，来讲述的他们在这座城市所亲历的生活、感受，以及对祖先记忆的一套丛书。我们试图以这样一种具有学术规范的访谈方式，让北京人自己说话，自己来展现他们的性格与待人处事的特点，反之也通过他们，来深入具体地观察北京这个城市和它的历史。

之所以选择这样一个角度，是因为北京的文化，与其他任何"文化"一样，它的载体都是"人"。无论这种文化的历史多么悠久、多么辉煌灿烂，一旦承载着这种文化的"人"逝去，那些名胜古迹、琼楼玉宇、风味美食、时尚服饰，便都成为徒具形式的空壳而再无灵魂。而"人"的变化和消失，又远远比"物"更为迅速，尤其是在如今这个因"城市化"而使旧的一切都急剧消失的时刻。

如今是个"大家来做口述史"的时代，口述史的重要性已经被越来越多的人们认知，以口述的方式记录各种事件、各种人物的做法正在遍地开花。但即便如此，像我们这套系列所提出的主题之厚重和想要完成的规模之宏大，在以往国内口述史中还不多见，这对我们来说也是一场挑战，正是出于对北京城的感情和对抢救它的文化的急切，我们这套丛书的所有作者和编辑才会走到一起，才情愿以我们艰苦的努力和探索，来完成我们共同的心愿。至于这个尝试能否达到预期效果，还需读者的检验。

这套丛书既然做的是北京人的口述历史，就有必要先将何为"北京人"交代一下。

首先是时间的断限。如今北京居民中的大多数都是在清朝覆亡之后陆陆续续从全国各地涌入的，据1937年的人口统计，民国之初北京人口不足百万。民国四年（1915年）将京城四郊划入，人口增至120万。迄至1937年，北京人口为150万人左右。到1949年，常住人口达到420万。此后一直持续增长，到1990年就已经突破千万。到2009年，则已经突破了3000万。尽管这3000万人口毫无疑问地都是今天的北京人，但如果我们将这么庞大的人群都划在我们的口述访谈之内，范围就未免太大了。

本来，我们拟将寻访的"北京人"限定在1949年以前来京的420万人口之内。但在实际操作过程中，却发现在20世纪50年代初期那个新旧政权交替、新的政治制度和社会生活开始创立并生长的时代，有着更为生动丰富的内容，并对北京的今天仍然产生着重大的、持续的影响，将这一切记录下来，也许比此前的某些内容更有意义。而亲身经历过这个时期并且能够述说的人，如果以当时18岁计算，到如今六十余年，也都已经80岁有余，也就是说，如果再不抓紧记录，不出几年，对这段历史的所有记忆也都会迅速消逝。所以，我们不得不将寻访的北京人的时间断限再延后五年左右，也就是将20世纪50年代初期进入北京的人也包括在内，并将这一特定时期的历史，也与老北京一样，作为我们进行访谈的重要目标之一。

其次，是北京所辖区域的界限。民国以来，北京的行政区划变动频繁复杂，总的趋势是城市不断扩大，四周的区县被不断划入城市之中。简要地说，民国十九年（1930 年）北京被降为北平特别市，管辖区域包括内城六区、外城五区和东西南北四个郊区；1945 年以后作出调整，为内城七区、外城五区和八个郊区。直到 1949 年，这种"内七、外五、郊八"的区级区划仍然保持着。1949 年以后，北京的行政区划又经历了多次的大调整，其中变动最大的一次在 1958 年，当年 3 月将河北省通县专区所属通县、顺义、大兴、良乡、房山等五县及通州市划入北京市。撤销通县和通州市，合并设立通州区；撤销良乡、房山二区，合并设立周口店区；撤销大兴县，改为大兴区；撤销南苑区，划归朝阳区、丰台区和大兴区；撤销顺义县，改为顺义。同年 10 月又将河北省所属怀柔、密云、平谷、延庆四县划入北京市。到 1958 年底，北京市下辖 13 个市辖区、4 个县。以后又经过撤区设县、撤县设区等反复调整，到 2010 年为止，北京共有 14 区 2 县，① 我们相信，北京市辖的范围还在继续拓展中而远未停止。

我们决定将访谈的"北京人"范围扩展到郊区包括远郊区县，是出于这样几个考虑：

第一，清朝时的北京，是皇室与八旗官兵居住的重地，不仅驻扎在京郊与京师周边的八旗营房的官兵与京城内的旗人属于同一整体，是京师八旗中不可分割的组成部分，而且为皇室供应粮草和各种生活必需品的八旗庄园，也都主要分布在京郊各地，他们被纳入专为皇室而设的机构——内务府的名册之内，其生活方式乃至心态，都与皇室、与京城有着千丝万缕的联系而不同于一般以务农为生的农民。所以，当我们将清代京师旗人的生活形态纳入我们的访谈重点时，也不得不将这些人包括

---

① 北京具体的行政区划为：①首都功能核心区：东城区、西城区（相当于过去的城区）；②城市功能拓展区：海淀区、朝阳区、丰台区、石景山区（相当于过去的近郊区）；③城市发展新区：通州区、顺义区、房山区、大兴区、昌平区；④生态涵养发展区：怀柔、平谷、门头沟区、密云县、延庆县。（③与④相当于过去的远郊区。）

在内。

再者，如今城市改建拆迁规模空前，人口流动异常活跃，大量世代居住于城内的老北京人已经迁居在郊区甚至远郊区的居民小区之中，城市与郊区的区别已经越来越不明显。事实上，这种变化早在 1949 年之后即已开始，尤其是城墙被拆除、大量郊区县被划入北京市之后。老北京胡同的生活既然已经成为越来越久远的记忆，我们对北京人生活的寻访，也无法仅仅局限于胡同之间。

当然，即使我们将口述访谈的时间和地域范围都予以扩大，还是尽量以 1949 年以前生活在四九城之内的北京人为重点。从时间上说，我们希望被访者年龄越大、记忆的年代越久远越好；而从地域上说，即使访谈的范围扩展到京郊，我们寻访的，主要也还是那些依赖京城为生、而非以务农为主的人们，我们想要展示的，主要还是城郊与城市之间存在的相互依存、难以割舍的关系，因为这也是北京城的一个显著特征。

正如人们都知道的那样，虽然口述史目前正处于方兴未艾的阶段，但作为一个学科，至少在中国还尚不成熟，有关它的理论、实践与整理等各方面的探索都还在进行之中，口述史究竟应该如何来做，也就没有一定之规。正因为如此，我们这套口述史系列强调的，是无论从题材和风格上都能够不拘一格，能够根据参与者的学科所长和特定条件，来进行多学科、多角度的尝试。譬如将口述史的访谈与人类学的田野作业结合，或者以口述与史家所擅长的考证与检索文献相参照，等等。从题材上，可以是一个人的传记，也可以是一个人群、一个家族的记忆，还可以是一个店铺、一所学校的历史。总之，能够通过我们的工作，为北京这个城市的历史和文化开拓更多的研究视角与领域，是我们努力的方向。

目　录

图片目录

前　言

　　"诗书继世长"这一题目在出版前曾被讨论数次，最终在出版前定名。之所以采用这个书名，是要强调这个家族世代相沿的一种家风。中国自科举制施行后，读书入仕逐渐成为阶层上升最为重要的途径，书香门第被人们视为家族兴旺以及长久维系最可靠的凭借。所以"四世三公"的士大夫之家，便最为旧日的中国人所称道，并被视为表率。

　　对于本书中这个在清朝时属于内务府的家族来说，以"诗书继世长"为题，则尤具意义。叶赫颜札氏家族，在清代时隶内务府正黄旗，是内府旗人中比较典型的样本。其先祖出身于皇室包衣，虽在赖图库一代因军功而封爵，但整个家族支脉基本仍世代从事于内务府世袭职务，为皇家生活服务。这个家族的变化自乾隆时期，他们开始参加科举考试，因此很多人脱离于内务府世职，出现了大批外放官员，官位虽不高，但属科甲正途，由此也形成了读书入仕的家风，特别是在辛亥革命以后，八旗制度崩溃，很多内务府家族迅速败落，阎家却因读书的传统，能够平缓地在历史变迁中过渡。虽然从严格意义上讲，他们并没能凭借科举为官而延绵数代，成为世代簪缨的大族，但他们大约从清中叶起，就开始对读书特别重视，并将"诗书继世长"作为自己家族代代相传的追求。这也可以看作是他们接受汉族文化影响之后，所形成的一种深层的价值观。是我做这个家族的口述时给我印象最深之处。所以，我以"诗书继世长"为本书点题。

　　当然，这个家族的一切，其实还要从清代独有的八旗制度开始说起。

明末，努尔哈赤在原有牛录制的基础上，创建了八旗制度。八旗制度是一种"出则备战，入则务农"的兵民一体的社会组织形式。旗人生活在八旗制度的严密组织体系之内，他们只能"上则服官，下则披甲"，即从政当差或披甲当兵。他们的生计"惟赖俸饷养赡"，可以说，他们是一群为封建政权服务，依靠国帑旗租为生的特殊群体。辛亥革命，宣告了八旗制度的彻底废除，旗人的生活发生了巨变。八旗兵丁的钱粮逐渐减少直到最后断绝，生活的窘迫使他们必须全面走向平民化和劳动化。

对于这一特殊群体，尤其是驻京旗人，他们的家庭传承、生活状况、社会关系、价值观、交往方式、姻亲关系、社会习俗、宗教信仰以及他们的娱乐方式，特别是民国以后，他们在社会剧变的情况下，是如何应对变化，完成了角色转换的过程，这些都值得进行深入的研究，这些研究对于研究八旗制度史具有重要意义。尽管有不少研究八旗制度的著述和论文，但是从具体的一个个家庭入手，多层次、多角度地探讨八旗制度下的旗人生活状况以及他们的转变过程，还是很少见的。杨学琛的《清代八旗王公贵族兴衰史》，虽然从王公贵族的角度，按家族逐一研究这一特殊群体的生活状况及变化过程，但是从普通旗人的角度，深入一个家族来进行研究的，依然很少。

近年口述史已经被越来越多的人所认知，我们试图对北京各阶层旗人进行采访，通过每一个旗人家族的特殊性，展现八旗制度从建立、发展到衰亡的共性。具体到这本书的阎家，我试图从三个方面的内容来展现这个家族在清代的八旗制度下，以及在八旗制度解体后乃至当代的经历和生活：一方面是对先祖的家族记忆，即对在清代八旗制度下的人的记忆；另一方面是所见的家族中亲属的经历，即八旗制度解体后人的遭遇与经历；再一方面就是所见的生活，即民国时期北京旗人的生活。第一，对人的记忆。阎家在清代有两个非常著名的人物，一个是清初为皇太极生殉的安达理，另一个是晚清义和团运动中的焦点人物毓贤。以安达理为例，从阎家对于他的记忆中，可以洞察出在八旗制度解体后，八旗内务府制度对旗人后代在观念上仍然存在的影响。第二，人的经历。

在清朝灭亡后，阎家这个旗人官宦家族迈向全新的社会环境，从同一家庭走出来的不同的人，在八旗制度解体后，走上了不同的道路。这些旗人是如何从封建社会的臣民转换到民主社会的公民，这当中我们不仅关注了走向革命道路的颜一烟，走向学术道路的阎龙飞，还关注了更多的普通人。普通人的这种身份转变，更具有普遍性，对普通人的关注，也是我们比较强调和重视的。第三，人的生活。这套《北京口述历史》一个非常重要的关注点就是老北京城市的历史，人的生活正是这一城市历史与文化的重要载体，作为清代及民国时期北京城的主体居民，旗人的生活方式、生活观念则非常具有代表性。阎家作为旗人社会中一个阶层的代表，关注他们在八旗制度解体后的生活，不是很有意义吗？

在对阎家进行口述的同时，我还对其他几个与阎家有姻亲关系的家族进行了访谈，如蒋家、张家（叶赫那拉氏）、贺家（赫舍里氏）等，但此次决定将阎家的口述先行出版，出于以下几个方面的考虑。首先，我在与家中其他亲戚进行访谈时发现，似乎大部分亲戚都与阎家有关系，感觉阎家在这几个家族中占有核心的位置，以纽带的作用将几个家族编织成一个网络。而其他几家亲戚也都有这个感觉，都说咱们这些亲戚都是"以阎家为核心的"。在我和阎珂女士的访谈不断深入，并且与其他亲戚的访谈进行了比较之后，我发现她的认同感不仅限于"家"，更包括"族"。阎家作为叶赫颜札氏家族中赓飚这一支脉下嫡长孙的后代，一直与家族中三代以上的很多本家和亲戚都保持着密切的联系，这一方面是家族亲情的一种延续，另一方面，也是我认为更为重要的，是出于嫡长孙家庭对整个大家族的一种责任感。特别是阎珂女士说到家里常有"住闲的"，其中有远支本家的落魄者，也有上几代的落难姻亲，阎家似乎认为从情感上到责任上都必须要对这些人进行扶助，尽管这个时候他们自己的生活并不富裕。这应该是一种在传统社会结构中的亲族观念的体现，而且也许这也正是阎家成为这几家亲戚核心的根源。其次，也许正基于上述这一点，阎家人执著于家族事迹的搜集，编写了大量的文献资料，接续家谱，巡访家族史迹，梳理亲族关系，在我的采访前，他们已经对家族及亲戚有了很深入的了解。那么，这样一个处于核心位置且内容丰富的家族，作为一个家族口述史系列的开头，既有很明显的必要性，对于我的工作也略显方便。

阎珂女士出生于1934年。她是阎家长子阎陆飞的二女儿，早年毕业于通县女师，先在唐山的中学任教，后调回北京，在北京第47中、174中教语文，1989年于北京市第156中学退休。阎珂女士历来对家族历史非常热心，又常年从事中学语文教学工作，对史料、编辑、写作等方面很精通，从20世纪70年代末即开始常年的家族考察，退休后更是写了大量的家族回忆文章。她执着于家谱的修订和续写，追寻先祖的足迹，亲自到广东、河北、沈阳等地采访，并遍访各位亲友，对阎家的历史、人物了如指掌。作为口述史的被访者来说，她是最合适不过的了。

我对阎珂女士的访谈，是在定宜庄老师2007年对她所做访谈的基础上展开的。由于时间所限，定老师对阎珂女士的口述访谈只是个开头。2010年，我跟随定老师开始进行口述历史的学习，由于我与阎家的亲戚关系，定老师决定把阎家的口述史交给我来继续完成。我在访谈中提到的许多问题，都是对2007年那次口述的接续。与定宜庄老师不同，她完全是以一个专业历史工作者的身份进入访谈，而我更像是以一个"家里人"的身份进入。一方面，我的这一身份给我的这次访谈提供了很多的方便。首先，我在进入访谈的时候，没有任何隔阂。阎珂女士很乐于让家族中的晚辈对家族的历史有比较深刻的了解，她会将她对家族的了解向我尽可能丰富地讲解。其次，我本身生长于家族之中，对家族亲戚中的事情就有一定的了解，认识口述中的很多人物，对口述中的很多事件也略知一二，因此在访谈中谈到某个人物和事件时，我脑中会有一个比较立体的概念。而且，在采访当中，当阎珂女士说到某些事情的时候，我还会就我所知的一些信息进行提问，在某种程度上也是对阎珂女士的口述进行的一种补充提问，毕竟很多被访者在接受采访的那段有限的时间内，未必会把自己所知的一切都能想到。再次，阎珂女士

阎珂女士

作为我的长辈，很自然地把我看作一个孩子，而作为一个孩子，可以刨根问底地多问一些为什么，这对于采访过程是没有影响的，但多问的这些为什么，有时却能够挖出一些更为深刻和精彩的史实。当然，这些访谈时的方便，也会有一些负面影响。我对家族的熟悉，会使我在采访前就对一些人和事情形成了固有的观念，这种固有的观念会使我在无意识中对一些问题不再往下追问，或在进一步的提问中不够客观。另一方面，阎珂女士在分别接受我与定宜庄老师的访谈时，态度和内容是不太一样的，这本身没有什么优劣之分，一个人在与不同人群进行谈话时，会自然地选择相对合适的方式与内容。我与定宜庄老师之间的年龄、性别和身份等方面的差异，会导致有些问题我提不出来或无法提出，而面对定老师提出的有些问题，阎珂女士则可能会相对简单地回答或选择隐晦对待。这就使得我们两个人对同一个人的口述采访会在一些问题上有微小

的不同，如果细微地观察这些不同，这个口述史采访的本身就很有意思。

我对阎家历史的最初了解，是基于家中的历史名人，尤其是清末与义和团运动相关的山东巡抚毓贤，是晚清时的著名人物。在我中学学习中国近代史这一段时，因为其"毓"字的行辈排字，还曾认为他是皇族"溥毓恒启"中的一员。后来家里人告诉我，他其实与姥姥家的蒋氏家族有很近的亲戚关系，也就是亲戚中的阎家的先人，满族姓氏为叶赫颜札，其弟毓俊还是一位满洲诗人，留有一本《友松吟馆诗抄》书稿。这是我最早将这一门亲戚与历史联系在一起。这个叶赫颜札氏家族的历史到底是什么样子，我对此产生了探寻究竟的渴望。

阎珂女士追寻家族的遗迹已经有 30 年之久，她总说因为"文革"期间，她的一封信，让母亲烧毁了家里的那些家族遗物，自己总有一种责任感，要追回这些家族记忆。但是从她的多次访谈里，我都能深切感受到她对这个家族的认同感，以及她的兄弟姐妹对这个家族的认同。他们为家族事迹跑了那么多的地方，查阅了那么多的资料，又做了大量的考证工作，从繁多又极其零碎的文字中拼凑这个家族的历史原貌，而且还在不断继续，这其实让我这样一个 80 后在现在这样的社会结构下感到很陌生，也很感动于他们的这种执着。

此外，阎珂女士对生活的观察也相当细腻，这篇口述中有她对旧时生活的大量回忆，衣、食、住、行、生活礼俗等，涉及了很多方面。而且她还非常善于总结，对过往的一些生活重新思考，比较了不同阶层的人在生活上一些细节的不同，还从幼时的一些记忆中体会出一些那个时代的社会人情，使得这部口述历史在老北京人的生活方式方面又丰富了许多有价值的史料。

在此，我要感谢阎珂女士，我的阎姥姥，为我提供了如此丰富的访谈资料。要感谢定宜庄老师和邱源媛师姐对我这篇口述的指导与帮助。同时还要感谢东城社区学院的周莉老师在这篇口述中为我提供的绘图、制表等一系列帮助。

上篇　我的家人

我的整篇口述都是接续着定宜庄老师的先期成果而展开的，很多问题都是在她的口述基础上逐步深入的，那么作为一部完整的书，必然也要将她的研究作为开篇。因为这篇口述的内容所涉及的基本是阎家的家族与家人，因此我将其放在了上篇《我的家人》这一篇目当中。

时间：2007 年 6 月 17 日　星期日晚
地点：中央团校某家属宿舍
被访者：阎珂、阎枫（阎珂女士的堂妹）、阎珂女士的妹夫
采访者：定宜庄

［定宜庄按］

1644 年清军入关，满洲王公贵族与八旗官兵从此定居北京，数百年过去，早已将京师视为"故土"。他们在这里互通婚姻，日久便形成了一个庞大细密的网络。多年前我做《老北京人的口述历史》项目时，曾重点采访了清末军机大臣那桐的后人，并通过他们的一个远亲，联系到蒋亚男、蒋亚娴，也就是本书作者杨原的外祖母和她的妹妹。又顺着这个线索，找到了将家的亲戚阎珂，从而有了这样一篇访谈。

我访问阎珂的初衷，仅仅是对这个婚姻网络中各个家族不同的族群意识感兴趣。那桐家族在清末声名煊赫，民族成分为满族无疑，但间接与他家有婚姻关系的蒋氏姐妹，祖上为汉军旗人，虽然也出过蒋攸铦那样在嘉道时期任重臣的人，但他们如今却坚称自己为汉人而不称满族。阎珂家族的情况则复杂得多，关于这些，访谈中有详细叙述，这里就不赘言了。

通过访谈我才发现，阎珂祖上的故事之复杂丰富，远远超出我最初的想象。她口述中涉及的许多人物和事件都与清代正史相关，却与正史在某种程度上相互抵牾，很值得深入探讨。杨原既然有志于此，又是这个家族的后人，显然有着比我更容易进入的条件，所以在我的第一次访谈之后将这一项目交由杨原承担，这篇口述，便成为这本书的一个并不精彩的开头。

阎珂（以下简称阎）： 我们是叶赫颜札氏，颜札的颜是颜色的颜，后来 1911 年以后可能就……今天我妹妹还问我，我们这一族姓哪个颜的都有，我们就冠姓了，就姓门字的这个阎了，我有一个叔伯叔叔现在还姓延安的延。另外还有一支我们知道姓颜色的颜。就这三个。没有姓严肃的严。珂字应该是斜玉旁。

定： 我想先跟您了解，您的家族最早您知道是怎么来的？

阎： 我就是从小时候我爸就老是有这么一个心愿，就说呀，沈阳有咱们家有记载的，我们管叫二世祖，说有他一口碑，我爸没去成，后来我去了。我是找到沈阳故宫博物院的院长，院长给我安排了一个那时候的研究员，佟悦，他带着我，那是九几年。九几年我去了一趟。那天下大雨，他打着手电爬到那碑上，也看不清，他说这样吧，资料里头有，回头我给你抄下来，我就只照了照片。我说这个的意思，家族里头有记载以来（最早的是）这个二世祖（当时未知上面还有有记录的上辈），对我们这个家族后辈等于他是做了贡献或者说当了一个垫脚石吧。他是给皇太极生殉，皇太极死的时候两个生殉，用现在的话说，他的两个侍卫长的意思，他是其中之一，叫安达理。

定： 这个太有名了。

阎： 是吧，历史上有他的一口碑。史料里有他的一些事迹。佟悦真负责任，都复印下来给我寄来了，我很感谢他。满族基本都是火葬，一人一个坛子，就跟泡菜坛子似的。我父亲就老说这档子事。我觉得现在交通条件又好，又可以做到，我说我去看看，所以我就去了。我去了我也照了相了，后来佟悦给我还来信，说一个退了休的女老师，大老远的，大夏天的挺热的，为了咱们的民族……我说我就为了我们家的这点事。他说他尽他的力量，他就把碑的正面碑文背面碑文上头是什么底下是什么，大概从清宫的资料里边都复印下来了。

我们家的家谱啊，我跟我的弟弟妹妹特别是我，老是觉得有一种歉疚，"文化大革命"一开始，因为我那时候在一所中学，等于是掀起北京市武斗的这么一个……

定：47中？

阎：哟，怎么我一说……

定：因为"文化大革命"首先挑起武斗的中学（之一）就是47中。那个学校在"文革"时不得了。有一个组织叫"杀杀杀"。

阎：对，还有一个"红红红"，"杀杀杀"都是女生，"红红红"都是男生。哎哟，那会儿我一看那个架势，我就偷偷给我母亲写了一封信，我说您赶快，把有关的东西都处理了，都烧了。但是后来没想到，我们家因为是军属，有一个牌儿在门框上钉着，进院里的红卫兵一看就不进来了。但是我不知道啊，我想我母亲这身体，甭说打一顿，就是捅她一下，就完了。我非常担心。后来说起来太可惜了，我们家家谱是什么样呢？除了一个本，另外还有一个，我不知道您见过没有，好像他们说故宫有，拿绳子编着，一抖搂一大串，一个个小木头板儿，一个绳子穿一个，一个绳子穿一个，一个人是一个木头板儿，一个人是一个木头板儿，连着。

定：子孙绳那叫。

阎：对，也叫子孙牌儿。烧啦。另外呢，有一个铁帽子，好像进关的时候，不知道是我哪一代的世祖，这我没弄清楚，好像救过驾，他自己死了。

定：您见过这个帽子吗？

阎：见过。

定：什么样？

阎：就是上头是这样，一个塔形的，上头还有一个尖，好像是铸铁的，我还比画过，沉着呢。还有一帽盒，帽盒是圆的。整个是皮的，外头漆成黑紫色，有这么高吧，上头还一个尖，锥形的，底下是圆筒，上头是圆锥。老在我们家西墙那儿，不是说满族都重西嘛。过去叫祖宗板子。在那上头搁着。我跟我娘一说，大概就都给处理掉了。这个事我后悔一辈子，但是呢……因为后来我知道这种家谱，保存得很少了。不管对什么来说损失太大了，这是个文物啊。

定：你们是什么时候入的关？

阎：清朝进关应该是跟着就来了。就我刚才说的几世祖啊，收尸的时候少一胳膊，没有头了，所以呢据说就是等于救驾了嘛，皇上下令就给他弄了一个金头，那金是纯金还是包金这就不知道。小时候我爸就老说，说咱们家坟地迁了三回，可能是到军阀混战的时候那是谁呀……就因为那个金胳膊金头，盗过好几次，后来呢，大概是孙殿英？带着他的部队，把这个坟圈整个围起来，挖。

定：你们家三个坟地都在哪儿您知道吗？

阎：一个就在现在师大。好像就是在工一楼，师大北边那门，家属宿舍进去不远的地方。后来的一个地儿在现在亚运村建奥运公园，架起高压塔来了。我这几年没怎么在北京，我弟弟他们联系交涉，当时登报通知的时候我们不知道，那一片儿平了。说实在的他们也没办法了，也就想补偿我们在十万以下，几万块钱。钱我们没要，拿了这个钱没办法。你怎么刨啊？你刨出来哪个是谁啊？看坟的也搬走了，找原来那块地儿，具体的哪儿是哪儿都找不着了。交涉半天最后不了了之。

定：原来地面面积还挺大的，有碑是吧？

阎：有啊，石桌、石凳、碑，他们说你们可以拉回去，那也没法拉。那铁狮子坟不是我们家的。

说迁三次，再早的那次我父亲他们也说不上来了。进了城以后先找的那块地儿。后边这两次都有看坟的，我们最后这一次看坟的他的后代还在。我就顺便说一下，这看坟我不知道您遇到过没有，我小时候据老人说，等于是原来这两个家族吧，是两个部落的首领带着兵打仗，被打败的这一边世代为奴，他就跟着我们进关了，进了关就给我们家看坟。[①] 我小时候我记得我有一个叔伯爷爷，我叫五爷爷，就是往上数第四代是同祖，跟我爷爷的爷爷辈是同宗，他年轻的时候因为婚姻问题跑

---

① 阎注：关于这一"关系"，我弟弟阎承沛和家族里其他人说的不是这样。这里说的可能是"太平营"坟地。龙王堂坟地看坟的姓苗，不是因打仗当的"家奴"——后面杨原访谈里面有叙述。

了，他就跑到法国去，然后一直在外。他也挺不得意的，在船上做船员，这样，后来在外边也混不下去就回来了。回来在我们家住了一段，后来呢，因为我们家的坟地应该说挺大的，在那一片比较富，看坟的这一家种园子，过得还挺富裕的。土改的时候据说本来要给他们划为富农，因为他们的身份，后来就划成了中农。我这五爷爷就在坟地住，后来他就死在坟地了。我说的那一辈看坟的老先生叫苗永，他们姓苗，那会儿至少得有七十岁了，他就跟着我们家一直就行的满族的礼，从姓上看应该不是满族。我记得特清楚，他就给五爷爷报丧。我们那会儿在北新桥，有个王大人胡同，现在叫北新桥三条还是几条，我们在那儿住，我们是这条胡同里边的一个小胡同，我在胡同口玩儿，老远见这人走一步磕一头，走一步磕一头，当然从远处怎么着我不知道，到我跟前又磕头，然后哭着说我报丧来了，然后又磕着一直进院里。我祖母那会儿也在。我就问我爸，说那哪儿行，那么大老头儿怎么给我磕头，我是小姑娘啊。我爸后来就跟我说过，就说看坟的跟咱们家是什么什么关系，就这么提起来过。我知道这么点事儿。

那时候我们是公务员家庭，日本统治的时候和日本投降以后都比较困难。我们是一大家子人，另外就是那会儿也不知道叫习惯还是什么，这一支在整个家族里边算是比较兴旺还是比较正统，反正就都投到我们这边来了，从我爷爷我奶奶到我父亲我母亲，反正有口饭吃大家就吃，咱要今儿个没饭了要喝粥也是一人一碗，从小儿……

其妹（以下简称"妹"）：看当时的户口本上人口特多，都是亲戚。

阎：临时的户口特多。那真是八竿子打不着的，都不知道是谁。

妹：户口本上都写着，不光是吃饭，住，都比较长时间住着。

阎：那会儿叫住闲的。我们家住闲的一直就老有。

定：你们家在清朝的时候当过官吗？

阎：最大的吧，你们学历史的就知道，毓贤。毓贤我们叫（大）老祖，我父亲的爷爷的哥哥。算是比较有名的吧，毓贤的父亲做到府一级，专区似的。毓贤的父亲，就是我们这一支的，叫赓飏，这我也去找过，为找这个资料我去广东和平县，我去他们的档案馆，有关他的都复印下来了。我就想找他的履历，没找着，他们就把他的业绩（复印给我）。我就看外地那县志办公室，闲的，一天没事干，看见北京来个人想找点材料，都聚过来了。

妹： 那是那会儿，要是现在，没人理你。

阎： 蒋亚男的祖母是我们家的姑奶奶。阎家分出好多支去，我们现在了解也就是这一代的，他们讲话都是阎家派生出去的。北京啊四九城也不大，走到哪条胡同都有亲戚。有一回我们几个一边大的，我姑姑家的孩子在一块儿就说，也就是我们小孩能知道的，哪条哪条胡同，几乎是（都有亲戚）。

定： 您现在还能说出来吗，哪条胡同都有谁？

阎： 蒋亚男他们小时候住受璧胡同。我是生在北新桥那叫大三条，我姐姐是生在方家胡同里头有一个叫公益巷，等我这几个弟弟就都在王大人胡同，就是现在侨联在的那条胡同。

定： 你们家怎么还老搬家呀？

妹： 不是自个儿房，都是租的房。

阎： 我们家最后一套啊，一个闺女结婚，就给一套房，最后一套就是崇慈女中，后来叫女九中。西四那儿有一个什么中学来着，二龙路，丰盛（胡同），我们家最后一套房在丰盛吧，有过好多套房，到我爷爷那一代呢，大概就剩丰盛胡同那一套了。①

有一回我们几个，就一边大的，我舅舅家的孩子，我姑姑家的孩子，一块儿坐那儿说，说哪条哪条，也就是我们小孩能知道的那些，几乎是。

定： 您现在还能记得吗？哪条胡同都有谁？

阎： ……那会儿就是一个闺女结婚，就给一套房，就给出去了。好像……

---

① 阎注：这里也不对，实际丰盛胡同的房是毓贤做官时卖的，那时还不到我爷爷主事呢。

定：那就是说在这之前你们家有过好多套房？

阎：对，有过好多套房，到我爷爷那一代呢，大概就剩丰盛胡同那一套了。还有就是我爷爷的妹妹，我们叫九姑太太，九姑太太结婚的时候陪送了一套，就是后来说的那个。

定：那时候姑奶奶一出嫁，家里陪送的了不得是吧？

阎：有条件的就陪，那会儿还算能陪呢，到我记事的时候，就没有自己的房了已经。

毓贤是在山东、山西、直隶，他都当过巡抚。

定：毓贤倒是很有名，但是不好意思啊，他在历史上负面的记载多一点儿。

阎：没关系，咱们是在讲历史。《走向共和》里头最后还稍微地给他……

定：平反？

阎：有那么点儿意思。因为从我们家族来讲，毓贤是什么什么样的人，和后来从历史上学的，满不是那么回事儿。

定：那您讲讲你们家族讲的毓贤是什么样的人好吗？

阎：（笑）就是说他刚直不阿，而且在民族气节上比较明显，在山东主要是跟洋鬼子传教士做斗争，所以是不是也是因为这个，西太后利用他跟义和团搞团练什么的，这些。结果让他当替罪羊，头一个就什么（被处决）。我们家到今儿留着一本，咱们开玩笑，我现在说话很随便啊，我说共产党员讲临什么的时候脸不变色心不跳，我这个大老祖，就是明天要正法了，本来他被押解这一路，每天晚上都练字，在一个册页（本子）上写毛笔字，头一天晚上写，明天要怎么怎么着了，我今天……就这个册页我们还留着呢。

定：现在还有吗？

阎：（对妹）在你三哥那儿呢，这一本都留着呢。他就一直写，这一个册页一直写，写到"明天要正法了"，那笔道一点儿没有说心里不踏实手发颤什么的，一笔一画工工整整的，那字非常的……

定：够视死如归的哈。

阎：那真是脸不变色心不跳，甭管是为谁死，其实他是个替罪羊。

妹夫：蝇头小楷啊，记得那么厚呢，他记日记。"斩决令到"什么的，我还能背下来呢。他是在兰州……

阎：这是我爸给我讲的，所以说家族讲的跟历史说的不一样。虽说不是（送）万民伞，但是老百姓跪一大片。跪下求，说不要杀他，他是好人。小时候我们家西墙就是大老祖（毓贤）和我老祖（毓俊）这两人的像，一直在那儿。里屋是祖宗牌，就这么排着，有帽盒的那个，每到过年的时候，我爸爸就带着弟弟、子侄们向这两个老祖的像，都磕头。印象非常深，我那个老祖，眼睛是两眼特有神的那么一个人。不知道什么时候照的。

定：这是你们家做得比较高的一个人，在那之前呢？

阎：在那之前哪，我们家就是安达理，他不是生殉吗，这是我在沈阳那儿他们给我讲的。那位叫佟悦的研究员对我说：如果您的家族后代有些什么，荣啊辱啊，比较兴旺比较发达什么，繁衍子孙，这位先祖是给家族立了功了。他们就给我分析，说那个时候，皇太极无疾而终，安达理，还有一个叫什么好像叫敦达理。当时那个对话，他给我查档案，因为我记得特清楚，那天（沈阳）故宫里头的图书馆还是叫资料室没电，打着手电，把那几本有关的（档案）给我翻出来了。里边有孝庄太后跟他的对话，就是说他问，说我要去继续侍候皇上，要不然皇上没人侍候了。可能当时就好像有一个会议似的，说到底是谁继承这皇位，如果我去，皇上问我，我怎么跟皇上说，好像当时没有具体的回答，就说让皇上放心。我就记得这个。反正史料里头都有。后来顺治的时候，顺治也不是多少年，就决定给他立碑纪念。就说从此以后不能再有生殉了。当时封的是子爵？几等子爵，以后就是世袭罔替。我有一个学生在北京故宫，把有关的抄一份给我寄来，到哪一代又加封了什么，到哪一代又降了，都有些个记载。另外呢，也是从我们这代再上几代了，有一个叫姑姑吧，不叫姑奶奶，选秀女选上了，选上了她不愿意，在轿子往宫里抬的路上啊，她拿剪子就自裁了。因为这个呢，就把我们这族整个儿地给降了。原来我们是正黄旗满（洲），给降到内务府去了。

定：对，你们家是内务府的。我跟袁熹①说，她说不对，说你们家不是内务府。果然您记得清楚。

阎：是降了的。很倔强的这么一个脾气，当然在家里是没办法，抬走了，这都是自己家里传着说的。

我刚才说毓贤，毓贤到山东，山东的海盗、海匪特别猖狂，地方上换了几茬人，基本上都没办法，他去了以后采取一些措施吧。有一次他就直接上海盗船上去了，手下的人跟前任的都劝他不要去，意思是给他们进点贡，保持互相不干扰就行了，能保持你这地方平安就行了。他说不行，结果他去了，有点天不怕地不怕，我还得干我的差，具体怎么着我弟弟好像说得清楚，后来就把那个匪的头儿给镇住了。他们就决定退到山里去，不骚扰地方了。地方都给他送匾，好像来了一个能干事的、为民除害的，所以他在山东立下脚。后来就赶上巨野县有教堂，有冲突了，他是向着反教的，也不是说向着吧，就是裁断的时候没有阿谀奉承，对传教士等等，而是向着老百姓的那意思，所以老百姓就特别地拥戴他。这是家里头说的（笑）。全十后米，就是刚才我们说的，先是说解往新疆吧，叫流放，发配新疆，没到，又来了一个……

定：圣旨追过来，赐死。

阎：对，就在兰州附近的一个地儿。所以我爸除了念念不忘这口碑，还有就是说我们祖上有四口灵（柩），就在西安，大概一个就是我大老祖。这个大老祖啊，他是有一个正房夫人，还有四个姨太太，最后可能是小的吧，第四也不是第五，这个女的叫小红，不是砍头了吗，最后是她一针一线地把头缝到尸首上，等于是收了尸了。一个大老祖一个老祖，好像还有两个是老太太，反正就是说一共有四口棺材一直就在西安市的一个庙里头，那会儿叫"厝"，停厝在那里。

---

① 袁熹：北京社科院历史所研究员，定宜庄的高中同学，阎珂女士的外甥女，杨原的母亲。

定：怎么除了毓贤之外把别人也给杀了？

阎：那不是，在西安是在1911年以前。到1911年吧就全都回来了。回来不敢留在北京。我们家户口本上到现在籍贯还写涞水。因为毓贤的母亲。就是我说的那个赓飏，在广州，在遵化，做了十几年二十年，知府——不是知府，是府里头的一个副职吧，主管水利啊，河堤啊，管这些个的。因为我看他们和平县的档案里边，都是查堤查水情，都是干这个。就是他的夫人姓方，是涞水县人。方家跟我们家好像是有三次联姻，最早就是这个老太太。这都是后来我的姑祖母这一辈人跟我说过，就说这个方老太太呀，长得不好看，脸上有麻子，但是在涞水啊，过去叫方半城，就是说整个这一县，尤其是县城，方家得占一半。一个是说这个家族大，繁衍得多；一个是说富有。我家那会儿说所谓住闲，查那个户口册啊，尽是方家的。那儿算老区，八路军打过去了，就往城里跑，就投亲靠友吧。

妹：我们家跟端亲王的一支好像也有关系，他们有一支后来在天津嘛。方家的一个姑姐姐还让五爷给介绍到他们家去照顾老太太。

阎：后来我们从西安撤回来的这一支，好多人呢，都到涞水，反正就是我爷爷一个人在城里工作，家里人就在涞水住。涞水有亲戚嘛，就在那儿买几套房子。前些年，90年代吧，我去过一次，那儿的亲戚还带着我，说你六老祖当年住这个院，你们家住那边，谁家住哪儿。其实所谓县城就是一个十字的街。

据说我们家在西安那时候，开始闹，革命军过去的时候，凡是做官的旗人的家就都抄家，都砸。

定：西安那次是杀得真厉害。

阎：是真厉害。

妹：我爸爸说旗人不裹脚啊，那女的不裹脚的一看肯定是旗人是吧，我奶奶她们相当于九死一生，都扮成男的什么的。

阎：那会儿有这么两件事，一个是我们家有一个老家人他的儿子，在革命军里头当一个相当于连长的位置吧，他就带着兵挨家挨户地查，然后呢，他爸爸告诉他给这家贴上，就贴上了"这家查过"的字样，基本上保护下来了，不再骚扰这家，不再查了。另外有一个老家人哪，是当地农村有家，就把我爸爸和我姑姑带到乡下去了。就嘱咐我爸爸，我记得我爸爸跟我说，我爸爸懂事了，我姑姑可能还怀抱着呢，说你就装哑巴，走到哪儿谁问你什么你就"啊啊啊"，别说话。一说话，京腔的，就该杀了。所以就让那老家人把他们两个带到乡下去了。等到乱过去了，我这姑姑人家还差点不给了。后来还是要回来了，在农村待这么一段，也晒得特黑，又瘦，都叫她小黑丫头还是黑妞儿。噢，黑囡。

定：你们怎么到的西安呢？

阎：毓贤的弟弟，就是我们这一支的，我爷爷的父亲，他应该是在那儿做官。毓贤他们哥儿八个，毓贤是老大，我们这支的曾祖是老二，底下三四五六，我就知道（老）八。（老）八后来是给宣统的妹妹做老师的。关纪新这次给我的《八旗艺文编目》里头有我大老祖，有我老祖，还有我的八老祖，叫毓廉。

定：姑奶奶有几个？

阎：蒋家的是四姑奶奶，好像是。姑奶奶应该是十一个。毓贤的女儿我叫一姑太太，实际上是十一姑太太。

定：就是说毓贤这一代不知道有多少女孩子，毓贤的下一代一共有十一个女孩？

阎：嗯。至少是十一个，我这个一姑太太啊，在那辈里算是比较年轻的。活着我记着的就有九姑太太、二姑太太。可是十姑太太我就没印象了。

定：她们那时候在北京啊还是在涞水？

阎：后来就都回北京了。我记得民国的时候就回北京了。抗日前，30年代嘛。因为30年代阎家就没有在涞水的了。涞水的就都是方家的了。

定：实际上阎家在那之前在北京也有根是吧？

阎：我不知道什么时候去的西安，可是那会儿家的根，就是北京也有根，也有房。包括那时候在宝钞胡同听说也有房产。说最后一套房产就是九姑太太结婚的时候陪送的。就剩一个丰盛胡同，丰盛胡同然后就卖了，可是这我跟我姐姐都没赶上过。

定：那么一大堆姑太太得陪送多少房产？

阎：您说那么一大堆呀，就没都活着。说排到十一那个，上边我想，没有十姑太太，四姑太太可能是蒋家的，没有五、六、七姑太太好像有，后来也死了，可能嫁到远处去了，外地去了。二姑太太嫁给刘家，那我知道。

定：哪个刘家？刘鹗他们家？

阎：不是不是，《老残游记》骂毓贤的，我们哪儿能跟他们家联姻？写《老残游记》的，我爸爸从我一小儿就跟我说，别看《老残游记》，都是骂咱们家的（笑）。这就是毓贤在有些地方的人的传言，反面的东西比较多。可能说实在的，他杀了不少人。

定：史书记载他比较刚愎，比较残忍。

妹：不是他亲自杀的。

定：他还用亲自杀？他又不是刽子手。

阎：我记得有一次我娘跟我说，说你看，就是毓贤的亲孙子，我叫四叔，当然也是堂叔了，说你看四叔那俩眼睛，就像大老祖，带着凶相。这是我小时候，虽然就说了那么一句，我就记住了。四叔叫阎彪飞，解放前和解放初期都在我们家，后来他有工作了，走了。

定：咱们刚才说的是毓贤这一辈，到您祖父这一辈就是您爷爷，是在西安生的？

阎：……可能是。后来到北京来了。

定：到北京来做什么呢？已经是辛亥以后了？

阎：是在相当于现在的国务院，做一般的职员。相当于现在公务员似的吧。没落儿（méi làor）了，早就没落儿了。早多少年了。

定：那几个爷爷呢？哥儿几个全回到北京了？

阎：整个西安就没人了。就是知道那趟街门牌号，我们后来去，没有了。

定：就是说你们家的根儿还不是在那儿，跟那边的人也不打交道。到北京的您爷爷这辈中几个？

阎：……我爷爷亲的就是他一个，跟九姑太太。九姑太太后来嫁给苏家，苏家我有一个表叔，前两年去世的。九姑太太很年轻就守寡。我刚才说的毓贤的亲女儿，我叫一姑太太的，她嫁给一个杨家，好像是满族，挺大的一个家族，但是那个姑爷爷也死得早，我就记得家里老说，从十几岁就守寡。等到中年以后，这是1948年的事，我有一个叔祖，就是毓廉，毓字辈最小的，八老祖，八老祖的儿子，实际我应该叫十爷爷，但是我们就管他叫大爷爷了，作为爷爷那辈儿的，他比我父亲可能还小一点儿。我大爷爷那会儿是不是跟政界的关系，派的工作就是台湾基隆港务局的局长，1947年还是1948年他去台湾，那会儿本来要带我去，我爸爸没让我去，就把我这个姑太太带去了。就他呀当时有14张船票，可以带14个人，他就说，反正愿意去的就跟我走，到那儿反正找个事做也行，愿意回来再回来。当时谁想到去了就回不来了？我大爷爷走的时候就带了三个人，一个是他的母亲，我八老祖的夫人，就是我大爷爷的母亲，一个是他的（他叫）一姐，实际上是十一姐。

定：您父亲这一支回北京以后，最早住在什么地方您知道吗？

阎：应该最早的时候是住丰盛胡同。什么时候卖的呢？我知道是在我爸爸结婚前，就没了，所以我爷爷去世和我爸爸结婚好像都是在北城租的房子，就没有家里的产业了。

定：听您刚才聊，您父亲好像满族的意识还很强？

阎：民族意识很强。家族意识也特强。

定：您就跟我聊聊您父亲吧。

阎：我父亲可以说，现在说也无所谓了，可以说在这些众亲友里头啊，有一定威信，或者说是挺受尊敬的这么一个人。我父亲母亲在待人这方面都有口碑的，另外他文学底子比较好。

定：他在哪儿读的书？

阎：他一个是小时候家学比较扎实吧，后来专科的时候上的警官学校，后来上的法文专科学校，他是从那儿毕业的，都在北京。那会儿就自己找事吧，他等于就在政府机关做科员，办事员，这么大半辈子。他和张寿椿①的父亲一段时间都在卫生局。咳，说起我父亲这人哪，他也有另外一面，公子哥儿大爷那么一个派。那会儿叫办稿，文字上的功夫比较好，局长每个月得向上级做一个报告，就像现在的月总结，就指着他，所以他平常上班就吊儿郎当的，有时候去有时候不去，有时候就打个电话，有时候得等着局里给打过来电话。那会儿家里也没电话，就是王大人胡同有一个粮店，那伙计在那儿叫他：有您电话，告您怎么怎么着。可是月底了，局里，我们家那会儿有一个包月车，就让那个包月车拉着空车到那儿点个卯，其实就他那点儿事，他就一晚上，腾腾腾就弄完了。但他就且耗着就不干。而且我父亲那人吸鸦片，毛病挺多的也。但他就这样，这是真的，在亲友和间接的、转着弯儿的亲友，都大概知道，解放前家里死人有点主，都得请什么什么样的人去点主，他常让人请去点主。好像还挺……有一定的……这么一个人。但是他从来不油头滑脑、坑蒙拐骗，这些一点儿没有，人是挺正派的，但是一辈子呢就是做个职员，也没干过什么大事。但是（不管）在哪儿，我干，就是拿得出去。实际他就是在一个我也不知道什么科的一个科员，但是办稿就离不了他，非得他不可。

定：他吸鸦片是从什么时候开始的？

阎：他后来倒是戒了。开始……大概是我上小学的时候吧。可能是日本时期。他不吸白面，因为我记得啊，日本统治的时候管那个南韩吧，韩国人，叫高丽棒子，都说不能上高丽棒子那儿，说高丽棒子有两种，一种叫开小押，我没钱了我把这碗给你押到那儿，你的东西越好他越要坑你，而且利息特别高，准押死！一种就是高丽棒子卖白面儿，现在叫白粉，不是鸦片，鸦片是黑膏。我父亲不吸那个（指白粉），他说

---

① 张寿椿：阎珂女士的表姐，出身于这个旗人家族系列涉及的另一个家族叶赫那拉氏。

过。我父亲瘾不是太大，但已经就是有瘾了。经济上是一个挺大的消费。那时候就是他一个人工作。

我这个五叔，还有我一个三叔，怎么说呢，我这个五叔一直上学，我那个三叔就是有事儿——有事儿就是有工作，有工作，就出去一段，没工作，就在家里吃住，基本上就是我爸爸一个人工作。家里二十多口子，这二十多口子属于自家的，有一半，或者是一半稍微多一点儿。总有那么七八个住闲的，当然各种情况都有，也有的是在外头混个什么小差事，晚上回来住，其实我们家那个院也不大，我都不知道这些人晚上都睡在哪儿（笑）。也不是四合院，就有东房有北房，西边是门，南房没有，那边又是一个院儿了。一共算起来也就七间屋，后来还又压缩了，又搬街坊了，老那么些人。

定：都那么吃？

阎：有一段时间就是。我就跟你说有两个人，那真是八竿子打不着的。这两个人都是那会儿叫要饭的，一个老太太，您知道北京有个春阿氏，那个案子，她说她是春阿氏的舅妈，她就给我们讲家里的故事什么，在我们门口要饭。我们就给她，来了那么几回，后来我祖母就觉得这老太太挺可怜的，又知道那么些事，就让她在咱们家得了，这就在家里了，那会儿管她叫赵妈，就算一个老妈子。有时候就这样就收留人了。还有一个老头儿，他姓严，其实跟我们家毫无关系，现在知道他得的是脉管炎和糖尿病，脚和脚指头都黑了。在我们东屋住，我小时候那嗅觉还行呢，我母亲让我打饭，其实说是饭，有时候就是一碗棒子面疙瘩汤，我给他送去，我都不敢进那屋，特臭。一直就死在我们家。我们家真是，能有窝头，就大伙儿一人一块，有一口棒子面儿粥，也是一人一碗。就一直的是这样过，解放前一直……

定：那是旗人这样，还是那时候的人都这样？

阎：我们家呀，一个好像是正统，一个啊好像毓贤是长门，我们不算，可是我父亲好像是他这一代的长孙，算怎么着啊，反正从我爷爷就是这样，并不是说这个家里多富有。有的说是从涞水跑来的，姓方的，在这儿住，他们可能是带了点什么，我也不懂，我后来是这么想象的，在那儿是个地主啊，肯定是带点浮财带点什么，躲了一阵儿，后来不知道是回去了还是上别处去了。就这样来住的也有。我就记得方家的几个姑太太，几辈的都有。方家是一大户多少支，都奔城里来，也有奔别人家的。另外我们家一到星期天，我爸爸算是比较有学问吧，有几个亲戚，尤其是最近的我亲姑姑的几个孩子，净来，让我爸爸给讲古文，然后中午都在这儿吃饭。不过我姑姑那会儿比我们富有，买些东西带来，我母亲做，反正一到星期天老是一大堆人，挺乱乎的。

定：您母亲是旗人吗？

阎：不是满族。我姥爷好像也是汉军旗，我记得是警察署的，也是一般的公务员吧，不是当什么官的。但是我母亲有文化，在生我姐姐之前一直是当老师，后来我认识一个她的学生，说她生小孩了我们还去看过，那是生的你吗？我说不是，那是生的我姐。生完我姐姐就不再出去上班了。我父亲的亲兄弟是三个兄弟，实际是四个，最小的在我一岁时就死了。活得最长的就是我这五叔（阎龙飞），前三四年吧去世的。我姐姐是参军比较早，后来在七机部（第七机械工业部），先在哈军工（哈尔滨军事工程学院），后来搞雷达。去世也三四年了。她是在北大参的军，然后又上哈军工上了六年，等到晚年她自己又上了四年，拿下了一个计算机专业文凭，就是这一辈子可爱学了。

定：您父亲是哪年出生的？

阎：1905年出生，前年一百。我父亲跟我母亲都是1905年。我母亲也没裹脚，大概汉军旗也是旗人对吧？我祖母什么的都不裹脚，我们亲戚家就是有两个小脚姨太太，都叫小脚姨太太、小脚姨太太。有一个是南方人，脚挺小的，有一个就是涞水那边的，但绝对是汉族。

我父亲是第一位夫人生的，我父亲的外祖父就是写《天咫偶闻》的震钧。他的孙子现还在，他叫唐乃昌，他们姓唐。我父亲的亲舅舅，后来我叫舅爷爷，都是说一口杭州话，他们到南方了，虽然他们是正宗的旗人。后来我不知道是什么时候，大概是抗日前，回北京了，回北京一家都说一口南方话。就到我表叔这辈，他叫唐乃昌，他们哥儿好几个，就等于是我父亲的表弟了。唐乃昌前些年给他爷爷办了一个小型的展室，在（前门）箭楼那儿借的什么地方。一个是震钧的生平事迹，一个是现在存在他手里的一些文稿，我那会儿没在，我在深圳呢。去年我走之前唐乃昌来我这儿，因为我好几年没在北京，没去满族联谊会，我这个表叔带他女儿来了，因为她要去美国，可能和我女儿待的地方不远。南加州西边。

定：您还记不记得您说的哪条胡同里都有哪一家人，看看您能不能想起来？

阎：好吧……

定：您后来是教？

阎：教语文的。

定：您是解放前就读书了吧？

阎：我解放那年初中毕业。十五十六吧。

定：您用 MSN 跟孩子联系是吧，您真行。我都不行。

阎：小孙子有病，我天天早上五点多六点多吧，是他们下午三点多，我就上网，问一问今天情况。从他一出生我们就过去了。我这是后老伴，原来那老伴是师大的，我们就在师大住，他是老美术系的。原来在和平门那边的时候，后来那块坟地要迁坟了，照了照片，我（跟现在师大的地方）一对照，正是工一楼前头对着马路，就是那一块儿，就是原来坟地的那些树（笑）。哎，解放初那会儿国家说怎么着就怎么着吧。

我是 1954 年到唐山，在唐山教书，1964 年才调回来。调回来就到 47 中。我在通县师范上的学，那会儿通县算河北，就在河北省分配。经过一个短训，因为那年师资特缺，我本来上的中师，因为通过一段短训呢，教中学了，唐山那时候我们分配还算是比较好的区，有分张家口的，有分秦皇岛的，有分到通县专区的。我在唐山十年。

我那些年老觉得遗憾，我小时候我爸爸说的这些事他没办到的，另

19

外就是关于家谱的事，我就老想着我有一点儿力量的话我就愿意做这些事。这几年我二弟弟又接着弄了弄，把我曾祖的一些诗集编纂了一下，印出来了，现在他又整理家谱。我一是去了一趟沈阳故宫，一是去北京一档案（中国第一历史档案馆）抄录了一些东西。后来毓贤的孙女，我叫三姑，堂姑了，在天津杨柳青，我上她那儿去了几次，问了一些事，我也记下来。还有毓廉的儿子，就是去台湾的那个，后来他去日本了，他的姐姐，我叫大姑太太，她也知道一些事，她死前我也去问了一些事。这都是退休以后做的，我脑子都记不住了。不像小时候有些事脑子就有，这些事啊随着记下来，脑子就没有了。我就把这些都交给我二弟弟了，我说你有工夫整理整理，他还真就弄呢。那天到这儿来了，我一看家谱基本上是理出来了，不是给了您一份吗？

定：对。

阎：我为什么想去和平（县）去找赓飚的什么，因为那时候凡是知县以上的，做官的，都有履历。履历至少是上三代，我就想把那个……因为从故宫给我抄下来的叶赫颜札的，从安达理往下排排排，排到哪儿断了，离赓飚那儿还有六十七年呢。这六十七年我接不上。

定：《八旗满洲氏族通谱》您查了没有？

阎：没有。

［附录］安达理考辨

我为阎珂女士所做的口述，是以她讲述自己和家人如何修撰家谱开始的，可见这家人对自己祖先的重视。而这个家族中，也确实出现过好几个在清朝历史上颇有影响的重要人物，从清初的安达理、赖图库到晚清时期的毓贤、毓俊兄弟等，他们都出自叶赫颜札的同一支脉，而且这个家族的后人能够将世系如此清楚地、几乎不间断地串结起来，并与官书的记载基本相符。这样一个内务府满洲旗人世家，对于人们了解清代内务府旗人的地位、影响以及他们的心态，是很有裨益的。

（1）安达理其人

在这些人中，最重要的一位，应该是安达理了。安达理在清朝历史中是个不得不书写的人物，这个家族在清代的显赫地位，就是从他开始的。

史称，安达理姓颜札氏，正黄旗满洲人，祖居叶赫部。天命初年，努尔哈赤兼并叶赫部，安达理率领族人归附。努尔哈赤委任他为牛录章京①，从此屡立战功。天聪八年（1634）征明，安达理奉命去铁岭加工粮谷，为清军供应给养。中途遇到蒙古兵拦截，安达理孤军深入，将敌人全部击溃，并多有缴获。入关攻打永平府②，因城池坚固，屡攻不下。皇太极从八旗将士中钦点二十四员猛士组成"敢死队"，安达理即在其列。他冒着明军的猛烈炮火，把云梯立在城上，第一个登上永平城，为夺取永平立下首功，因而获得赏赐。崇德三年（1638），安达理在攻打蓟州城③时立功，被晋升为三等甲喇章京④。崇德六年（1641），因过被降职，仍为牛录章京。⑤

以上不过是他的履历而已，而他之所以见于史乘，原因在于清太宗皇太极驾崩时，安达理是为他而生殉的两人之一，对此《清实录》有记录称：

> 时章京敦达理、安达理二人愿殉。敦达理，满洲人，幼事太宗，后分隶和硕肃亲王豪格。及太宗宾天后，敦达理以幼蒙恩养不忍永离，遂以身殉。诸王贝勒等甚义之，以敦达理志不忘君，忠忱

---

① 牛录章京，职官名，牛录的长官。初设时称"牛录额真"，太祖天命五年（1620）改为汉名，为"备御官"。后金（清）天聪八年（1634），定八旗职官名，改原称"备御"为"牛录章京"。顺治十七年（1660），定汉名为"佐领"。
② 永平府，包括现秦皇岛大部地区，唐山大部地区，辽宁西南部地区，明朝始称永平府。
③ 蓟州，即今天的天津蓟县。
④ 甲喇章京，职官名。明万历四十三年（1615），努尔哈赤编置八旗，将五个牛录合编为一个甲喇，每甲喇设"甲喇额真"。天聪八年（1634），"甲喇额真"改为"甲喇章京"。顺治八年（1651），改定汉名为"参领"。
⑤ 孙继艳：《从安达理殉葬墓的发掘谈清初的人殉制度》，载《满族研究》，2006年第1期，第79页。

足尚，赠甲喇章京，子孙永免徭役。倘干犯重典，应赦者，即与开释；不应赦者，仍减等官爵，世袭勿替。安达理，叶赫人，自来归时，先帝怜而养之。由微贱沐殊恩，授官职，亦请殉。诸王贝勒等亦甚义之，各予安达理衣一袭，豫议恤典，加赠牛录章京为梅勒章京①，子孙世袭，其免徭宥罪一如敦达理例。既定议，召安达理谕之，安达理临殉时，谓诸王贝勒等曰：若先帝在天之灵问及后事，将何以应。诸王贝勒等对曰：先帝肇兴鸿业，我等翊戴幼主，嗣位承基，务当实心辅理，倘邀在天之灵，垂鉴呵护。②

安达理为皇太极殉葬一事，给后人留下诸多想象的空间。首先，就是安达理此举非同一般。清朝人关前的满人妇女为丈夫、主子殉葬的行为并不罕见，最著名且最为人津津乐道的一例，就是太祖努尔哈赤死时他的大妃被诸王逼迫殉死一例。但即使在那个时代，一个男子为主人殉死，也是颇不寻常的，至少鲜见于史书。

再者，是考虑到安达理出身。叶赫颜札氏家族，是与清朝的创立者爱新觉罗家族曾世代为仇，并最终被爱新觉罗所灭的海西女真叶赫部。民间对两个部落之间世世为仇之事保存若干传说，最有名的，就是叶赫部首领布扬古临死前曾对天发誓："我叶赫那拉就算只剩下一个女人，也要灭建州女真。"并且将这一传说的应验，归结到清末的慈禧也就是叶赫那拉氏身上。此说的真伪姑且不论，但从它流传时间的久远，可知此事的影响之深。阎珂在口述中也特别提到：

颜家驹（颜忆里）他们的家谱里面记的叶赫部被灭的时候，叶赫族人基本都被杀，那拉氏只剩一幼童，颜札氏只剩三幼童。叶赫等于就剩这么四个孩子。历史也好野史也好，说叶赫那拉氏跟爱新觉罗有仇恨。

安达理的上边，这列传里头有：铺堪生子二人，长名布彦，次

① 梅勒章京，职官名。清天聪八年（1634），定八旗职官名，改"副将"为"梅勒章京"。顺治十七年（1660），改为"副都统"。

② 《清世祖实录》卷一，崇德八年八月壬戌条。

名布三。安达理是布彦的第三个儿子，那就是说安达理上两代也有了，这样我就把安达理算第三代了……原来就知道铺堪是叶赫颜札留下的那三个幼童中的一个，再前边就不知道了。

如果这个传说有一定真实性的话，那么当整个部落被灭绝，仅仅留下几个遗孤以后，其中一个遗孤的孙子究竟得到了皇太极何等样的恩惠，竟然使他能够忘记祖先的血债而自愿为这位主子以死相殉，真是很不可思议的，何况叶赫部的覆亡与安达理为皇太极殉葬，仅仅相隔短短的二十余年！

所以，安达理的殉死，背后究竟藏着什么样的故事，是否有某种隐情，便成为一个疑案。但这个疑案换来的，是这个家族当时的被保全，并且绵延十余代，直到今天。

安达理理所当然地被皇太极的继任者实行厚葬。他的墓地位于今沈阳市于洪区北陵乡罗家屯村，东距昭陵陵寝约三里地，是清太宗皇太极昭陵的右（西）配墓，昭陵"兆域"的组成部分。墓四周曾有围墙，前有墓门和享堂（俗称衙门），还有石桌及石五供。[①]

顺治十三年（1656），清世祖福临还为安达理以及与他一起殉死的敦达理分别御赐碑文以示表彰，碑铭全文如下：[②]

　　追赠三等阿思哈尼哈番照一品品级立碑，谥忠介安达理碑

---

①　此墓在清朝末年已渐倾圮，解放之初仅存丘冢及墓碑。1986年7月，沈阳市皇姑区第二建筑工程队在其地施工时，于地表下60厘米深处发现一座青砖砌筑的墓葬。经发掘清理，墓室为一长方形券顶券室结构，平面呈凸字形，南北向，自南至北由墓门、甬道、墓室三部组成。墓室南北宽1.88米，东西长2.3米，墓壁较厚，内为1.2米见方的小墓室。墓底用二层青砖铺地，中部有一小腰坑，所用青砖大小规格不统一。券顶用厚6厘米的薄砖砌筑，墓室用青砖掺白灰、河沙砌筑，十分坚固。墓室内未经扰乱。该墓出土文物共七件，现藏于沈阳市文物考古研究所。青花鱼藻纹盖罐一件，器身通体饰鸳鸯水藻纹，盖宝珠钮，釉陶罐二件，绿陶碗一件，银铲一件，长方形石墓志一块，正方形，青石，出土时尚有原朱砂写的字，已模糊不清，无法辨认。参见孙继艳：《从安达理殉葬墓的发掘谈清初的人殉制度》，载《满族研究》2006年第1期，第79页。

②　该石碑于1957年在昭陵西红墙外发现，碑通高3.81米，宽1.1米，厚0.21米，为粉红色大理石材质。碑首雕二龙戏珠、五眼透龙，额题"敕建"篆字，碑座螭首龟趺，碑阳刻满、汉两种文字，碑身四周雕饰海水云纹。该碑乃钦赐墓碑立于神道所建。安达理墓碑形制也体现出其墓在清代的重要地位。安达理墓碑"阿思哈尼哈番"汉名即为"男爵"。

朕惟见危授命，臣道之常，至若邦国无虞、宫车抱痛，独能恋主捐躯，稽诸载籍，罕见其人。尔安达理擐甲从龙，勤劳已著，乃于皇考太宗文皇帝上宾之时，感念深恩，不惜身殉，永期侍从在天之灵，可谓毕志殚诚，恋主致身者矣。朕每眷山陵，辄怀感烈，兹特照一品品级锡以嘉名，勒之贞石，用旌一心之谊。国典臣忠，庶拜乘无哉！大清顺治十一年五月十三日立。①

据史书载，安达理殉葬之后，本人被由牛录章京追升为梅勒章京，其子孙世袭罔替②，而且永远免除一切徭役，即使犯了国法，能赦免

御制安达理碑

---

① 参见《自愿殉葬皇太极——清忠臣安达理墓碑发现记》，http：//www. imanchu. com/a/history/200706/1437. html。

② 世袭罔替，即世袭次数无限，而且承袭者承袭被承袭者的原有爵位。从魏晋时代开始，中国的世袭制度被进一步区分为世袭罔替和普通世袭，后者世袭次数有限，而且每承袭一次，承袭者只能承袭较被承袭者的原有爵位低一级的爵位。到了宋代，世袭罔替基本被取消，更出现了不能被继承的终身爵。明代，皇族封爵为世袭罔替。清代，先后有十二位王获得世袭罔替，被称为铁帽子王。

的，加以赦免；不能赦免的，可以减等。

安达理墓在清代受到严格保护，至于安达理的后人们是否以此为荣，他们后来一代又一代袭爵任官，为爱新觉罗建立的朝廷效忠时，心中究竟是什么感受，就不得而知了。

（2）叶赫颜札氏世系

据阎珂口述，叶赫颜札氏的世系，是有可靠的史料可稽，那就是藏于北京大学图书馆的家谱。这份家谱由赓飔在同治甲戌年（同治十三年，1874年）始纂，再由毓俊于光绪丙戌年（光绪十二年，1886年）重修的。

该家谱纂修的时间已是清末，但谱系之清楚完整，令人惊讶，不知所据为何本。清代满洲旗人纂修的族谱如这份质量的，十分罕见。

然而，这部家谱也有些与清朝初期官方文献记载的不合之处。最明显的，是谱记安达理有三子，次子为赖图库，赖图库生二子，一名来兹，一名麻色。来兹生子锡喇。麻色生四子，第三个名马尔汉，马尔汉的三子名马奇，从马奇往下，其子明秀，孙祥绂，曾孙赓飔，即纂修家谱的那位，亦即毓贤、毓俊的父亲，就是阎家的直系祖先了。

在这里详细追溯阎家这一世系的原因，在于该家族迄今为止，始终对自己祖先究竟属于八旗满洲旗人，还是属于内务府旗人的问题，存在着纠结和疑问。

为将这个问题叙述清楚起见，我们有必要对清代八旗制度中有关问题，作一简单交代。

清代八旗制度分为两个系统，一是八旗，也称外八旗，另一个就是内三旗，也就是内务府属下三旗。

内务府，全称为总管内务府衙门，是清初创设的专管皇室"家事"的机构，与管理"国事"的外廷分而为二，不相统属。它是清代所特有的、关系到清朝政治、经济、社会各方面的一个重要机构。已有研究者指出，内务府从入关前的皇室包衣牛录（包衣，满语"booi"，意即"家的"，指某人的私属；牛录，满语niuru，即佐领）转化而来，入关后又结合明代二十四衙门因革损益，使之形成为"满洲近臣"与"寺人"兼用并以前者为重的特有机制。

隶属于内务府的包衣三旗，最早设立于入关之初，是从皇帝亲自统率的镶黄、正黄和正白三旗亦即"上三旗"所属的户下包衣（booi，即"家的""家人"）挑选组成，亦称之为"内三旗"，以与八旗（亦称"外八旗"）相对应，二者互相独立、互不统属，恰如外廷与内务府的关系。

内三旗的组织系统与外八旗略有不同，自入关前的崇德年间开始，外八旗的满洲、蒙古与汉军便分别编立，各旗（固山）之下为参领（甲喇），参领之下为佐领（牛录）。内三旗下则有佐领、管领两个系统。

内务府是掌管皇室家事的机构，内务府旗人则是皇帝的"家人"，与皇帝的关系更亲近，更特殊，所以清代外任肥缺如盐政、织造、粤海监督、淮安监督、九江道等，均用内务府旗人。[①] 一家几代累任内务府总管大臣、将军、督抚等大员的也为数不少。他们在为皇室效力的同时，也为自己的家族获取并集聚了大量财富，有些家族还数代累任内务府总管大臣等要职。这个既不同于汉族官僚，也不同于八旗外廷文武官员的，独特的内务府旗人圈子中的人，凭借与皇室以及相互的通婚建立起极其复杂紧密的社会关系。互通姻娅，这是统治集团内部结构组合的重要方式。细察内务府世家的婚姻网络以及他们如何通过这样的网络保存及伸展相互间的势力，是政治史中不可忽略的内容。我们这个口述中所述的颜札氏家族，也是一个典型的例子。

问题在于阎家究竟属于内务府，还是属于被人们视为八旗中很尊贵的正黄旗满洲，始终存在着疑问。阎珂口述说：

现在也还没弄清楚，也是推算，我也是弄完了就忘了。所谓到内务府了，原来是正黄旗，后来到内务府了。我就记得小时候，一

①　参见崇彝《道咸以来朝野杂记》，北京古籍出版社，1982年，第13页。

跟我父亲说起来，咱们是哪个旗的，我父亲就老有点，从那个表情上就好像那种，不愿意谈起这个事似的。后来就说，有一辈的姑奶奶吧，那会儿就叫姑奶奶了，不知是哪一代的，因为选上秀女了，她自己不愿意去，就带着一个剪子，在轿子里边自尽了。这个事呢，等于整个家族获罪，给降入内务府。

事实上，这个问题在清代官书中，有着明白的记录。

据《满洲八旗氏族通谱》（下文简称《通谱》）记载：

> 安达理，正黄旗包衣人，世居叶赫地方，国初来归，授骑都尉[1]。从征锦州，攻克其城，以功授为三等轻车都尉。[2] 缘事降为骑都尉。太宗文皇帝升遐时，安达理捐躯，以从优赠为三等男。[3]

明言安达理属于正黄旗包衣。

安达理死后，"以从优赠为三等男，以其子赖图库承袭"，[4] 三等男爵的爵位传给了安达理的儿子赖图库。其后，赖图库于山海关一战大立军功，击败敌军二十万众，获升为一等男爵，后加一等子爵，并累代任总管内务府大臣。[5]

> 定鼎燕京时，入山海关击败流寇马步兵二十万众，叙功优授为一等男，三遇恩诏，加至一等子。历任内大臣，卒。[6]

安达理对皇太极以死相殉，却没有因此而获得出包衣籍的褒奖，得此褒奖的是他的儿子，但赖图库得此奖励并不是因为他的父亲，而是因为自己的军功。

---

① "骑都尉"即"牛录章京"，乾隆元年（1736）定。
② "轻车都尉"即"甲喇章京"，乾隆元年（1736）定。
③ 《八旗满洲氏族通谱》卷三十二"叶赫地方颜扎氏"，辽海出版社，2002年第1版，第410页。
④ 《八旗满洲氏族通谱》卷三十二"叶赫地方颜扎氏"，辽海出版社，2002年第1版，第410页。
⑤ 内务府的全称为总管内务府衙门，最高长官为总管内务府大臣，简称为内务府大臣或总管大臣。
⑥ 《八旗满洲氏族通谱》卷三十二"叶赫地方颜扎氏"，辽海出版社，2002年第1版，第410页。

有关赖图库抬旗出包衣籍的线索极少，唯一可依据的是《八旗通志·初集》中的"旗分志"：

> 正黄旗包衣第二参领所属第二满洲佐领，初系安达礼管理。安达礼故，以胡敏管理。胡敏调隶镶黄旗，以安达礼之子赖达库管理。赖达库出包衣籍，以迈图管理。迈图往守陵寝，以莫尔滚管理。莫尔滚缘事革退，以观音保管理。观音保调任，以赖达库之孙马尔汉管理。马尔汉故，以其兄之子七十管理。①

清初满人的名字译成汉文时并不固定，所以一音多译的问题比比皆是，同时，旗人同名的情况也较多。那么，这里所说的赖达库，与家谱中的赖图库是一个人吗？我们的答案是肯定的。

首先，为皇太极殉葬的"安达理"是正黄旗包衣人，此处"安达礼"隶属正黄旗包衣佐领。二者身份吻合。

其次，此处"安达礼"一支为：

安达礼——（安达礼子）赖达库——（赖达库孙）马尔汉——（马尔汉兄之子）七十

按图索骥，可以在《通谱》中寻找有可能与以上提到的"安达理"子孙相符合的名字：

> 安达理，正黄旗包衣人，世居叶赫地方，国初来归，授骑都尉。从征锦州，攻克其城，以功授为三等轻车都尉。缘事降为骑都尉。太宗文皇帝升遐时，安达理捐躯，以从优赠为三等男，以其子赖图库承袭。定鼎燕京时，入山海关击败流寇马步兵二十万众，叙功优授为一等男，三遇恩诏，加至一等子。历任内大臣，卒。其孙锡喇袭职，年老告退。其子三宝柱袭职，时削去恩诏所加之职，承袭一等男，缘事革退。其弟保荐袭职，卒。其子传琦现袭职。又安达理之孙麻色，原任头等侍卫。曾孙浩善，原任头等侍卫兼佐领。马尔汉，原任郎中兼佐领。元孙二格，原任参领。齐什，现任郎中

① 《八旗通志·初集》卷四"旗分志四"，第64页。

兼佐领。赛音保，现任员外郎。八十六，现任三等侍卫。穆理库，现任蓝翎侍卫。穆赫林，现系监生。四世孙赛碧汉，原系库使。齐格，现系荫生。又安达理亲兄衮达什之子爱什，原任三等侍卫。额讷布，原任厩长。孙古尔特，原任骁骑校。曾孙马保住，原任员外郎兼佐领。元孙额尔塞，现任笔帖式。四世孙唐务，亦现任笔帖式。又安达理亲弟努岱之子德秦，原任护军校。[1]

将阴影部分整理如下：

安达理——子赖图库——曾孙马尔汉（任郎中兼佐领）——元孙齐什（任郎中兼佐领）

二者对比："安达礼" —— "安达理"

           "赖达库" —— "赖图库"

           "马尔汉" —— "马尔汉"

           "七十"   —— "齐什"

同时，《通谱》中的"马尔汉""齐什"也是佐领。

根据以上分析基本能够判断，《通志》中的"安达礼"就是本文所述"安达理"，"赖达库"也正是"赖图库"。

据《八旗满洲氏族通谱》，赖图库有两个儿子：锡喇、麻色。锡喇为长子，袭职，并继承了爵位。麻色是赖图库的二儿子，"安达理之孙麻色，原任头等侍卫"，并未袭职，更谈不上承袭爵位。这与家谱中的记载很不一致，因为根据家谱，赖图库有二子，一为来兹，一为麻色，来兹生子锡喇，麻色则有四子，而马尔汉是麻色的第三子。这就是说，《通谱》与《家谱》中对辈分的记载出现了讹误，这个讹误主要出在锡喇一支上，《通谱》说他是赖图库的儿子，而《家谱》则记他是赖图库的孙子。

先看麻色这支。从《通志》来看，马尔汉和七十（齐什）既然仍

---

① 《八旗满洲氏族通谱》卷三十二"叶赫地方颜扎氏"，辽海出版社，2002 年第 1 版，第 410 页。

属"正黄旗包衣第二参领所属第二满洲佐领",说明至少马尔汉、七十两支并未出籍。而我们前面已经提到,阎家一支,正好是马尔汉一支的后人。这也就是说,即使赖图库嫡子一支出了包衣籍,也与阎家一支没有什么关系。

至于锡喇一支,到晚清时有一后人名叫全福。我们曾在《醇贤亲王奕譞的四位福晋》一文中发现他的踪影,文中称:

> 奕譞的第一侧福晋颜札氏,名玉娟,字筠仙。先世亦为叶赫巨族。始祖安达哩因功授三等男爵,隶正黄旗满洲,祖名赖图库,功绩尤著,任议政大臣,历晋子爵、太子太保。后嗣某缘事获咎,降、夺爵,隶内务府,家遂中落。①

可惜该文未做注释,不知道这些资料是从何处而来。如果这份资料属实,倒是可以为阎珂所说的关于选秀女不从的故事做个注脚。而且,所谓"后嗣某缘事获咎,降、夺爵,隶内务府,家遂中落"一句,也可说明这支确实曾出包衣籍,却最终还是被打回包衣佐领的命运。但问题是,无论锡喇一支的后人有过什么样的经历和故事,其实也与马尔汉到阎家这一支没有太大关系。由此也可推知,《八旗满洲氏族通谱》与颜札氏家谱之间,之所以出现辈分混乱这样的讹误,很可能就是到赓飏的时候,锡喇与马尔汉两支后人已经没有太多往来了。

总之,从阎家人对自己家族曾为内务府包衣人的闪烁其词的态度来看,这个家族的人对于祖上曾是包衣身份,是相当避讳的。这反映了现实生活中这个家族后人的心态。至于这种心态是出于有清一代包衣人的身份确实低人一等,还是后人在清亡百年后的今天,由于不了解清廷制度而误认包衣即为奴仆而产生的反应,就不好说了。但包衣身份对后代族人的影响之深重,乃至家族的兴衰沉浮或隐或现一直与此紧密相关,以至直到今天我们在给后人做口述时仍能感受到该身份影响的存在,这本身就是很有意味的。

---

① 李国强:《醇贤亲王奕譞的四位福晋》,载《紫禁城》,1987年第6期,第35—38页。

接续定宜庄老师的先期研究，从 2012 年 3 月至 2012 年 5 月，我对阎珂女士进行了 6 次采访。为增加可读性，本记录是综合多次采访整理的。

时间：2012 年 3 月 15 日
2012 年 4 月 18 日
2012 年 4 月 20 日
2012 年 4 月 24 日
2012 年 5 月 1 日
2012 年 5 月 25 日
地点：中央团校某家属宿舍
被访者：阎珂
访谈者：杨原

[访谈者按]

阎珂在与定宜庄老师访谈时提到过家谱，我们的访谈也从这里开始。2012 年我来访问阎家的时候，阎家人对自己的家族谱系又有新发现，从北大图书馆的馆藏中找到了自己家家谱的原件，这是 1886 年毓俊修订的版本。从这一家谱中，一方面证实了阎家在早年正黄旗的旗籍，另一方面接续了阎家谱牒原先断裂的几代。通过这一次家谱的查阅，阎家重新绘制了家谱，使叶赫颜札氏这一家族的谱系起码至 1886 年已经有一个比较完整的全貌，虽然还有疏漏，但较之 2007 年定宜庄老师采访的时候完整了许多。因此，我这次访谈，首先与阎珂女士谈起的就是这一新的家谱、家族关系，以及阎家人找寻家族遗迹的历程。

叶赫颜札氏是一个庞大的家族，家族成员非常多，中间关系也非常庞杂，下面的这段口述，是在一边查看家谱一边进行的，如果没有家谱的对照，也许看起来会很乱。为了读者查阅方便，我将这个家谱分割成两部分，并做成附录放在全文之后。第一张家谱由先祖延续到毓字一代，即基本保持 1886 年毓俊所作家谱时的原貌，第二张家谱，由毓俊的上一代赓字辈开头，延至今日。参见书后《阎家家谱》。

一、我的先祖

1. 补修家谱

阎珂（以下简称阎）：对这家谱的事，我一直觉得，我们这一辈人应该有责任，因为"文化大革命"的时候……

杨：我看您那个材料，您在 47 中，看形势不好，赶紧给您母亲写信。

阎：我就说赶紧该烧的烧，该弄的，你都赶紧给它处理了。我就怕老太太身体不好，待会儿打呀、弄的，老太太该吓着了。那会儿也没想太多，后来大概有些东西就全都烧了、埋了，我也没详细问，反正家谱就都没了。

后来我老觉得是个事儿，这儿找、那儿找，找材料、找资料，我就想把它凑起来，中间有几十年老接不上。最早我们 1966 年以后，70 年代自己弄的这个，就是根据袭爵的那个材料弄的，不是真正家谱的那支。这是最早抄的，后来就到处搜集，都是这儿抄一点儿，那儿抄一点儿，然后攒到一块儿。

杨：真不容易。

阎：怎么找的呢，就是《清史稿》有这个爵位，袭爵，谁袭谁袭谁，因为什么……就好像现在说的给革职下马了。

杨：夺了爵了。

阎：唉，夺了，然后又补了，就根据那些，前边儿那些弄的，后来这一次，又找着原来的，再找，所以基本是就把它都补齐了，我们弄了这么一个大表儿。前边有《列传》的，把列传都给它收集到一块儿，锡喇，有写希赖的，萨赖、希勒（音）、三保柱什么什么的，这就是按爵位传给谁，传给谁。然后就等于毓贤、毓俊，这一支儿的，就没找。

阎：原来我们是在故宫抄那个清史稿里面的资料，另外我还去了一趟沈阳故宫，也抄了点。

杨：这是沈阳故宫的碑？（看材料）

阎：是沈阳故宫的碑。这是列传，这是安达理列传，这是赖图库列传，这是麻色列传，这是马尔汉，这是马奇。

杨：为了家里这些事您还去了趟广州？

阎：对。不是广州，是广东的和平县①，后来我从这些材料里面才知道，（赓飚）在广东实际上是九个县。在洪秀全太平天国的时候，有几个县的知县，现在说就是县长吧，害怕都跑了，等于说他在 A 县作知县，又兼着一个 B，两个、三个……所以等于他同时做了四个地儿的知县。

杨：都快成一府了。

阎：原来又调任过几个，等于在广东有九个县他待过。广东我就去了一个地儿，和平（县）。

我上一辈现在健在的我一个六叔，现在 90 多岁了。这是 2001 年他给我写的，就是根据他的记忆，龙王堂那祖坟都埋有谁谁谁，按照这个再印证一下，也对上了。他那一辈的，他父亲那一辈的，他爷爷那一辈的，就是从明秀到祥绂这么一个一个的，就这么……哎哟，也是挺费劲的。我六叔说过，说咱们这个家谱叫"第四门家谱"。

杨：怎么叫"第四门"呢？

阎："第四门"呢，我估计就是从马奇那儿，具体我弄不清，他也不懂为什么叫第四门家谱。可能就是从马奇那一代，就是从安达理、赖

---

① 和平县位于广东省东北部东江上游，全县总面积 2310 平方公里，人口 48.8 万。建县近 500 年，明正德十三年（1518）镇压本县三浰起义后设和平县。因县内有和平洞而得名。县城设在阳明镇。

图库底下，底下第几代分起来，到马奇这一代。马奇是第四，等于要是大排行，一、二、三、四，他行四，从他往后就是我们这一支的，也许是这么着。其实叶赫颜札氏肯定就是解放初我们迁坟的时候……①

杨： 就是师大（北京师范大学）那块儿迁坟的时候？

阎： 现在师大的那个地儿，原来是我们家的坟地，叫太平营②。在几个列传里头还记有谁谁谁埋在太平营了，谁谁谁埋在后来的坟地了。解放初的时候，太平营坟地迁坟有一通知，那会儿我没在北京。据我弟弟说，当时就有好几拨，有一拨是在海淀，有一拨是在南苑，还哪儿有一拨，那就是说在北京的也还有好几支，看坟的说他们也去上坟，是哪一支的就不知道了。叶赫颜札氏在北京的还有好多支呢，都没有联系，所以我六叔说过咱们这个家谱叫"第四门家谱"。

现在基本上捯着根了，毓字辈儿的，后来我跟刘杳③，还有我二弟弟，我们几个人凑这材料儿，然后弄清楚了。我们给弄成一个表了。

他那个家谱呀，是一页一页的。你看这是我爸爸写的，诗是他六叔作的，他一同学叫袁克实抄的，……（查稿）他这里头有一首啊，叫《述哀》，是写他的母亲，他的生母死了以后他写的。就写了他母亲养育几个孩子这个过程。从这里头我们把那一辈的嫡出庶出，你懂吧？

杨： 我知道。

阎： 就是他的生母，生了几个儿子，怎么个情况。毓俊他那本诗里头涉及到，谁跟谁有关系，好多都是表兄表弟什么的，因为也有举人、进士，这在网上都有，刘杳在网上查的这个那个，就都给查着了。

---

① 按阎家家谱，所谓"第四门"，据本人推断，应该是从始祖铺堪后第六代时排定，即锡喇、岳扬、贺上、马尔汉、司格五兄弟，从家谱情况来看，阎珂女士所在的这一支脉，仅马尔汉排行在四。且阎珂女士回忆，"第四门"的说法大致在马奇一代，而马尔汉乃马奇之父，时间也很接近。也就是说，阎家家谱延续的是马尔汉后人的谱系。

② 太平营：即今海淀区北太平庄地区，1644 年，满洲入关之后，清廷以德胜门外为正黄旗营所在地，乾隆皇帝将该地赐名为太平营，至 1949 年后，太平营更名为北太平庄。

③ 阎珂女士堂外甥，80 后，在美国康奈尔大学留学，也热衷于阎氏家族的历史。

先姚揚州籍年許氏生於道光庚子
余諸居家廣東十八歸吾 父盡
瘁期乃豹遍年生我姊娉勤始
生名毓錦江蘇珍愛寧姝比咸豐庚申年粵匪正熾
姊適光緒壬辰科林舒舒覺羅氏錫緯二十吾各處
夫令輔通判奉瑞廣東先各處
督扎績夙守城陽春剛三月生我烽火邊我生已不辰屢弱疾病侵

述哀癸巳二月二十六日作

典鈫市參術劬勞夜繼晨五歲罹生腹疾痛終日哭吾 母肝腸斷
祈神為作福兜臥不敢離撫夜眠遲一夕常數起睡中猶抱兜
乳還未休嬌女喚梳頭天寒風露冷衣薄 母心憂裝綿如絮
夜勤補綴誰憐慈母苦一鍼一點血手製母衣鞋襪皆先安人親
者勤數韋雛即長成高堂白髮生積勞踵至一鬐來無情忽忽成
母卒兜不知推心徒自皋先緒戌
十九載始欲養親不待
安人隨住遺化是年十二月家貧禮不全停柩閭八年戊子方卜塟
六日卒時珊在京尚不知也珊春先緒戌
住城羨牛眠卜塟閏縣面 代子三月十六日珊始由通州状柩行年廿有五陟岵

邑正南之脣塅去塋六里
寄語有親兄孝養瘉及時一旦梁木壞後悔何能追

《述哀》叙事诗

杨：这是什么资料呀？这是不是那个《同年齿录》①?

阎：有可能。

杨：这挺重要的，上次刘杳去我们家的时候带的蒋家那个《同年齿录》，这个特别有用。

阎：可能是，是刘杳给我发过来的，发过来我就印了。

杨：很多姻亲关系这里都有。

阎：开始不是没有北大那本②嘛，就把各处的资料一块儿碰，然后碰对了。（拿出写的家谱材料）

---

① 参见毓俊的《同年齿录》图片。《同年齿录》是科举考试中同科中榜的同年之间相互交流的一种文录，其中详细介绍了个人以及家族祖先、家庭成员，包括姻亲中的旗籍、籍贯、功名、官位、爵位等一系列情况，这是毓俊乡试中举后所作的资料，对于阎家的家族情况也是一个重要的补充。

② 在北大图书馆查到的《叶赫颜札氏家谱》，是毓俊于1886年重修的。

杨：这是什么时候弄的？

阎：也就是这两年吧。就是这次去北大图书馆，把这个借出来，然后有些东西又改的。赓飏是我们这一支儿的，马奇的后代，毓贤的父亲。北大的这本（家谱）是赓飏修的。他去世后，我的曾祖父毓俊守灵，也没去做官。那一年他又把他父亲修的（家谱）又重新修了。所以

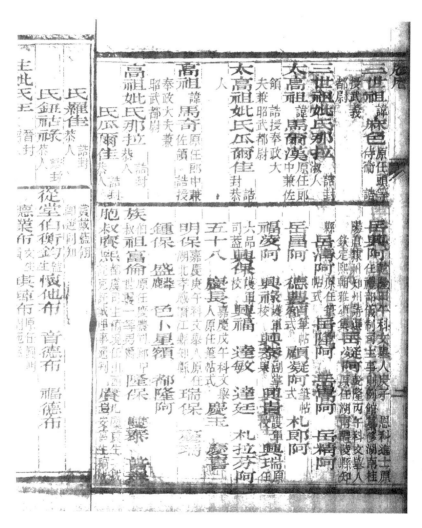

毓俊《同年齿录》1：三世祖麻色及四世祖马奇

毓俊《同年齿录》2：其父赓飏

毓俊《同年齿录》3：其母方氏

这本的前面有两个序，他重修的这个序，好像叫"丁忧"①。

他修的这个家谱，那就是从马奇这一支往下算，可能别的支就没有了，但是这家谱至少是毓俊在世的情况。我们去北大图书馆抄的也就是毓俊弄的这个。然后后面我们就根据史料，毓贤的、毓俊的……

北大图书馆的（家谱）是这样的，这么一本，一共 11 个格，一格是一代。我们基本上就都给抄下来了，总结了这么一个大表。我们这一支……抄下来，这是当时在那儿抄下来的，然后再对，他还有列传……

杨：谁的列传？

阎：就从安达理、赖图库（开始），列传有 5 份。

杨：5 份列传，那挺多的。能上传那很不容易。

阎：这是我在那儿抄的，那里不让借出来，不让拍照。后来交了点钱，我照了几张家谱，我照了一个封面，前面的序，就这么几张。这是封皮，蓝布的套。就我们这一支这一页，我给照下来了。活着的（人）是红字，去世了的（人）是黑字。然后这个人的情况，怎么怎么的都是黑字。

我没数，好像 20 多个举人。说起来，近代现代吧，包括我的妹夫，是博士呀、院士呀，相当于举人就不少。

杨：那这个怎么会落到北大图书馆了呢？

阎：我在那儿照相，他跟我说要收费，最后他们就等于是按一张收了，其实我照了几张，我就是照那个封面。后来我就开了句玩笑，我说："这本来是我们家的，我照几张照片你们还非得多要钱。"我说："你们是怎么来的呀？"他们几个人互相看着，谁也说不上来，告诉我："我们也不知道，反正就是馆藏。"（笑）就是馆藏。

杨：这怎么还说馆藏呢？您家的东西都没了，反而他们有。

阎：（笑）当然挺珍贵的了，但是他们怎么来的咱也不知道。我们去一回得写一回证儿，借，你还得有什么证明你的身份的（东西）押

诗书继世长

---

① 丁忧：古代官员的父母死去，官员必须停职守制的制度。无论此人任何官何职，从得知丧事的那一天起，必须回到祖籍守制二十七个月，这叫丁忧。丁忧期间，丁忧的人不准为官，如无特殊原因，国家也不可以强召丁忧的人为官，因特殊原因国家强召丁忧的人为官，叫作"夺情"。

到那儿才能借。我心里想，你们比故宫借东西还……（笑）不让照。后来我照了，我说："我就照封面，我为了把家谱重新弄起来。"我本来想照一个封面，大小正好就搁到这个封皮上，后来大小不合适就算了，就把那几张照片附到上面了，就弄了一本。

就这几个姑太太、姑奶奶，谁是哪一支儿的，也是中间弄了，有错的，后来又找又改。因为（毓俊）诗稿里边儿，涉及的谁谁谁，女的都没写名儿，都只写了她嫁给谁了，然后再捯着一些有关的资料，再找，最后又把哪个否了，又把哪个定下来了，这样儿这点儿弄的是挺乱的，但是基本上是对的。

杨：那就是说，我们家亲戚跟您家其实挺远的。

阎：远一支儿。

杨：原来是安达理和毓贤之间那段接不上。现在是又有一个完整的（家谱），这六七十年的东西终于接上了。原来内务府和正黄旗一段到底怎么回事说不清楚。

阎：对。现在也还没弄清楚，也是推算，我也是弄完了就忘了。所谓到内务府了，原来是正黄旗，后来到内务府了。我就记得小时候，一跟我父亲说起来，咱们是哪个旗的，我父亲就老有点，从那个表情上就好像那种，不愿意谈起这个事似的。后来就说，有一辈的姑奶奶吧，那会儿就叫姑奶奶了，不知是那一代的，因为选上秀女①了，她自己不愿

---

① 选秀女制度：清代选秀女，规定每三年举行一次，由户部主办。开始时，选看的范围很广，无论满洲、蒙古、汉军，只要在旗者，十三岁至十七岁的女子均得参加。过了十七岁的，谓之"逾岁"，可以免选。到康熙时，规定"后族近支或母族系宗室、觉罗之女者，均可声明免选秀女。乾隆年间，上谕命驻防外省的旗员之女，凡同知以下和游击以下的文武官员之女，停其选送，以免往返跋涉之劳。这样，一些下级官员和兵勇、壮丁的女儿可以免选了。嘉庆时，皇帝觉得皇后和妃嫔的亲姊妹，以及她们娘家兄弟的女儿，与众不同，虽不必免选，但应单独排班，慎重考虑。而公主们，不是皇帝的亲姑姑，便是皇帝的亲姊妹，还有皇帝的亲女儿，她们下嫁后所生之女虽然不姓爱新觉罗，但血缘太近。姑姑的女儿是表姐妹，尚还可以；姐姐的女儿是外甥女，女儿的女儿则是外孙女，若还参加选秀，未免太荒唐了。于是规定以后不再参加选秀。嘉庆十八年上谕："八旗满洲、蒙古应行挑选女子，人数渐多，下届挑选时，除八旗满洲、蒙古自护军、领催以上女子们照旧备选外，其各项拜唐阿、马甲以下女子，著不必备选，著为令。"自嘉庆后，选秀女的制度基本沿袭下来，未再有太大的变化。

意去，就带着一个剪子，在轿子里边自尽了。这个事呢，等于整个家族获罪，给降入内务府。①

杨：这个马奇是什么时候的？哦，这已经是内务府了。

阎：马奇是康熙五十一年（1712）生，卒于乾隆五十年（1785）。

杨：您看，这个头等侍卫麻色，是正黄旗；到马尔汉的时候是内务府满洲正黄旗，这就变化了。

阎：所以那会儿我就推算是那一辈的姑奶奶，大概就根据他这些记载吧。

家谱里面，就叙出了阎嘉宝的父亲颜伯龙，颜伯龙是一个画家。这个阎嘉宝呢，她是根据我大爷爷，就是在日本那个景嘉大爷爷的资料，根据这个线索找到颜伯龙的祖父是哪一支，知道他是"瑞"字辈，瑞龄的后人，但是我没给他填上。

［附录］1886 年毓俊编纂的《叶赫颜札氏家谱》

近年阎家人在北京大学图书馆发现的 1886 年毓俊编纂的家族谱系，阎家人将其封面以及其中的一小部分进行了拍照。

---

① 内务府：内务府根源于满族早期社会的包衣组织。包衣是"家仆"的满语音译，八旗制度产生时，包衣作为八旗成员的一部分而被编入包衣牛录。随着满族社会的发展和清王朝封建君主制的确立，皇属包衣牛录的职责和地位也发生了变化，向具有宫廷服务性质的机构——内府转化，这就是内务府的雏形。清代内务府的职责是"奉天子之家事"，管理宫禁事务。其成员由内务府三旗（镶黄旗、正黄旗、正白旗）的 15 个包衣佐领、18 个旗鼓佐领、两个朝鲜佐领、一个回子佐领和 30 个内管领的包衣人及太监组成，其机构组织兼容了清初内务府和十三衙门两种制度的内容和特点，并最终形成了以七司三院为主干兼辖其他 40 余衙门的庞大宫廷服务机构。内务府由原来上三旗的包衣组成，与外八旗相比，身份较低。如雍正时的名臣鄂尔泰即出身内务府，后因位居极品，官书正史讳言其内务府出身。一方面，包衣是满族氏族社会里的家奴；另一方面，包衣也是清朝统治阶层里的臣子。出身于内务府的旗人也可充任朝廷官员，并可因功而抬旗，同时，亦有外八旗旗人因过而被贬旗籍而入内务府之事。

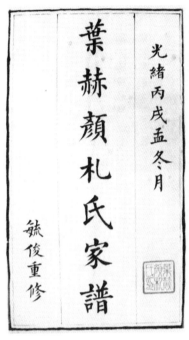

《叶赫颜札氏家谱》扉页

《叶赫颜札氏家谱》函套，北大图书馆藏

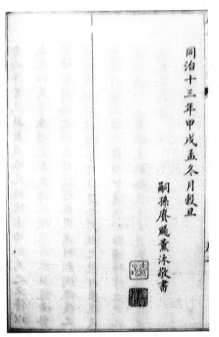

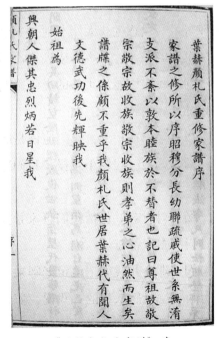

《叶赫颜札氏家谱》书页

《叶赫颜札氏家谱》序

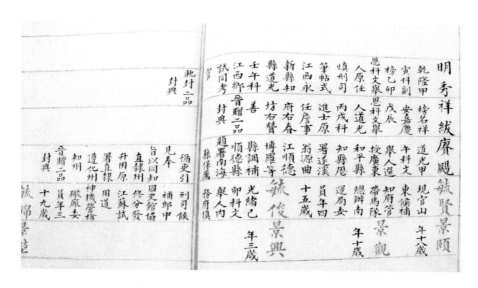

《叶赫颜札氏家谱》书页

2．家族认识

杨：我看您材料，就感觉您家里旗人观念特别强。比我太姥爷他们家强多了。我感觉我太姥爷他们家没有这么多的旗族观念，不知道是不是汉军旗的关系，对本身旗人身份不是那么肯定或者说意识没那么强。

阎：我们可能从小受的熏陶影响较深，另外我们这一支呀，作为长门长孙这样延续下来。

杨：您家这一支，长门应该是毓贤那一支吗？

阎：就是。我们小时候，我们这个家族好像是一个中心，好些亲友呀……

杨：对对对。包括我们蒋家是这个支脉。好像阎家姑奶奶特别多，我觉得好多家都有。

阎：那会儿我就记得定老师来，跟我聊的时候，我说了一句话，后来分析，她挺感兴趣的。我说，嗨，小时候我们就说着玩，全北京城走到哪儿，都有我们家亲戚。我这个说法呢，就是小时候小孩互相说，当然是有夸张了，但是想想，也确实是亲戚比较多。后来她追问我一下，我也说不上来。

杨：您现在记得吗，大概有哪些亲戚？

阎：那倒记得。

杨：就是哪条胡同，有哪家亲戚。我听着这个我也感兴趣。我姥姥也跟我说，阎家是所有亲戚的主干。

阎：可以这么说。我刚才说的报恩寺旁边有一胡同，箍筲胡同，过去河北也有管桶叫筲的，就是"箍桶"这两字。箍筲胡同也有亲戚，是我舅妈娘家，段家。其实我说的范围主要就在北新桥那一带，方家胡同、大三条、头条、箍筲胡同、报恩寺、王大人胡同、王大人胡同东口、炮局，就这些个都有亲戚。

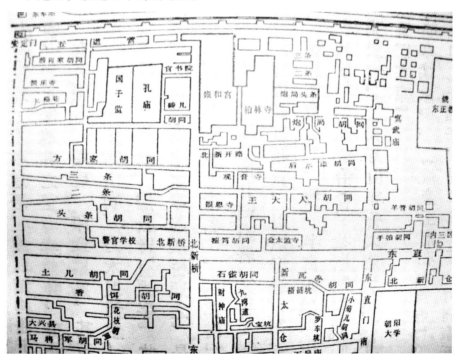

北新桥胡同地图，摘自《燕都丛考》中内三区地图

别的家我有时候也去。那时候一般女孩儿上学了，到寒暑假串亲戚，你在我家，我在你家住几天。我在张大姑姑那儿住过，没在蒋大叔那儿住过。好像你二姑姥姥亚娴跟我姐姐一块儿在我二姑家，在张寿椿

他们家也住过。有一回我姐姐回来跟我说，说她们一块儿玩儿，有亚娴。那会儿孩子密，反正一块玩的差不多一边大。

杨：我姥姥这一房好像是最大的。

阎：对，她比志骧大，我二姑家的，我表哥。我小时候几家亲戚就像张寿椿他们家也常去，其实最近的应该是我舅舅、舅妈家和我这姑姑家。

杨：我看您家这些婚姻关系，好像互相都认识。

阎：就是。我小时候，这些亲戚好像都是沾点儿边。当然有的亲戚你要论起来，像我们弄那大表（将家谱编排成表），那都挺远挺远的，但是走得近。可能北京就是这么一小圈儿吧，没有像现在三环以外、五环以外还算北京。那时候说北京就是这几个城门里头，好像我是内三区，你是外三区，① 那就挺远的了。

杨：就是内城，东西城。

阎：哎，就是。我们家那会儿好像是东城北城这一条，那头比方说到东单，这头到交道口、北新桥，也就这边。再往西一点儿呢，西四、西单，再远就没有了。南边没有，我没有印象谁住南边。

杨：南边②没什么旗人。

阎：对，没有什么印象。

阎：我说有一个叫颜忆里的，我们算本家，但（他们）不是叶赫颜札，他们是颜札氏。

杨：是颜札氏，不是叶赫颜札（氏）？

---

① 民国时，北京独立建制，辖区也由内外城扩至周边郊区，到民国三十五年（1946），行政区划为内城七个区、外城五个区、郊区四个区，内城称内几区、外城称外几区、郊几区等。民国三十六年（1947）的《北平市京郊地图》上所标出的郊区为八个。

② 南边：即南城。清初实行内外城制度，以前三门为界，八旗人口按方位居住在内城，而且严格规定旗人不得私自住在外城。而原内城的士农工商各阶层民人全部迁往外城即南城，这一状况直到清末才开始有所松动，并逐渐形成了北京城市格局上的职业、生活、文化等方面的分界。因此，在北京人观念中的南边，就是指外城地区。这里面所指南边的意义，就是以旗人聚居于内城的历史背景而言的。

阎：是两个族。

杨：这个叶赫最早是海西女真的叶赫部。

阎：对。

杨：您知道那个颜札氏是建州女真还是叶赫女真？

阎：海西女真、建州女真、东海女真、黑龙江女真这么几个部落，① 也闹不清楚他们属于哪个。颜家驹（颜忆里）不是我们叶赫（部）的，是颜札氏的，他们的家谱里面记的叶赫部被灭的时候，叶赫族人基本都被杀，那拉氏只剩一幼童，颜札氏只剩三幼童。叶赫等于就剩这么四个孩子。历史也好野史也好，说叶赫那拉氏跟爱新觉罗有仇恨。②

我爸老说二世祖，二世祖，赖图库是二世祖，安达理算一世祖。这回又找着一份材料，安达理的上边，这列传里头有：铺堪生子二人，长名布彦，次名布三。安达理是布彦的第三个儿子，那就是说安达理上两代也有了，这样我就把安达理算第三代了。所以排到我们这儿算第十四代了。原来就知道铺堪是叶赫颜札留下的那三个幼童其中的一个，再前边就不知道了。

他（安达理）不是殉葬了吗，③ 我在网上看到好几篇（文章），有一篇就是沈阳故宫的一个研究员写的。我去沈阳故宫的时候我先找的是（沈阳）故宫博物院院长，姓铁，他给我写了一个条，让我找这个佟

---

① 明初，东北地区女真人被分称为建州女真、海西女真和东海女真三部分，建州女真分布在牡丹江、绥芬河及长白山一带，海西女真分布在松花江流域，东海女真分布在黑龙江和库页岛等地。明廷在当地设立卫、所等各级行政机构，管理军政事务，隶属奴儿干都司管辖。后来，东海女真时常侵袭海西和建州。建州与海西，为了躲避东海女真的侵扰，并加强与辽东及关内的经济联系，不断向南迁移。到嘉靖时（1522—1566），分散聚居于辽东的东北边：建州女真分布在抚顺关以东，海西女真散居于开原以北。

② 明末，努尔哈赤统一女真时，以与海西女真的叶赫部之间的战争最为惨烈。努尔哈赤曾发誓："不克叶赫，誓不回师！"率大军征叶赫。叶赫出战不利，努尔哈赤命后金军掘地为穴，城墙倒塌，后金军攻入城中。金台石拒不投降，自焚而死。布扬古孤城无援，在得到降后不杀的保证后，才盟毕出降。努尔哈赤为防止叶赫东山再起，这次没有履行诺言，杀了布扬古，叶赫部遂告灭亡。努尔哈赤将叶赫的平民迁到建州，入籍编旗，变成了自己的臣民。据说，叶赫部首领布扬古临死前曾对天发誓："我叶赫那拉就算只剩下一个女人，也要灭建州女真。"因此，民间一直流传着叶赫那拉与爱新觉罗世代为仇，清廷宫中后妃不选叶赫的传说。

③ 参见附录关于安达理的考证文章。

悦。^①佟悦带着我找的这个碑、照的相。当天下大雨又停电，他就说让我先回去，他给我又复印了一些给我寄来了。

金胳膊金脑袋的应该是赖图库。据我爸说，军阀混战的时候，孙殿英^②带着他的人，根本就不是盗墓了，整个围上了就挖，说已经发现金头金胳膊变成铜的了，就是盗墓的已经盗过了，所以他那回没挖出金的来。日本盗的时候就什么都没有了，就都空了，这是我小时候听说的。

景字这一代呢，辛亥革命1911年举家从西安逃回来，没敢进北京就都投奔涞水了。有一年我去涞水，我那方二姑带着我转。涞水一共就那么一个十字街，东关、西关、南关、北关，城里叫东街、西街这么四条街。她就给我指哪个门原来是谁家，哪个门是谁家。就是说不是我们家一支在涞水，基本上阎家的各支都在涞水住过一段，买的房还是租的房，还是怎么就说不清了。我不是有一个还健在的六叔吗，90多了，他说那会儿是有一笔什么钱，好像到涞水买了一些地，反正凡是阎家的投到涞水的就有一份。

杨：然后后来就都回北京了？

阎：都回北京了，好像没有阎家留在那儿的。

杨：啊，风声过去就都回北京了？

阎：在涞水后来上户口就都改汉姓了，就姓这个阎了，因为我爸爸这一辈儿，他排字儿就排那个延安的延。

杨：哦，排字儿是排这个延。

阎：对，我爸爸应该叫延鸿，就这个延，家谱里有。1911年以后就改成门字儿这阎了。那会儿有的家还改成延安的延，我六叔就叫延

---

① 铁玉钦：曾任沈阳故宫博物院院长，清史专家。主编《清实录教育科学文化史料辑要》《盛京皇宫》，编著：《沈阳故宫轶闻》《清帝东巡》等著作，撰写《关于沈阳清故宫早期建筑的考察》《史论康熙东巡的意义》等多篇论文。

佟悦：现任沈阳故宫博物院研究室主任，清史专家，曾著《沈阳故宫》《盛京皇宫》。

② 孙殿英（1889—1947）：字魁元，乳名金贵。河南永城县孙家庄人。陆军中将。曾因挖掘慈禧太后和乾隆皇帝的坟墓，盗窃国家珍宝，被人们骂为"东陵大盗"。后投降日军任伪集团军副司令。解放战争中被俘，病死狱中。

祎；也有的改成颜色的颜。

杨：等于到您父亲这一辈儿都是延安的延字儿。

阎：对，他那一辈儿应该排延字儿。

杨：我一直以为是"飞"字儿呢，我知道都叫什么飞。

阎：那就是起名字起的。

杨：跟族里排的字儿又不一样了。

您知道您家里的行辈字吗？这不是排的延字儿嘛，到您这辈儿呢，还是按照过去（谱里）排吗？

阎：到我们这辈儿，男的排承字儿。

杨：谱里排到哪儿？

阎：家里头那本儿，就我说烧了的那本家谱就排到延，我弟弟他们，是我爸爸后来写上去的。

杨：我发现您家好多亲戚都学的警察。

阎：我知道的是……对。

杨：您姑父也是上这个学校？

阎：我记得是。

杨：我好像听着，您姥爷家也都是……

阎：上没上这学校……

杨：反正也都是做的警察。

阎：知道叫警察总署，在那儿干事儿，具体不知道干什么。还有我六叔的父亲，我叫六爷爷，小时候我记得他当过警察，具体干什么？在哪儿？他那个岁数可能就是混个事儿吧。

那会儿当警察就是钱不多，但是一年四季有衣服，可能不管饭吧？还是怎么着……

杨：挺稳定的。

阎：也可能。就是有钱人不愿意干，没钱人找别的事又找不着，不愿意干警察可能也不好找工作，我这么分析，详细我也不知道。干警察这个事儿在每个时期大概也都有它的难处……就像我回忆那个马瞎子①，他那会儿叫巡长啊还是巡官？他真是欺压百姓，但是你要横起来，骂他一顿，他也灰溜溜地就走了。

杨：就是说您家泼水的那个……

阎：是。唉！我说我们家里这些亲戚可能都属于在办公室里头抄抄写写的那种。

杨：警官，文书类的。

阎："天棚、鱼缸、石榴树；先生、肥狗、胖丫头"，我印象其实这不是讲真正的满族旗人的家庭。

杨：为什么呢？

阎：好像这些说的有点儿像……从外地到北京，做生意做买卖的，不是指的那种……旗人家庭。我印象好像不是礼仪之家。这我还是后来听说的，先生，那时候也是有私塾。但我们小时候一般就都上外头上学去，没有私塾。我们小时候管私塾叫"家馆"，就已经没有几家了。那时候一般的"家馆"都带几个（学生），很少有就他家这一个，没个伴儿，他也不好……一般就是家族里边的，就是本家的，或者是亲戚的、朋友的。至少得五六个才办个"家馆"。

3. 老祖赓飏

阎：我们是明秀这一支儿，马齐后面是明秀，明秀后面是祥绂，完后赓飏，这等于隔着四代呢。

杨：哦，明秀是乾嘉时期的，祥绂这是嘉道，完后赓飏是嘉道、同治、光绪，这都不止三朝了。

阎：对，还到光绪了。

杨：嘉庆、道光、咸丰、同治。哎哟，五朝了。

阎：就是赓飏哥儿仨，这哥儿仨呢，就是这么推出来的，这也是赓字辈儿的，但是后来就不知道了，这赓字辈儿的是又一支儿的了。

---

① 马嘻子：见本书下篇第三节中的"厕所和下水"部分。

因为这毓贤、毓俊，这支儿。就是毓俊下边儿，我爷爷，下边儿，我爸爸，这我们这一支儿。这个往下排，这是三老祖儿，这是六老祖儿，好像这是排六，这是八老祖儿。

杨：毓锦、毓廉。

阎：完后，这两个不知道名儿，就是女的，不知道名儿，这因为谱上没有女的，这个毓玮，不是赓飏的，是赓凯，是赓熙（或者）赓凯的，后来我们根据那些资料跟年代推，推出来，毓玮是赓熙的；赓凯的，叫毓成，但是他没有后。这些个呢，谁是谁，哪家儿是哪家儿，都知道，所以这四姑太太、五姑太太，这是我们推（算）出来的，是赓熙的后人，因为谱上没有。

就这几个姑太太、姑奶奶的，谁是哪一支儿的，也是中间弄了，就错了。错了，后来又找，因为诗稿里边儿，涉及的谁谁谁，女的都没写名儿，都只写了她嫁给谁了、嫁给谁了，然后再捯着一些有关的资料，再找，最后又把哪个否了，又把哪个定下来了，这样儿这点儿弄的是挺乱的，但是基本上是对的。

杨：那就是说，我们家亲戚跟您家其实挺远的。

阎：远一支儿。他们（指毓贤、毓俊）的父亲是赓飏，赓飏的夫人姓方。

杨：就是那涞水方家？

阎：对，我这是听我的一个，我叫姑太太，就是姑祖母，姑奶奶，我听说这方老太太家里有钱，他们家是什么呢，你知道《红楼梦》里说的那庄头吧？[1]

---

[1] 庄头：清代的庄头产生于满洲的田庄制度。在努尔哈赤时期，田庄制是后金国的一种生产单位。庄，满语为"托克索"（tokso），大体上可分为皇庄、王庄、八旗官庄等。以壮丁（庄奴）从事生产，并从中选择一名经济条件较好、有管理能力的壮丁充任庄头以管理庄务。清军入关后，这种编庄方式在京畿、东北以及关内的各个旗地上，继续沿用了数百年，虽然实质上多有变化，但其形式直到清末依然存在。庄园种类繁杂、数量甚多，皇室、贵族、八旗官员均有自己的庄园，不同"庄""园"之间，有着严格的界定和区分，其管理相互独立、互不干涉。专门服务于皇室的"皇庄"，由内务府管理。

杨：庄头我知道啊。

阎：他们家实际是皇上的庄头。

杨：皇粮庄头？①

阎：皇粮庄头。

杨：那他们家应该是内务府的是吧？

阎：我就知道他们是皇粮庄头，所以他们家在涞水，人称方半城，就是挺大的一户，也挺富有的那样，但是后辈也有的家穷了，分成好多支儿，就是他们这个女儿，就是我们这个方老太太，据说是有麻子，人长的怎么样不知道，就说有麻子，我们这个老祖爷爷，赓飏啊，那会儿没做官儿的时候，他的上边儿就是那种只知道念书，不搂钱的，所以就说比较穷，比较清贫这样的家，后来要放外官，要出去。

杨：那就是说之前一直都在北京是吗？

阎：都在北京，就是辛亥革命之前在西安。

杨：哦，我知道那一段儿。

阎：然后从西安跑回来，到涞水了，这就是我爷爷这一辈儿。就是说给这赓飏说媳妇儿的时候，说这方家的姑娘，这方老太太呢，人不太漂亮，有麻子，但是他们家有钱，他们愿意结这门亲，但是说好了，这赓飏不能纳妾。这样儿呢，赓飏在广东那边儿前后待了十八年。

---

① 皇粮庄头：根据《八旗通志·土田志三》涞水县条的记载："正黄旗：顺治十三年（1656），投充旗地三顷九亩。康熙元年（1662），退出地三顷九十六亩。康熙四十六年（1707），拨给旗人开垦地五十三亩。正红旗：顺治二年（1645）至康熙二十三年（1684），拨给旗人地共三千六百七顷四十五亩七分。顺治十年（1653）至康熙五十年（1711），退出地共三十三顷三十七亩六分零。康熙二十年（1681），复拨给旗人地九十亩。又康熙二十三年（1684）至四十九年（1710），复拨给各旗人等地共六顷六十七亩。雍正三年（1725）、四年，拨给园头等地共二十五顷二十二亩。"涞水县旗地情况为正黄旗和正红旗，按阎珂女士的口述来看，如果方家为皇粮庄头，应为内务府，即隶属于镶黄旗、正黄旗、正白旗三旗内，且根据《八旗通志》所载，涞水县有正黄旗投充旗地。投充，是清朝入关后，在京畿地区圈占了大量田地后，继续推行辽东的编庄制度，役使奴仆壮丁从事生产。汉族农民投靠满洲人为奴，称为"投充"。因有此制度，一些土地已被圈占但又不愿迁移的农民，也投靠了新的土地占有者。满洲贵族和替他们管事的庄头，更以投充为名，强迫失去土地的农民充当奴仆。如果按阎珂女士所述，方家为皇粮庄头，则应属于内务府正黄旗的投充庄头。但并无更多的证据来证明此事，只能依靠现有的材料进行上述推断。

杨：哦，就是您说的太平天国的时候，在那块儿不是做几个知县（兼几个县的知县）嘛。

阎：他在广东实际是有和平、濉溪、翁源、曲江、顺德，什么博罗，好几个县，还有什么南海，这些。所以在那儿，等于十几年，有些东西就是我们根据什么推算出来的，我觉得是准确的，就落到文字上了。

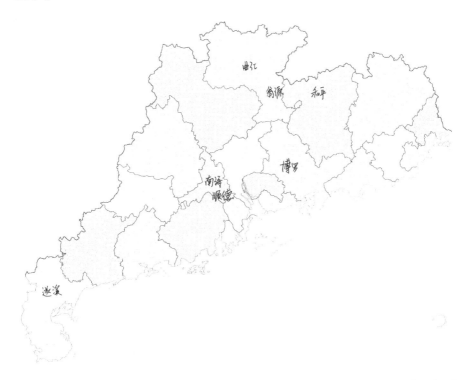

赓飏在粤居官情况示意图（赓飏在广东居官多年，图中已标出上文中所提到的关于他为官的所在县，即和平、翁源、曲江、顺德、博罗、南海）

这十八年方老太太没跟去，所以呢，他在那啊，算一个妾也好，算一个什么也好，就是这个许氏，这许氏呢，就是毓珊的母亲，毓珊写的那《述哀》，就是写的他那母亲。先就是因为方老太太有言在先，不许娶妾，所以后边儿这几个（子女）就都……那会儿我不懂入谱没入谱，反正就好像不算，不认嘛。后来大概方氏去世了，然后也就归到（家谱里）……她（许氏）是扬州人，南方的，她就没跟回来，然后这几个孩子呢，后来就接回来了。所以这方老太太生的毓贤、毓俊，后边儿一个毓廉，中间隔了好多，大概是这样儿。这个毓瑾、毓珊，大概还有一个女儿，都是这个许氏的。这方家好像哪一代（跟我们家）都有个联姻，就是景字辈儿的这一代有，但是后边儿的不知道。

赓飏他是从那儿（广东）回来到遵化。

杨： 他怎么到遵化了呢？

阎： 我不知道怎么到遵化了，从广东回来了，就是回北方了。

杨： 他在遵化是做官还是？

阎： 也是做官，也是知县，但是好像……

杨： 他是举人是吧，（看家谱）哦，道光甲午科举人，那应该是1835年，那会儿的举人，应该是。

阎： 啊，他是1818年生，35（年）差不多。到遵化就是州了，就不是知县了，直隶州。[①]

杨： 哦，就升到州，那就升了，升官儿了。

4. 有争议的毓贤

阎： 关于毓贤，你看这是最早的（我所见的资料），我的一个学生去故宫给我抄来的，这是《清史稿》里的。兰州市（负责）地方志编纂的一个什么史料研究所之类的，这是甘肃的什么（弄的）《毓贤受戮记》。

杨： 他们家等于是发到兰州的时候，接到圣旨，又追罪要处死。是不是这些人又回北京了？

阎： 没回到北京，回到西安。

杨： 他们在1911年辛亥革命，又从西安跑回北京的？

---

① 按《清史稿》卷一百十六《职官三》：州，知州一人。初制从五品。乾隆三十五年改直隶州知州正五品……属州视县，直隶州视府。唯无附郭县……计全国直隶州七十有六，属州四十有八。

阎：（毓贤死是在）1901 年，后来就到西安。

杨：您上回口述里说缝脑袋的那个，是不是就是这个呀？

阎：对。这都是我小时听老人说的。说是你别看哪个姨太太，那时得宠，到最后，那会儿老人说是得了谁的济了，就是死时是谁伺候他，还是谁服侍他，是这老五，她给把这头跟身子给缝上了，这么个意思吧。

杨：您家祖宅是在丰盛胡同？①

阎：我们家原来家产里有的，最早丰盛胡同，据传下来说就是毓贤卖了。我在跟定老师说的时候，说是我爷爷买的卖的，那是不对的。毓贤卖的，是为了他官场上的支付需要，回来卖了房子。好像是毓贤出任山东巡抚的时候，不是，在这之前是曹州知府。

杨：曹州是哪儿的？

阎：就是山东的。义和团之前就是因为曹州巨野县有一教案，就是曹州巨野县的人把德国的传教士杀了，② 从这么开始的，那会儿就是毓贤在那儿。我记得小时候背历史呀，就是说"山东曹州巨野县匪盗杀德寇二人……"，就能把那儿捋出来。当地的义和拳的前身，当地的一些事，一些民众的组织就把教会的人给杀了，从这么开始的。

那会儿他任山东曹州知府，那一带土匪特厉害，因为就等于后来说的海盗似的，跟海边都连着都勾着，所以政府拿他们没办法，几任知府啊，待不了半年就走了，好像有一任还被杀了还是怎么了，反正吓跑了。小时候说大老祖儿那时候挺有办法的。

---

① 丰盛胡同：位于北京市西城区。丰盛胡同的来历，一般认为与明初大将丰城侯有关。明成祖朱棣的名将丰城侯李彬府邸在此，是名丰城胡同，见明嘉靖时人张爵著《京师五城坊巷胡同集》，至清初便讹传为丰盛胡同了。

② 曹州教案：1897 年 11 月 1 日山东省曹州府巨野县张庄的天主教堂遭到当地大刀会的攻击，两名在堂内的德国神甫能方济（Franz Niez）和韩理（理加略，Richard Heule）被杀死。前两日亦有该府寿张县德国教堂被劫。11 月 6 日，德国以此为借口出兵，于 11 月 14 日强行占领胶州湾（今青岛）。该事件之后，于 1898 年签订协议，山东巡抚李秉衡被免职，德国获得白银 22 万两的赔偿，以建造济宁等地的三座大教堂。另外签订了《胶澳租界条约》，让德国在山东取得胶州湾99 年的租期，铁路修筑权及采矿权。该教案因发生于巨野县，因此亦称巨野教案。

杨：能力挺强的，能把匪盗治住了不容易。

阎：为他这个官任上，他自己得有一笔钱开支这些。后来毓贤从山东回到北京，把那老房子卖了，就是现在的丰盛胡同，好像还不是现在的丰盛中学的前部，像是胡同里偏东，好像是东头，我记得冯其利有一篇文章说来着。

好像他把原来的那些，就是跟这个土匪都勾结着的（下属）全给开了，然后他请师爷，请什么人，整个儿等于那原班人马全换了。然后他跟土匪斗，可能就是带去这一笔钱支配这些。这样就是把这个当地的土匪给镇住了吧。

具体我也说不上来，我弟弟他们有时候还能说点儿毓贤当时怎么着怎么着的，不过毓贤的材料网上或者是史书上还都有一点儿。就是演那个《走向共和》① 的时候，他们觉得给毓贤的评价有一点儿倾向，有一点儿变化，但是这个属于历史研究的事儿，跟这个家族后代也连不上，也不知道去找谁，怎么去……就是觉得他作为替罪羊似的，那么就给处死了。家里老人也这么说，另外看过有关史料、文章也有这么说的，说在由原来的"发配"改判死刑的命令到达（时已押解到兰州）后，有人提出是否可以从当地死刑犯中找一人做替身，给毓贤留条活命。他听了坚决予以否定，说不能干这种对朝廷不忠自欺欺人的事。于是便料理了家中的后事，如期"问斩"。

因为我们对这方面倒是还是有些书，有些资料都看，怎么说的都有。有一个是，这个人名字，我想想，好像是叫周锡瑞②。

---

① 《走向共和》：2003 年张黎导演，王冰、吕中、马少骅、孙淳、李光洁、孙宁主演的一部 59 集历史电视剧。讲述了从清末到辛亥革命的一段历史。本剧于 2003 年 1 月 1 日播出。其中涉及毓贤的部分主要在 26、27、28 集当中，该剧中对毓贤这一人物，主要以爱国官员的形象进行塑造，对教案处理公正不阿，不屈服于洋人，战争失败后，由于列强的压力，清廷不得不将其处死。

② 周锡瑞：英文名为 Joseph W. Esherick，美国人，是当今美国的中国近代史研究领域中最有成就的学者之一。加州大学圣地亚哥分校教授。师从于费正清、列文森和魏斐德。以《义和团运动的起源》一书闻名于学术界，相关著作还有《现代中国：一部革命的历史》《中国的改良与革命：辛亥革命在两湖》《中国地方精神与主导形式》等。

杨：周锡瑞呀，这是美国的历史学家。

阎：因为他就在南加州的圣地亚哥，我女儿就在圣地亚哥。

杨：对对，去年我还上过他课呢。

阎：啊，原来我以为是一个中国老头儿呢。

杨：不是，不是，就是美国人。

阎：对，后来才知道，他是美国人。前年我在那儿的时候我还想，跟我女婿说："你开车带我去找。"他说："您找他，您说什么？"我一想也是。

杨：他现在好像在中国。

阎：因为我忘了他哪一篇东西……

杨：他是搞"义和团运动"的，他成名作就是《义和团运动的起源》。

阎：啊，反正我觉得他对毓贤的看法就是有点儿跟我小时候学历史……

杨：因为您小时候学历史跟他学的历史又不一样，他是纯纯正正的美国人。

阎：我也不知道（因为）一种什么（想法），我就挺想见见这个人的。因为我不知道他汉语……

杨：他汉语没有任何问题，他汉语挺好的。

阎：为什么我说让我女婿跟着我去？我以为他说话我不懂，我总得……他（女婿）说："那您事先想好，去了跟他说什么，问什么？"我一想也是，我没个中心。那回我就想跟这人聊聊天，一想聊什么，说什么呢？也确实，又不是中国的什么官员，跟人家反映什么或者是想要要求个什么，都没有什么很明确的目的，所以就算了，没去。

是我弟弟弄什么（关于毓贤的资料）的时候，我给他一本书，我说："你从这书里头（看看）……"我想想是哪本儿里头，我是在中国书店买了一本儿，关于义和团的。

杨：就是周锡瑞那本儿吧？黄皮儿的。

阎：具体什么皮儿，不记得了，反正这本书我就交给我弟弟了，我说："你从这里看看。"后来他就告诉我，这人叫周锡瑞。我先一直以为他是个中国人，结果不是。那回我还想，我说："我把毓贤的那个册页给他看看。"他可能对这有兴趣。后来我知道他是一美国人，我想也许不是我想的那样儿。

杨：他从学历史的观点和入手方法都跟中国不一样。他是汉学，他那叫"中国中心论"，他认为中国的变化是从中国兴起的，不是从外国打击那么兴起的。咱们学那个历史还都是从鸦片战争，英国和欧洲列强打到中国，然后促使中国变革，认识都挺不一样的。

阎：这根本的这个……

杨：对，很多东西认识都不一样。所以您说您给他提供一些东西，可能对他做研究有用吧，但是作为历史评价来说，他可能不是作为历史评价去评价一个人的。

阎：啊，那就更没什么必要了。我是看他写的，我忘了哪几篇东西了，反正就是……

杨：您这看的都是挺专业的书了。

阎：我也不是，那会儿我就老想了解了解历史上怎么说，跟我们家里头说（毓贤），有差距，我就老想找点儿东西看看。所以我凡是看到有关的，我就看看，从哪儿找呢？我就去了几趟中国书店，我就翻书，还真有些提到了，也有些史料。

杨：现在可能很难再找，就是说对于历史人物评价的书了，都不怎么研究了，所以这种评价个人呀或者是事件的东西……

阎：还有一本是什么？是清代的，我忘了题目了，那书名，好像就是清代的贤官。里头翻翻，有毓俊，我觉得这是我们家的老祖宗，我也买了。有一段，反正有点儿空我就上那书店找有关的这样的书看。（笑）

［附录］ 不同"记忆"中的毓贤

口述历史有一个非常有代表性的功能，就是它的"记忆性"，对同一段历史，不同身份的人对它的记忆是不同的，有时候可能会完全相反，大人物有大人物的记忆，小人物有小人物的记忆，但小人物对于历史记忆的价值未必就不如大人物，并且从不同的历史记忆当中，还为我们提供了不同地看待历史的角度。正如美国口述史学家威廉姆斯（T. Harry Williams）所说："我越来越相信口述史的价值，它不仅是一种编纂近代史的必不可少的工具，而且还可以为研究过去提供一个不同寻常的视角，即它可以使人们从内心深处审视过去。"①

毓贤是颜札氏家族中最为重要的人物之一，在中国近代史中对他的评价也极具争议。从清末民初一直争论至今，无论是史籍文献，还是笔记小说，在不同时期和不同史观之下都有着不同的形象，这些形象正是在不同记忆的角度下形成的对这一人物的认识。通过阎珂女士的口述，我们获得了毓贤家人对他的记忆，这是一个非常有价值的审视这段历史的角度。那么，我们就很有必要对毓贤其人在不同时期的历史记忆以及以这些记忆为基础而形成的历史评价进行梳理，看一看不同记忆所产生的历史认识的不同。

毓贤以捐班入仕，任山东曹州知府，以善治匪盗而得到提升，累官至布政使。在此期间，他治理河务及匪盗的成绩非常突出。之后他虽有短期调往湖南，但很快被调回山东，升任巡抚，前后在山东为官二十余年。后因纵容义和团，使民教之间的冲突愈演愈烈，致使各国向清廷抗议并多方施加压力，被撤换。毓贤回京后，鼓动朝中大员，成为主战派的代表性人物。后任山西巡抚，义和团的活动遂在山西兴盛。清廷与八国开战后，他以官府之名明确支持义和团大搞排外活

---

① Micheal Kammen, The Past Before Us: Contemporary Writings in the United States, Comell University Press, 1980, p. 394. 转自：定宜庄、汪润编：《口述史读本》"导言"，北京大学出版社，2011 年，第 4 页。

动，并诱杀教士及其亲属 70 余人。清廷战败后，联军提出惩处几位主战大臣，毓贤被发配新疆，并在各国的压力之下，行至甘肃时，改判就地正法。

后世对于毓贤评价引发争论的部分，基本始自其在山东和山西两任巡抚时的事迹。这些评价与争论也比较集中地出现在清末民初、20 世纪 50—80 年代、21 世纪前后这三个时期。

①清末民初时期。由于毓贤即为当时之人，时人对他多有记载及评价，更多地呈现为时事评论的形式。

首先，很多观点认为毓贤杀戮太重，应属酷吏之列。一是指他对于义和拳、大刀会等民间神秘组织残杀太多。按《清史稿·毓贤传》认为他"善制盗不惮斩戮"。《清史列传·毓贤传》亦认为他"果于杀戮，捕劣是其特长"。当时还有许指严所著的《十叶野闻》，内中有"毓屠户"一条，提出"清季之酷吏当以毓贤为举首"①。二是当时的记载指摘他对于外国教士的屠杀。按《清史稿·毓贤传》："教士先后至者七十余人，乃扃聚一室，卫以兵，时致蔬果……呼七十余人者至，令自承悔教，教民不肯承，乃悉率出斩之，妇孺就死，呼号声不忍闻。"再按《清史列传·毓贤传》："至山西任，又杀教士多名，贻人口实。"

其次，认为毓贤袒护拳民，盲目排外，妄开战端，主战误国。在山东巡抚任上，毓贤认为"民心可用"，对义和拳采用招抚的办法，纵容拳民烧教堂、杀教士，教士请求保护，他则下令置之不理。被撤职回京时，又鼓动保守大臣，力荐拳民可用。任山西巡抚时，他则更加激烈地进行排外活动，唆使义和团烧教堂及屠杀教民，对拳民首领款若上宾。此后，他又力主向各国宣战，并如上文引述，大量屠杀教士与教民。他的一系列行为，当时多数人认为他为国家招致祸端。在清廷对毓贤追加正法的圣旨当中，对其的行为首先进行了定性，对这段历史也进行了一

① 《义和团史料（下）》，中国社会科学出版社，1982 年，第 758 页。

定的评价，按《清史列传·毓贤传》所录谕旨云："毓贤前在山东巡抚任内，妄信拳匪邪术，至京为之揄扬，以至诸王大臣受其煽惑，及在山西巡抚任，复戕害教士、教民多命，尤属昏谬凶残。"李鸿章临终时，亦有"毓贤误国"之语。清末刘鹗的小说《老残游记》当中，将毓贤塑造成一位集"清官"和"酷吏"于一身的人，书中谈到："赃官可恨，人人知之；清官尤可恨，人多不知。盖赃官自知有病，不敢公然为非。清官则自以为不要钱，何所不可？刚愎自用，小则杀人，大则误国，吾人亲目所见，不知凡几矣。"

再次，毓贤为官清正，官声很好，当时的记载亦有很多对其被正法有同情之辞，并借百姓替他"呼冤"、对他"哭祭"等情况的记述，以表达对其的正面评价。如《清史稿·毓贤传》记载："兰州士民为毓贤呼冤，将集众代请命。"

综合清末民初对毓贤的评判，基本属于当时人评论当时之事，评价标准比较纷乱，有些还带有比较浓重的个人情绪色彩，而且一些史实并未经过考证与推敲，未能呈现历史的客观事实，记载、传闻多于研究。但这些记录形成了对毓贤及义和团运动最初的评价，为后世研究奠定了一定的基础。

②20世纪50—80年代。这一时期，义和团运动已经纳入到专业的近代史研究的范围之内，是马克思主义理论在思想界占绝对统治地位的时期，阶级分析法、农民运动是社会历史发展的推动力等历史观成为学术界最为主流的观念。对于毓贤的评价，集中在马克思主义史学的研究范式之内，对他评价的主要观点来源于他对义和团的态度、与帝国主义之间的关系，相关研究的争论，也是在马克思主义理论框架下，对史料认识及分析上的不同。

翦伯赞等人的观点认为："张汝梅、毓贤等看到群众声势浩大，阴谋对义和团进行暗中控制。"即毓贤等官员对义和团采取的是招抚的态度，但他们身为地主阶级，并不是要真正支持农民阶级的革命爱国运动，只是在民族矛盾上升到主要矛盾时，对义和团加以利用。[1]

胡绳的观点，一方面认为身为地主阶级的毓贤对义和团采取的招抚政策，"是为了要让地主阶级分子参加进去，夺取领导权，以求达到加以收编，使它转化为地主阶级武装的目的"[2]；另一方面，毓贤作为封建势力，"装得好像是支持群众反对外国侵略者的斗争……是为了保卫封建主义的旧事物而反对一切与资本主义有关系的新事物"[3]。

除这些通史类史籍中的观点外，在 80 年代，还有一些毓贤与义和团运动的专项研究，也以马克思史学的阶级斗争思维范式表达出了对毓贤的评价，相对于通史，则评价较高，认为对毓贤不应全盘否定。

如《论义和团运动时期的毓贤》一文，认为毓贤联合义和团"共御外侮"，并非是阴谋欺骗，虽然对他镇压义和团的反动表现应加以批评，但不能因此不承认他支持义和团这一事实。他的盲目排外中寓有反抗侵略的内容，与洋务派在义和团问题上的分歧，是爱国与卖国的区别。该文认为毓贤在对待义和团和帝国主义的态度，与洋务派官僚区别的本质，是民族矛盾尖锐化引起统治阶级内部的深刻分化所促成的。纵观毓贤的表现，他应该是一个有爱国表现的封建统治阶级的忠臣。[4]

再如《义和团运动期间的毓贤等"仇教"官员》一文，认为毓贤在对待教案和义和团反对教会斗争的问题上，是顺应了群众情绪，客观上促进了义和团运动在山东地区的大发展，有利于人民群众的反帝斗争。在对待帝国主义的方面，该文认为毓贤虽然在爱国思想和文化传统上有其阶级局限性，在处理民教关系上盲目排外，保守落后，但从客观上是符合反对帝国主义侵略这一总目标的，符合民族利益，是在中华民族出现严重危机的背景下，地主阶级内部出现的分化。[5]

---

[1] 翦伯赞主编：《中国史纲要》，人民出版社，1964 年，第 96—98 页。
[2] 胡绳：《从鸦片战争到五四运动》，人民出版社，1981 年，第 584 页。
[3] 胡绳：《从鸦片战争到五四运动》，人民出版社，1981 年，第 583 页。
[4] 陈正在：《论义和团运动时期的毓贤》，载《社会科学研究》，1982 年 2 期，第 81—86 页。
[5] 于伯铭、冯士钵：《义和团运动期间的毓贤等"仇教"官员》，《社会科学辑刊》，1988 年第 2 期，第 92—96 页。

综合马克思主义史学范式的观点来看，认为毓贤属于地主阶级中的一分子，思想封建守旧，在反对帝国主义侵略的社会大背景下，对义和团运动采取了"招抚"的方式，对外采取的是盲目排外的手段。其中不同的观点，主要集中在两方面，即毓贤对于义和团运动的支持是否仅仅出于欺骗利用的心理，以及他盲目排外的行动中是否含有值得肯定的爱国内容。总之，20世纪50—80年代对于毓贤的研究基本都在马克思主义史学的范式之内，以阶级分析、历史发展动力等理念为理论基础，在此范围内对毓贤的历史作用进行了评价。相比于清末民初的时评有了一定的深入，但过分囿于马克思主义理论框架之内，对一些问题的探讨不尽客观，尚需进一步的深化。

③21世纪前后。随着中国历史研究的主流在20世纪80年代末至90年代初逐步由马克思主义范式过渡到近代化范式，所采用的研究理论趋于多样化，研究对象趋于微观化，而研究本身也越发深入、细致。21世纪前后这一时期的研究更多地是以专项研究的形式出现的，在前人的研究基础上，对若干微观问题进行多方考证与分析，对义和团及毓贤所涉及的那段历史进行了多角度、多层次的解释与评判。更多的文章不再对毓贤其人进行宏观的历史评价，而主要通过具体的专项问题来探讨他在事件中发挥的影响。

如《关于毓贤评价的几个问题》一文，综合相关的中外史料及研究，从毓贤对义和团的态度、处理教案的方针及爱国功臣说这三个方面进行了深入的分析。毓贤对义和团的态度问题，作者对以往的镇压说、庇护说、由剿变抚说逐一进行了详细的考辨，认为他对于义和团的基本政策应为"惩首解从"，而非简单地利用或支持，还是比较开明的。处理教案的方针方面，作者根据史料，对教案的案例进行推敲，分析其在案件处理中"秉公讯断""分别办理""妥为保护"，基本力求持平办案。在爱国功臣与否的评价上，作者从毓贤是否支持义和团、盲目排外中是否寓有爱国内容、主战是否应该肯定三个方面，以当时的国际国内社会历史背景为依据，进行综合分析，认为其虽有值得肯定的方面，但误国成分较大。作者从三方面具体问题的解析入手，认为毓贤不可评价过高。①

再如《毓贤抚鲁、晋两省期间的"涉教"态度比较》一文，作者对毓贤在山东和山西两任巡抚的不同时期的不尽相同的表现进行分析，前后之间差异的内因。从"具体背景的背景条件和清廷的导向因素""毓贤的主观因素"两大方面，结合史料，梳理了毓贤在这一历史时期的行为演变趋势和阶段性发展。作者从清廷对内对外的政策发展变化、毓贤个人的恶教仇洋文化背景及心理等方面，多层次地对毓贤的历史作用进行了探讨。认为其在义和团运动中的作用，是在清廷的内外方针约束下，有限地将其个人文化心理在政务上进行施展，而其个人的人生，在这样的时代当中，也是一种悲剧。②

在这样的研究范式影响下，以马克思主义史学为指导的历史教科书也发生了改变。翦伯赞在 1964 年主编的《中国史纲要》，如上文所引，其中对毓贤的批判方式在 90 年代后不再出现，改为以叙述史实为主要撰写方式。以 1994 年由中华书局出版的《中国近代史》教材为例，该书在涉及这段历史的部分主要叙述了毓贤接任山东巡抚后"沿袭了张汝梅以抚为主的政策"，在由剿改抚的策略中所采取的行动，以及 1900 年清廷对八国宣战后，其在山西巡抚任上由于仇外的情绪，助长了义和团运动的狂热。相较于 20 世纪 50—80 年代的教材，21 世纪前后的教材，在众多具体问题研究的影响下，对毓贤的记述更多采用了史实描述的方式，语言趋于平和，大大减少了定性类的批评。③

在中国百年来对毓贤评价的同时，海外也一直都有对于他的记载与认识。这些记录最早出现于义和团运动时期的外交档案及传教士的

---

① 戚其章：《关于毓贤评价的几个问题》，载《社会科学研究》，2000 年第 3 期，第 109—116 页。

② 董丛林：《毓贤抚鲁、晋两省期间的"涉教"态度比较》，载《晋阳学刊》，2011 年第 2 期，第 18—23 页。

③ 李侃等：《中国近代史》，中华书局，1994 年，第 277—301 页。

记录。

如德国驻华公使对总理衙门的照会：

> 山东巡抚不怀善意，从中庇护贼匪……地方官深知巡抚仇视外国之心，故意挑唆愚民攻击教堂，为迎合抚臣之计……而会匪自夸奉山东巡抚之言，如此行为……设法将不怀善意之官令其离任。①

教会所办的《汇报》当时也有报道：

> 各处刀匪闹教，总因东抚毓中丞仇教心炽，通饬各属州县，凡教士函件，一概视为废纸。故匪有恃无恐，大张红白旗，上书"保清灭洋"，并有帅字旗"山东抚提部院毓"字样。

此后海外对于这一时期的相关研究，基本因袭了这样的看法。如《剑桥中国晚清史》一书，认为毓贤是支持义和团的一个关键人物，而拳民本身不过是一群迷信无知、受人操纵的农民。②但美国圣地亚哥大学教授周锡瑞认为，"这种西方观点的产生，部分地是由于不加批评地依赖外国人和教徒的材料"。③显然，这些带有感情色彩的记录，如清末民初国内对这方面的记载相同，需要研究者对其进行仔细的梳理与分析，而仅依据这些未加分析的史料而进行的研究，就未必能将毓贤在义和团运动当中的真实作用剖析清楚，对于这段历史的真实也无法说清。

海外关于义和团运动的研究，以周锡瑞的《义和团运动的起源》一书在学术界最具权威。该书还辟出单独的一个部分"毓贤的作用"，专门对毓贤在义和团运动中的作用进行了客观、深入的阐述。作者以中

---

① 《义和团档案史料续编》，上册，中华书局，1990年，第313—315页。
② ［美］周锡瑞：《义和团运动的起源》，江苏人民出版社，2010年，第188—189页。费正清编：《剑桥中国晚清史》，中国社会科学出版社，1985年，第140—141页。
③ ［美］周锡瑞：《义和团运动的起源》，江苏人民出版社，2010年，第189页注释2。

外对毓贤认识上截然不同的观点入手，大量参考可靠的第一手资料并加以考辨，详细地分析了整个事件的发展过程，并从毓贤以往的为官经历来看，认为他在当时是一位擅长处理山东武术团体与教民发生冲突的专家，具有强硬有效的行政管理能力。但由于德国在山东所采取的新的激进的政策，引发了毓贤在当时的危机中对于薄弱防御的担心，而德国人没有将中国人放在眼里的态度，导致了更加紧张的局势。他虽然有其残暴无知的一面，但基本所采取的政策，是在不断变换的社会背景之下的一种应对，政策的缺陷也在很大程度上由误解而造成，并在战争结束后，成为清廷谋求和平所付出的代价而被处死。周锡瑞对于毓贤的判断，在多年来的相关研究中是最有说服力的。首先，他的史料非常可靠，不仅来源于第一手资料，而且还对其进行了分析与考证，裁汰了很多二手资料与传闻中不尽真实的内容；其次，在史料可靠的基础上，研究方法上不会先入为主地囿于理论框架，能够冷静客观地将各种历史细节有逻辑地衔接起来。周锡瑞对毓贤的评判是多角度的，希望能够从各种不同的角度中还原人物最为贴近历史真实的样貌，而不希望掺杂进道德上的批判，做到最客观的判断。

纵观海内外百年来对于毓贤的认识，都有一个逐渐贴近历史真实的过程。当时人评当时事，往往带有一定的感情色彩，而传闻与事实混淆不清，在客观性上有一定的不足，在对人物的评价上有很大的局限性。而随着史学的社会科学化的发展，人们对历史的分析也越发客观与缜密，虽然有些研究限定在一定的理论框架之内，但不断在前人的学术基础之上，人们也会层累地丰富和充实研究本身，不断探寻出最为接近原貌的历史真实。对于毓贤的认识，也是在这样一条发展路线上，并从对其个人的评价，逐渐将他镶嵌于整个义和团运动的历史当中，考察其在历史事件中的作用，来认识这段历史。历史研究发展至今，毓贤作为义和团运动中的一位重要人物，是这段历史中的一个点，学术界更为关注的是他在义和团运动中的作用，与各事件之间的联系，他个人的评价倒已经并不重要了。

诗书继世长

作为专业的历史研究，对毓贤与义和团运动的探讨，目前所看到的著述与文章，所采用的史料都是官书文献，基本是在同一角度下，记述了义和团事件中的始末缘由以及毓贤在当中对事情的处理。历史工作者以此为据，在不同的框架下，对其进行解读，由于史料的单一视角，就造成了对历史研究的不够深入。如在农民运动问题上的不同看法，直接造成了对毓贤个人评判的不同。这也是柯文在《历史三调》中所谈到的"作为神话了的义和团"和"作为神话了的帝国主义"，作为毓贤其人，也就成为了"神话了的毓贤"。那么周锡瑞对毓贤在义和团运动中作用的研究能够更加深入，则是采用了多角度地重构这段历史。从这个方面来看，在当今史学研究中，当事人后代对先人的记忆，是对研究这段历史的另一角度的材料，是对以往官书文献的一种补充。

历史学界对义和团运动的研究，从来没有从毓贤个人的经历、个性特点分析入手。研究他在整个义和团事件中的作用及原因，往往是从

毓贤临终前绝笔

65

事件来推及他个人的评价。如果从毓贤的整体经历来对他本人进行分析，特别是阎家提供的他临刑前的绝笔，给我感触最深的是那种震撼感，那么刚劲的字体，"临毕解闷"四个字非常抓人，这是在以往的官书上从未见到过的。从这些史料对毓贤本人进行分析，再将他投射到义和团运动的研究中，是否他对事件的判断以及他的作用，会得到不太一样的历史考量？

阎家所提供的这些口述及阎家本身对毓贤的记忆，则为这一角度提供了非常有益的帮助。

阎家根据《清史列传》《清史稿》及家族史料对毓贤历史的汇编

毓贤（1841—1901）字佐臣，内务府正黄旗满洲，世居叶赫（1644年，即顺治元年，颜札氏二世祖赖图库随睿亲王多尔衮入关，居官北京）。监生，由选用同知报捐知府，指分山西。光绪五年（1879），改指山东。八年（1882）以堵筑山东桃园河口出力，奏保归候补班补用。十五年（1889），委署曹州府事。巡抚张曜胪陈政绩，传旨嘉奖。十七年（1891），张曜疏陈："毓贤讲求吏治，整顿捕务，署两年，民怀吏畏。"得补曹州府知府。二十一年（1895），升授山东兖沂曹济道。二十二年（1896），补山东按察使。九月，来京陛见。十月，巡抚李秉衡以节交霜降，黄河各工俱庆安澜，追陈毓贤在兖沂曹济道任内出力，得旨交部优叙。二十四年（1898），巡抚张汝梅以毓贤志趣正大，果毅性成，奏署山东布政使。八月，调湖南布政使，十一月，署江宁将军。先是，江宁驻防八旗原有八卦洲办公地租银万余两，久被历任将军吞没。毓贤力加整顿，裁革一切供给，上嘉之。

实授山东巡抚，毓贤官山东久，河工尤为熟手。时户部按照大学士李鸿章查勘黄河工程办法，次第分次筹措覆陈。上以毓贤巡抚山东，兼管河工，责无旁贷，即着悉心经理。光绪二十五年（1899）六月，毓贤督同道员尚其享出省，先赴上游巡视两岸坝埝，顺流下驶，赴利津海口一带周览形势。因疏陈培堤经费，及修筑疏浚与迁民购地各事宜。上谕令详细履勘，据实奏报。是年，江北漕粮仍由河运，毓贤挑浚运河淤浅工段，并修筑陶城埠口门坝各工，以故江北漕船于七月内得全数挽入东境，又以黄河中游工段吃紧，奏设雒口镇分局，以资办公。十一月，来京陛见。

光绪二十六年（1900）二月，调补山西巡抚。抵任后，清理财政依限筹拨英、德借款，内务府经费，奏裁山西储材馆，以节糜费。六月，恭遇万寿庆典，毓贤母方氏年逾八十，蒙恩赏"福""寿"字，暨绣缎、如意等件。时拳匪肇乱，京师戒严。山西派队赴京调用，毓贤乃添募步队，以厚省城兵力。旋以拳匪之故，中外失和，战局已开。毓贤筹解京饷，护送过境饷鞘，采办江南米石解京以济兵食，截留铁路经费银两，购买杂粮以备山西旱赈，一面札调练军步队，驻扎固关以固边围，分往太原、榆次、介休等县，拿办土匪以靖地方。

毓贤嫉恶甚严，果于杀戮，捕务是其所长，唯不知大局。巡抚山东时，容纵拳匪，酿成巨祸；至山西任，又杀教士多名，贻人口实。事闻，褫职，发往极边（新疆），充当苦差，永不释回。十二月，和局既成，八国联军统帅瓦德西胁迫清廷正法毓贤。毓贤行至甘肃兰州时，甘肃总督李廷萧奉到圣旨曰："毓贤前在山东巡抚任内，妄信拳匪邪术，至京为之揄扬，以至诸王大臣受其煽惑，及在山西巡抚任，复戕害教士、教民多命，尤属昏谬凶残。着传旨即行正法。"李廷萧总督暗中将此旨告之毓贤，毓贤曰："臣罪当诛，臣志无他，念小子生死光明，不似终沉三字狱（按，指"莫须有"）。君恩我负，君忧谁解？愿诸公转旋补救，切须早慰两宫心……"临刑前（正月初二）夜临帖书志，对一生忠君报国爱民矢志不渝。帖曰："勇列徽范，芳时懿名，里成冠盖，族茂簪缨，万古千祀，瞻言涕零。"兰州百姓闻此讯，聚众数千代为请命，为毓贤呼冤，毓贤移书止之。在外国列强和清廷强大压力下，辛丑年（光绪二十七年，1901年）正月初六，按察使何福堃来到什字观毓贤羁押地监刑，有仆助断其颈，为敛而葬之，时年60岁。

5. 满洲诗人毓俊

杨：您二老祖，毓俊的事儿您知道吗？

阎：不是"二老祖"，他是我亲曾祖，就叫老祖儿。毓俊好像前几十年，就跟着哥哥，再以前是跟着父亲，就是跟着赓飏，去广东那边儿，哥儿俩都去了。

杨：哦，那为什么夫人不跟着去呢？

阎：我不知道为什么，是因为路途遥远，怕那个什么的。

杨：小孩儿都不怕。

阎：因为从他（毓俊）诗稿里边看，等于他跟了十八年。

杨：哦，跟了十八年呢？

阎：嗯。

杨：对，十八年都在广东。

阎：广东，不过这中间他又上哪儿，等于周游各地。所以，可以说大好河山他基本上走遍了，南方的，他也这儿去那儿去的，其他的不太知道他具体情况。

杨：就知道后来在西安，然后怎么着就不知道了？哪年去世的？

阎：那个诗稿里头都有。1848 年生，1911 年卒。

杨：那就是辛亥革命的那年。是死在西安了是吗？1911 年您家不正在西安吗？

阎：我爸爸那会儿老说西安有四口灵，可能就包括这个老祖宗，没运回来。

杨：那时候，1911 年紧张啊，您家都是逃回来的，运是已经运不了了。

阎：那会儿又不弄骨灰，弄了一口大棺材，四口灵，这活人还得逃命呢。（笑）

二、我的家庭

1. 我的祖父

阎：毓字辈儿后边是景（字）。

杨：哦，就像您祖父就是景字。

阎：景字这一代呢，等于从西安逃回来，没敢进北京，就都投奔涞水了。在涞水呢，后来上户口就都改汉姓了，就姓这个阎了。我爸爸这一辈儿啊，他排字儿就排那个延安的延。北大图书馆那本儿（家谱），因为是毓俊续的，他就续到延（字）。刚才我给你看的那照片儿（从北大图书馆找到的阎家家谱），那上头就只有景兴，我们分析，那是我爷爷，3岁。但是从我们记载，我爷爷叫景煦，是说上头还有一个夭折了，还是那会儿小时候叫，后来改的名儿啊，也不知道，那就是说到那一辈儿，就是毓俊就刚有一个儿子。

杨：哦，刚有一个儿子，那就不一定是怎么回事儿了。

杨：那您祖父的情况您清楚吗？

阎：我爷爷的第一个夫人是震钧的女儿。

杨：他们家姓唐。

阎：就生我爸爸一个，等于我爸爸的外祖父和祖父都是文学造诣这方面（比较高）……

杨：毓俊是满洲诗人嘛，震钧①更了不得了。

阎：就是。这是我的亲祖母，我们当然就都没见过了。后来从我老祖的诗里边，就是毓俊的诗里边看，跟我父亲的外祖父家，发现他那时候有好几门亲戚，还有苏家，毓俊的诗稿里都涉及过。

我父亲是1905年（生人），所以1911年的时候，他等于五六岁，据说那会儿装哑巴从西安，由一个老家人带到郊区去了，跟我的二姑。

杨：那二姑是？

阎：就是嫁到贺家的。震钧的外孙子就我爸一人，然后我那个祖母就死了。

杨：然后就续娶了徐氏。他那会儿在西安是？那从西安逃回来那个详细情况您清楚吗？

阎：我不知道，就是说不上来。

杨：就知道往回逃，那时候"排满"厉害。

阎：对，就知道，就是那会儿，那些个我大概都跟你说了，就在那儿怎么保住命，至于谁是在……可能那会儿就是我爸跟我那二姑，我三叔好像都不是在那儿生的。

这就是我爷爷（指着照片），我的两个祖母带着一儿一女，就我们这一支，大概是这样。我估计一姑太太跟她那个母亲，就是雪婵……

杨：也是在（一起）是吧？

阎：也是那年跑回来的，是不是也住在涞水还是哪儿，我就不知道了。好像我们那一拨儿，还有（一拨儿），我不知道是不是他们原来在北京的也去涞水了？

杨：他那会儿在西安是？

---

① 震钧（1857—1920）：清代学者。满族。姓瓜尔佳氏，字在廷（亭），汉姓名唐晏。出身满族官宦世家，其祖随多尔衮入关即世居北京，至震钧时，居京师已12世。庚子以后，任江苏江都知县，宣统二年（1910）执教于京师大学堂。不久入江宁将军铁良幕府，并任江宁八旗学堂总办。辛亥革命后长住南方。博学多闻，善画墨梅及兰竹。由于世居京师，习闻琐事，著有记述北京历史掌故的《天咫偶闻》10卷，是具有较高史料价值的地方历史文献。又著有《渤海国志》《庚子西行纪事》《西汉三国学案》《八旗诗媛小传》《国朝书人辑略》等。

阎：他在西安应该没干什么，他就是到北京以后，就做一般的职员似的。在民国，不是民国政府。

杨：北洋政府？

阎：对，反正就是做一般的事儿。

杨：是政府机关还是？

阎：政府机关，所以现在就是说给我爷爷写一个简单的经历，谁也不写，因为不了解什么情况。

杨：也都不了解什么情况？

阎：就做点儿小事儿，养家糊口，没有做什么大事儿，他也没有在家族或者是文化上留下点儿什么，没有可写的东西。像这景嘉吧，出去折腾折腾，还有点儿东西。因为过去小时候大人也不说，也不提，那会儿都叫做事儿，就是做事儿养家糊口，他又不是做什么什么大事儿的。不是做大事儿的，也不是在哪一方面造诣很深，有点儿什么成就，都不提，这就等于什么都没有。

杨：您也等于没什么太多印象？

阎：对。

杨：太小了。

阎：其实也不一定是记忆里的，我印象就是我小时候我爷爷背着我上胡同口儿外头去，比如说买东西去。说我那会儿记性挺好……就是从王大人胡同出口儿，头一家，第二家，我都能记下来。那我想我应该至少三四岁了，可是按年代算，我大概就两岁。

杨：我姥姥也记不清楚。

阎：是吗？

杨：她说小时候都不打听这些事儿。

阎：是。

杨：小时候都不知道打听这些事儿，谁家人干什么的。

阎：我爷爷到底都干什么的？我说不太清楚。

杨：您也都不太清楚？

阎珂女士的祖父

阎：嗯。我祖父是我 3 岁的时候死的，我也不知道是虚岁还是什么，哪年。

杨：您 1934 年（出生）的，那应该是 1937 年？

阎：1937 年或者是 1936 年。我爷爷呢，就是上趟厕所就没出来，后来（有）人去到厕所看了，他就站不起来了，往起一扶就死了。

杨：您父亲应该挺清楚的吧？

阎：那应该清楚，但是说得也不会太具体。

2. 我的太太①

阎：续祖母娘家姓徐，是徐桐②的后人。她的四姐是我的亲姥姥，

---

① 太太：旗人管祖母的传统叫法为太太。

② 徐桐：字豫如，号荫轩。汉军正蓝旗人。道光进士。曾为同治帝师傅。先后任太常寺卿、都察院左副都御史、内阁学士、礼部右侍郎、礼部尚书、吏部尚书、协办大学士、体仁阁大学士等职。顽固守旧，反感西学，不择手段攻击新党。义和团运动兴起后，主张借助义和团排外，支持慈禧太后对外宣战。八国联军攻入北京后，自缢身亡。

她们是徐家的姑奶奶，六姑娘嫁到阎家，四姑娘嫁给我姥爷了，我姥爷姓李。所以我小时候我姨、我舅舅管我祖母叫姨儿，六姨儿，不叫亲娘（亲家母），我叔叔、姑姑管我姥爷叫四姨大大①。就这么亲套亲，亲套亲的。活下来的有我三叔、我二姑，还有一个四姑和一个六叔。那四姑呢就是嫁给刚才说的，贺九爷，挺快就死了，小六叔十几岁就死了。我二姑是解放以后去世的。

杨：跟您姥姥是不是也是亲的呢？

阎：跟我亲姥姥也是亲的，但是我没见过我亲姥姥。

3. 博学强识的父亲

（1）父亲一生的经历

阎：我们这一支，我父亲原来是哥儿仨（六弟早夭），姐儿俩，我父亲三个弟弟、两个妹妹。我那小六叔死得早，我二姑就是嫁给贺家了，四姑也是嫁给贺家了，但是我那四姑呢，结婚不久也没生孩子就死了。等于我三叔和五叔跟我父亲不是一个母亲。这兄弟三个，性格呀，追求啊，都不一样。

我父亲是 1905 年（生人），所以 1911 年（在西安）的时候，他等于五六岁，据说那会儿装哑巴从西安，由一个老家人带到郊区去了。从西安回来，应该是先在涞水，后到北京。先是家里办的私塾，就跟着毓珊，我叫六老祖，我爸爸叫六爷爷，跟着他念书，包括你太姥爷。那就等于阎家办这么一个私塾，自己家里的孩子，还有近亲的孩子都在那儿。是在涞水就开始了，那也就是十岁前后都是在家里，后来至于到十几岁上的……

杨：念完私塾又上的学？

阎：嗯，就是没有正式上小学跟中学，后来他上的法文专科学校②，

---

① 大大：旗人管伯父、伯母叫大大。

② 法文专科学校：位于西城区前门西大街，1908 年由南堂天主教圣母会创办，重点培养法文人才，属法国工部局管辖，由圣母会修士任教。1921 年改为南堂小学，1943 年改为南堂中学，均属天主教圣母会。

那是哪个学生运动啊？他因为……我记得就是解放前我上初中的时候，学校有高年级学生动员我们签名，驱逐那个校长。这事儿我回家说来着，我爸爸就跟我说："不要参加这个，我就是因为带头……"那会儿他是学生会主席，带头搞什么，我忘了说的是哪个，算不出来是哪年的什么学运，被学校开除的。他说那会儿，是叫开除还是叫什么呀？反正他那学实际没毕业，就因为他是学生会主席，那会儿大概就是带着去游行什么的吧。他是法文专科学校，他有些同学跟法国使馆，或者做翻译什么的。他等于从学校出来以后，没再搞有关法文的工作。

杨：他那会儿要是从法文专科学校毕业了，那估计挣钱就更多了。

阎：有可能。我从唐山调回北京，我就在北京的 47 中。47 中的前身，解放前叫温泉中学，温泉女中，是中法大学附中。这个学校是李石曾①创办的。当时有几拨人都去留法了。留法回来，有的回温泉中学教书。就是中法大学送出去留学，再早法文专科学校，都跟后来留法什么的（有关系），然后回来，使馆工作，翻译工作都有关系。

杨：我听着好像说，原来家里应该还是不错。

阎：曾经有过一段，我们小时候还有过一段不错。

杨：我说的是您父亲小时候应该还是不错，有条件上个学呀什么的。

阎：哦，那是。他还在警官学校工作过，那会儿叫庶务吧，就是办事儿。

20 年代，他还跟这个北洋军阀那会儿的政府，跟哪一派的哪一支军队干过文秘工作，时间很短。但是呢，他也曾经跟我说过，他说："我二十几岁那时候就是上校书记官。"

杨：上校书记官肯定有文化。

阎：级别挺高的，但是年纪特轻，好像他那个顶头上司姓谢，但不

---

① 李石曾：本名李煜瀛（1881.5.29—1973.9.30），字石曾，笔名真民，石僧，晚年自号扩武，河北高阳人。李鸿藻第三子。中国教育家，故宫博物院创建人之一。曾为国民党四大元老之一，早年曾发起和组织赴法勤工俭学运动，为中法文化交流做出了很大贡献。

知道是属于哪一派系的，时间也不长。解放以后也不算反动军官什么的，不是国民党。他也没有参加什么党派，解放前基本长时间工作就是北京市卫生局。

杨： 就是卫生局，跟我太姥爷是一个单位的。

阎： 还包括张寿椿的父亲都在卫生局。我想就相当于现在的那个局长的文秘似的吧。

杨： 专门写稿的?

阎： 其实他不是，他就是科员，他没有任何的头衔。但是那会儿叫办稿，我也不懂，就相当于现在的月总结似的，到办稿的时候就非得他。他那稿一试下来，交差就过去了，这一个月的事儿就完了。要别人写老得三回五回地来回倒，所以就非得他弄。他弄呢，我想可能都快到月底这几天了，比方说给你这一个礼拜的时间，他前三天、前四天是绝对不动笔，也许他脑子那儿思考呢。我娘就着急，就催他，到最后一天了，或者是最后两天了，他就开个夜车或者是怎么弄弄，等于这一个月的事儿他就那么两三天就完了。平常上班也是愿意来就来，不来打一个电话，嘻嘻哈哈的，他就这么一个大爷派儿。

我爸爸到卫生局以前，不是说在军阀的军队里头也做过嘛，但都不长。那会儿公开考试，考县长，我爸爸也考上了。

杨： 那怎么没去做县长啊?

阎： 没去，不知道是因为远啊，还是那时候觉得不太平，好像就离家远，就没去。

杨： 您说的那个县是河北呀还是?

阎： 不是，远，是南方是哪儿，我不记得了，反正是考上了没去。就是说他在同事里也好，或者就在这个整个亲友家族这圈子里头，是有点儿真才实学，有能耐，有本事。我爸爸他们这一辈呢，我爸爸是家学，或者是说旧学，应该是说比较扎实。

(2) 父亲的为人

杨： 我姥姥说（您父亲）是过去知识分子派，我太姥爷好像都是那个派的。

阎：但是他不是那种挺张扬的。我不知道你听说过没有，过去谁家死人了，就是请人去点主①，往往是社会上有一点儿地位的。反正这个对我爸来说，我觉得是经常的。"明天有事儿，记得提醒我啊，几点几点有点主。"我就常听他跟我娘说。这点主一般都是请有点儿名望的（人），而且确实是在哪方面有一定造诣的。

杨：那这点主到底是干什么的呢？

阎：具体呢我说不上来。就是人死了以后啊，发送死人的这个过程啊，它有几个，比方说（第）三天叫"接三"，第四天叫什么来着？如果搁五天、搁七天最后一天就叫出殡②。我估计可能是出殡以前吧。好像是有一个仪式，这个仪式呢又挺庄严的，是不是最后给这个人的牌位，拿一个笔点一下。他所做的就是点一下，但是这个整个过程，这个形式非常严肃，也非常庄重。而且是得请一个什么什么样的人来给点主，然后就是说把这个人最后送走了。可能是最后出殡以前，给他的那个牌位（点），棺材拉走了，这牌位就留在家里了。怎么叫"主"，我也没弄清。他经常被人请去点主。

杨：那这个有没有收入呢？

阎：没有。但是有时候呢可能人家送你点儿什么。有的就是来车接，就在形式上挺尊重你的那样。其实我爸既不算知名，又没有什么哪方面的专业。

杨：可能就是这个写什么文特别好，我太姥爷好像也是给人写……

---

① 点主：就是给先人建立木主。古人认为人的神魄依附于木主。所以人死后，在治丧期间，就要通过"成主"的仪式，建立一个木制的牌位，以便死者的神魂依附于上，留给后代祭祀。牌位上其他字均已写妥，如"某某之王位"，行点"主"礼时，由"主官"用毛笔蘸上朱砂去点"王"字上的一点，成为"主"字。一般被请去点主的都是有功名或起码是非常有学问受人尊敬的学者。

② 旧时北京满汉人家，家里死了人，一般是先在家里停灵办事，就是遵照传统的风俗习惯，突出东方宗教中的"轮回""转世"的深厚影响力，渗透到繁琐复杂的礼仪程序中，包括"倒头""接三""送库""首七""伴宿""成主""发引"等一整套繁文缛节，每道程序中再包含若干子程序，以超度亡灵，寻求转世因缘。

阎：他们叫办稿。他这种写就是传统式的，他这个格式、行文给谁写，主要叙述的是什么，主旨是什么，要达到什么目的……比如说现在的一个什么项目，如果不懂就抓不着要害，抓不着这个主旨内容的，可能看了以后也不疼不痒的，批不下来。我这么想，他可能就在这上头有点儿"那手"……

杨：您父亲是不是也是特别爱主事，爱帮助人？

阎：爱帮助人，但是他不是那种特别张扬的。

杨：好像这个族里的事他净管。

阎：好多事，那意思他点头就行了。他说了算，但是他轻易不说，轻易不去主什么事。他不愿意去做那种好像有点跋扈的事，但是还什么事都找他。

我爸是长门长孙，家族的这些我尽量维持着，旧的这一套呢不愿意改，不愿意变。虽然他在学生时代也参加过学生运动，好像受了挫折以后呢，他就觉得是，就老老实实，就凭我本事能做什么就做什么，什么越轨的那些事儿就不干了。

就整个阎家家族，过年祖宗牌位什么都在这儿呢。其实我们不是长门。但是我爸爸等于是这一辈的，算是长孙吧，维持正统似的。但是毓俊是老二，我爷爷是毓俊的长门。毓贤还有儿子，毓贤的孙子呢也是不着调①，就是我说我叫四叔的，有一段时间也在我们家住。

杨：算住闲似的那种？

阎：对，有那么一段。像我三爷爷大概是五老祖的后人，三爷爷的儿子呢我叫大爷，他比我爸大一点儿，但是也是没有什么作为，过着比我们家还苦的日子。我五爷爷、六爷爷后辈就有我这六叔。就是说这本家的吧，到过年的时候儿还都上我们这儿去拜祖宗，就是冲祖宗牌位磕头。

杨：就是说您家等于是：一是您父亲岁数比较长，第二是社会地位

---

① 不着调：北京土话，形容说话办事不着边际。

上比其他人要高一点儿。

阎：可能算是。我父亲吧，在家族里头也好，在亲友里也好，他的为人处世算是比较正派，虽然他有吸食鸦片这样的（毛病），但是他整个为人是走得正，没有其他的那些……另外呢，有学问，为人就是没有那些歪的邪的，也乐于助人。他不是那种忙忙叨叨的人，他就是一天到晚挺稳当的。

他也帮助亲友解决一些问题，像二姑家的这两个姑姑（给做媒），像我干爹（这几个"老姑娘"）还有谁都是他……其实他不干保媒拉纤之类的这些事儿，但是都是经他介绍嫁出去的。解放以后他给某人帮忙，他也知道该给哪个机关写信，然后帮着人家安排，安排了以后，那地位跟收入比我们家都高。他就是这么一个人。

杨：好像您父亲不太管家，是吗？

阎：我父亲不太管家，他要用现在话说就不是太顾家，好像并不是说这一个月的工资，比方说应该都交给我娘，然后撑起这一大家子过日子，我爸可能自己消费比较大。我记得我《回忆》那里头也写了，他整个就是一个公子哥儿吧，反正人家都叫他"阎大爷、阎大爷"〔注："爷"字重读〕，其实他自己也没有过过挺富裕的公子哥儿的生活。穷，但是有那么一个大爷派儿，派头儿还挺大，那种应该说恶习也比较多。（笑）

杨：这派头儿都有什么呢？

阎：在外头挺仗义，谁要有什么事呀，有什么困难呀，他拨不开面子，他也帮着。那些外场上的应酬什么的，他都去。

杨：是不是在外头有点儿耗财买脸啊？

阎：也有点儿。比如说有几个朋友或者同事一块儿出去吃个饭，不是经常的。一个职员挣那点儿钱，我们家又是人口儿多、住闲的多，吃饭的多，就我爸爸一人（工作），我爸爸又是属于不顾家的那种，所以挺艰苦的。

杨：我听说还有一个包月车呢。

阎：就是。还要摆谱儿，我娘一人在家里太辛苦了。其实那时候他一个人的工资养活这么一大家人，已经入不敷出，挺穷的了。但是他一直用着一个包月车，先是就在家里吃，在家里住。后来大概是包月，反正他上班下班都是这个车夫拉着送去。那会儿因为也没有现在这种公交车的条件，他们也不会骑车什么的。而他这上班呢，等于就是别人都得一天，他有的时候早晨都几点了，还没上班呢，有的时候就让家里谁给他打一个电话请假。可是到月底或者是什么时候，他的那活儿，就等于一个月有几天就干完了，也就那几天。

也讲究吃。

杨： 您说说这讲究吃，是下馆子还是自己做？

阎： 下馆子就是他有几个朋友，到时候互相一撺掇。比如说这个月咱们去了一趟，是他请的客，下月该你了啊，下月该我了什么的，总是这样，就是下馆子，轮流做东那样的。或者说哪个馆子的什么菜好，咱们这回说下了，下回是谁请客做东到哪个地儿吃去。这个呢，从经济力量来说倒不是经常。

别的，比方说在我印象当中，现在家里头要有点儿好吃的都给孩子留着。我们那会儿是都在一桌吃饭，但是我爸单一个菜，我们其他人吃这大锅菜。

杨： 好像那会儿好多人家都这样，得父亲先吃，上班的单做。

阎： 比方说有点儿细粮吧，就蒸一小碗，那会儿叫白米饭，就是大米饭。大伙儿吃窝头，那一碗饭就是他一个人吃，单给他炒一个菜。我爸在吃上，菜量、饭量都不大，但是比较精细，我也弄不清都是怎么做、怎么弄，反正就是单他一个人的。或者是先吃，或者就是给他单留出来。一般我们大伙儿吃饭的时候，比如说五点半、六点，他还没下班呢，大伙儿就把饭吃了。他几点回来再给他热，或者再给他做，所以他都是，就叫单吃（笑）。

另外就是打牌。

杨： 是不是都去我姑姥姥她们家打牌？

阎： 对，有的时候到晚上要不回来，或者是找不着我爸了，我娘就让我去打电话，就打给张寿椿的母亲。就是在我们叫张大姑，在她们那儿就是打牌。她们打那牌，我后来了解了，就已经是很前卫的了。

杨：什么叫很前卫？

阎：我们小时候要说打牌是这么三种：一种就是现在的这麻将牌，大部分说的都是这个；一种叫推牌九；还有一种叫斗……就是纸牌，这么一个长条，（示范）有点儿像小书签似的。反正就是一个白纸吧，背面一般是蓝的，正面呢也印的……

杨：也是现在这种扑克牌似的那种？

阎：但是小，是一个小长条儿，对了，叫"逗梭和"［注："和"读"胡"的音］，其实就是"梭子"的"梭"，木字旁那个，我理解是那个。管它叫"梭和"，就是怎么着就满了，我就和了。也有点儿像你刚才说的扑克牌里头的某一种玩法。"梭子"就是三张，三张一样的。"梭和"一般是从河北地区传进来的，我就听他们说，农村老太太她们管这一把完了叫一锅，就一分钱一锅，就是慢慢磨时间。

我们小时候北京要说打牌是这三种，没有扑克牌，扑克牌就高级了。扑克牌里边的桥牌就更高级了，因为我听我爸他们那会儿就说同花顺啊什么的，我就有印象。我现在知道了，他们那时候就已经打桥牌，那多早啊，40年代。

（3）父亲的晚年

阎：我爸爸是退职的，是跟人家闹气，所以后来没有退休工资，没有收入。（过去）也有人浮于事的问题，局里头办一些什么事儿，文稿啊，好像就是离了他不行，他也就觉得自己这是铁饭碗，你裁减什么的也轮不到我。等解放以后干工作呢，他算旧的留用人员，人家没有像你那会儿的局长似的，非你不可，大爷似的就这么养着。也不知因为什么，要把一部分干部下放去劳动。我爸就说身体不行，去不了。结果他一赌气就辞职了。

杨：整个公文行文也都变了。

阎：对，都变了，也吃不开了。他那会儿有一个跟他屋同办公的，叫"李大"什么，那个人是个党员，挺敬重他的，觉得他确实有点儿学问，也不是坏人，好像是劝过他，就是劝他别那个，"你这一步这么走了……"他也没接受，他大概没有想以后怎么着。

杨：其实再忍两年，一退就……

阎：辞职了以后就跟打短工似的，像临时工一样，给这儿写一个什么，给那儿弄一个什么，但是没有正当职业，也没有退休的待遇。他辞了以后呢，就只能随着朋友，在历史博物馆，就是人（民）大会堂对着的那个。

杨：现在是国家博物馆。

阎：就在那儿帮人家写展品的那个牌子。我们家还有一支亲戚，是景嘉的姥姥家，就是我那个女八老祖的娘家，他们家的后辈，有一个叫曹肇基，他在那个革命（历史）博物馆。天安门前头的那两幅标语仿宋体的那个字儿，原来是他写的。他在革命历史博物馆里头，他推荐的，让我爸去写这个。所以后来在那儿也认识几个（人），都是书法上、文笔上一块儿有共同语言的，又交了那么一拨儿朋友。所以我这么想，我爸晚年实际这个心里可能也抑郁，挺闷的。

杨：您父亲来往的朋友您还有印象吗？就是朋友，不是像罗家那种世交的。

阎：有几个，都是解放以后，尤其是他到历史博物馆那儿，那儿好像有几个朋友，挺说得来的，都是在那儿写字的。因为我看他留下的诗，有的都是跟那些人互相应和，你写一首，我回一首什么的，有时候也是一个月几个人凑在一块儿，找一个饭馆喝点儿小酒，然后写写诗什么的，好像有那么几个朋友。但是那几年我没在北京，我就不太熟悉，等我父亲去世的时候，我弟弟他们常说起来。

杨：那解放前的呢？有没有深交比较多的？

阎：解放前主要是亲戚。朋友呢有几个，那会儿就算同事，原来有过关系，后来没有交往。

杨：但是好像没有特别深的是吧？

阎珂女士父亲的照片（图中的男孩为阎陆飞的外甥贺志骧）

阎：嗯，我印象没有，说起来都是亲戚，也许他们自己之间有来往，有走动。后来我就想，解放前他们这种社会地位吧，好像也不是高，但是也不是最下层的，反正就天天上班，挣钱养家糊口。至于一般也就是同事之间，没有那个什么结交，我印象没有什么常来往比较密切的朋友，好像没有，或者是我不知道。

4. 做过教师的母亲

（1）母亲对我们的教育

阎：我父亲我母亲都是 1905（年）生人。在我记事儿的时候，因为我出生后没几年就抗日战争了，就是日本统治以后，我姥姥家也就是挺贫穷的一般市民。他们前几代好像也没有做大官的，我母亲的生母，生了她，还有一个哥哥、一个弟弟。

　　我母亲呢，在结婚以前是教书。那会儿北京有箴宜女学①，那会儿叫"女学"，不叫"女中"，也不叫"女校"，也不知道算几年制，在那儿教。那会儿是在东四附近吧，后来这学校就没了。她好像小学程度上完了又接着上，但是也不是正式的中学。

　　杨：那您母亲受教育程度很高啊。

　　阎：她结婚的时候应该是 1930 年，生我姐姐应该是 25（岁）了。我爸跟我娘结婚在那个时候算是偏晚的，因为他们俩都是 1905 年出生的，他们可能是二十三四岁（结婚），那时候一般都是 20（岁）以内就结婚嘛。张寿椿的母亲比我爸大，你太姥爷比我爸小，但是结婚早。要不怎么你姥姥比我姐大好几岁呢。张寿椿的母亲是续弦，但是张寿椿也比较大。

　　杨：您母亲在出嫁之前能当小学老师，那时候也很不简单了。

　　阎：是。我上初一的时候有一个音乐老师姓迟，她们姐儿仨都是我娘的学生。她说："李老师，在我们印象中那个老师挺好的。""李老师一直教我们，教到她结婚以后，后来要生小孩儿了才不教了。"那就是生我姐姐前还教课呢，完了就不教了。我母亲也会英文，我小时候，就是我到初一了，念英文，有时候有错儿什么的我母亲还能给我说说，辅导辅导。

　　我母亲年轻的时候吧，她不会做什么家务事儿，就是女孩子这个叫女红啊，她真的不行。一个是念书了，一个我那姥姥也不是亲姥姥，可能在家里也不太重视。她们汉军旗没有满族旗人给女儿教得一定怎么怎么样，可能她就跟着我大舅学点儿这学点儿那个的，可能没在这个针线活儿上下功夫……

　　杨：因为我感觉您家好像挺重视教育的。

　　阎：像我们那些同学，就是一般让女孩子上学，家境可以说挺殷

---

　　① 箴宜女学：1907 年继织一在东城育芳胡同其舍宅内创办箴仪女学，宣统间因避讳"仪"字改称箴宜女学，该校在清末北京女学中很具影响。民国后，改名私立箴宜小学。解放后，按所在胡同名，改叫班大人胡同小学。1965 年，班大人胡同改为育芳胡同，该校又改为育芳小学至今。

实吧。

杨：一般能有钱上学，都供着男孩儿了。

阎：让女孩子都上学，小学完了上中学，中学完了上大学，好像这家里都应该比较殷实。我们家实际经济力量达不到，但是呢，怎么苦反正也让孩子上。

杨：我就觉得挺不可思议，您家又那么多闲的，您父亲又不怎么管家，然后您家孩子还都上了大学。

阎：我没上，我上的是中专。我师范毕业以后又进修大专。

（2）母亲持家不易

阎：这个家，说实在的，我爸爸那会儿在家里头算这一家之主吧，其实他不怎么管事儿。我就觉得他的工资啊，那会儿挣的本来就不多，连一半都给不了家里。他自己呢，你看他有包月车，他中午得在外头吃一顿饭，他有时候还跟朋友礼尚往来地交往。后来日本时期，困难的时候，我祖母都给人家做补活儿①，还有景嘉的姐姐跟妹妹，我叫大姑太太和小姑太太，都做这补活儿，就连我三叔原来订了一个婚，叫白大姑娘，她也做活，去送活儿时车翻了。好多这种家庭的妇女，不需要自己抛头露面出去摆小摊啊什么，不至于去干这个，但是呢，在家里头就做点儿手工，一般的是补活儿、织毛衣。我母亲就给人家织毛衣，手工织毛衣，都得靠这个贴补点儿家用。

那会儿王府井有一个叫大同毛线公司，可能也是一个私营的，不要机织，都是人手工织。他给你图样，把线给你，当时都把这个线称了，多少多少，等织完了，这件毛衣到那儿也称，比如说剩一小团线，交活时还给他搁到里头。也有的时候呢，很小的一团也就算了。我母亲有一件毛坎肩，是横条的，一条这色，一条那色。（笑）就是剩下那点儿拼出来的。我就说："您这个真花哨。"我娘说："就穿在里头呗。"就是

---

① 补活儿：又称补花，北京传统手工艺的一种，近代时期很多家庭中的妇女在家中做补花以补贴家用，是很常见的一种家庭手工业。

说一般剩得少了就不交了，也就织那么两三行线的那样。

我母亲织毛衣织得好，也快，给人家织，织出来在大同那儿搁着一卖，那就多少多少钱，那真是有钱人家才穿得起。小时候，我们几个人都没穿过毛衣，那个时候穿毛衣挺奢侈的。

杨：她那么高文化，干吗不出去做点儿事儿呢？干吗不出去教书呢？比这个织个毛衣可挣得多多了。

阎：我母亲也出不去，就这一大家子吃喝，总得有一个人管这家。那会儿其实也有个老妈子，有时候还有俩。在我最小的时候，就是生我姐姐以后，那是一个杨妈，等我记事儿了没几年就走了。就是说在我小的时候一直到解放前还都有用人。

我知道小时候我娘就是挺苦挺累的，就是我们都睡了，她也做一点儿，实际她做那针线啊，主要就是给我们补袜子什么的，她不会裁剪做大的衣服。我两个祖母都会，我娘可能从小在女红这方面没有受过什么熏陶。

她不太会做鞋，像我们小的时候净穿不上鞋。凑合着打点儿袼褙①，纳鞋底的那个，就是有点儿破布，就拿案板或者是铺板，就一层一层地糊上，然后搁外头晒、晾，晾干了，两二天揭下来，给我们做鞋。我娘就做这鞋帮，我娘就都让我送到鞋铺去，有的时候人家可能说一个礼拜就能取，但是到一个礼拜没钱，没有这份能去取鞋的钱，就得等下月了，就这样。冬天做毛窝，夏天做这个布鞋。

杨：过去好像老不停地得做鞋。

阎：我们这五个孩子穿鞋，也是老得做。这样做出来的鞋，小孩儿脚一长，他再活动，老是前头大脚趾顶破了。它本身就不结实，不像现在的人造革的或者是皮的呀，那当然就结实了。（这鞋）外头就是一层布，它里头也就是几层破布，都是旧布，把它洗干净了，都拿糨糊把它都贴在那儿。有的厚点儿还好一点儿，有的没那么多布，那袼褙就比

---

① 袼褙：用一块块的布，一层层地裱糊成厚片，用来做鞋底或鞋帮。

较薄。

（鞋）里头有一个里儿，有的时候是自己拿旧衣服跟人家说，拿这个做里儿；要不就得让人家配里儿，那就贵。堂布，它实际就是鞋底子最上头那一层布，底下那一层布要结实的，因为它着地的。里儿那一层呢，其实也应该结实，但是有时候没有新布。那堂布就用旧衣服。就是干净整齐就弄一层堂布。那时候真是，这一年夹的、棉的，得做好多双。

我母亲这个贤惠呀，真不容易！确实一辈子她自己吃苦耐劳，撑着这个家，我们总算还有屋子住，还有被子盖，到时候不说穿得很好吧，也整整齐齐，孩子都上学去，就这么一个家，但是维持这个家也确实是挺难的。

（3）母亲的为人

杨：您母亲是特别贤惠那么一个人。

阎：我母亲在亲友里边呢，确实口碑很好。其实嫁到阎家来，就这一家子，上有婆婆，又有小叔子、小姑子，底下这么几个孩子。我三叔呢就有点儿不太稳定，这一段儿跟人家做个买卖赔了，回家来了。下一段儿有个"事由"又上班了，上一段可能又不行了，又回来了。反正没辙了就回家来，有辙了呢就带着我那个祖母搬出去。直到快解放了，我五叔可能是读研究生的时候，是不是有点儿收入，另外他也在中学代课，把我太太也接出去一段。可能1947年、1948年吧，我祖母基本上就跟着儿子搬出去了。

这姑奶奶、姑太太，姑奶奶家的姑奶奶，就是亲戚，等于我们这儿是一个中心似的，还都经常往这儿奔。你说到年底吧，我知道的，我一姑太太和我二姑，都买一袋面来让我娘给蒸，就说我娘发的面好，做包子、蒸馒头，我印象就是，从腊月二十三开始蒸，蒸完了我都给往上头点红点。可是呢，完了都拿走了，就是我们自己留下的不多。

杨：那个时候是不是旗人家的媳妇儿有点儿受气？像您母亲尽是吃苦耐劳的，家里这姑奶奶反而地位比较高？

阎珂女士母亲的照片

上篇　我的家人

阎：好像倒不至于受气。旗人家的姑奶奶地位高，旗人家，尤其是官宦家，女孩儿呢养得娇，虽然不出去抛头露面的，但是也让她知书达理，也学琴棋书画。主要是这女孩子有可能被选入宫，或者是被哪个王府挑去这样。就因为这个，所以女孩儿好像比较娇贵。我娘她就是比较难，她这个地位呀，确实是各方面都维持着，都和睦相处，都挺好，是比较难。但是她能处理的各种关系都处理得很好，就得她自己有苦往肚子里咽，平常没有怨言。

5．我的三叔

（1）三叔的职业都不太稳定

阎：我的继祖母生了我三叔、二姑。我三叔（学）上的少，我不太知道他具体算上的什么。他主要是小时候在私塾里头上。

杨：也是涞水那个？

87

阎：那会儿有他没有我都不知道，后来上的什么我真的都说不上来。

杨：我感觉您家好像挺重视教育的。

阎：是挺重视教育的。

我三叔呢就有点儿不太稳定，这一段跟人家做个买卖赔了，回家来了，下一段有个，那会儿叫"事由儿"，有个事由儿，又上班儿了，上一段儿呢，可能又不行了，又没有做长，又回来了。反正没辙了，就回家来，有辙了呢，就带着我那个祖母就搬出去。他不像我爸似的，有一个正式的差事就干下去。我印象他就是这儿干几天，那儿干几天。

杨：是做买卖还是干什么？

阎：做买卖也是小买卖，我记得有一阵儿吧，晚上我还帮他弄，他卖牛肉松，糊这个小纸口袋，然后拿木头刻一个"牛肉松"仨字盖到上头，我就帮他盖那个。

就是自己糊一个小口袋，上面盖上"牛肉松"。其实这牛肉松都是我娘做。

杨：他买料，然后您母亲给做？

阎：是。我小时候的印象，也不知道他送到哪儿，也够不上批发吧，反正就是送到小铺或者什么的。反正干了那么一段儿，大概也挣不了多少钱。

杨：这牛肉松怎么做呀？

阎：就是把这个大块儿的牛肉买回来以后，就得先泡了，然后把那肥肉，所有肥的都剔出去，切了小块儿，就跟炖红烧肉似的，搁了作料、酱油就炖，炖到最后把那汤全耗没了，再用煤渣，炉灰渣"蓬"起来的那个小火，不能有火苗，要不就糊了，拿那个勺子在这锅里头碾，就愣把这肉块儿都碾成碎面，碾了以后再搁到浅子（类似于簸箕）里头晾着。就有点儿像南方是拿竹子编的，北方是拿柳条编的。

杨：就是包饺子用的那个盖板？

阎：或者是晾干菜用的，搁到那个上头，让它吹吹风，然后就往小口袋里头装。我记得搁花椒、大料、桂皮，好像还搁一种什么香料，我就不知道了，也搁酱油，也搁点儿糖。我印象中挺有味儿的，因为搁到这大浅子里头得挑，稍微有一点儿糊的黑的丝就得挑出去。就一丝儿一丝儿的那样，也挺好看的，不像现在做的那个肉松，都成一团一团的，贼贵，不怎么好吃（笑）。我母亲做那个真好吃，那会儿就等于家庭手工做的，没有包装。

杨：一批得做多少？

阎：那具体我就不知道了。那一小包包不了多少，就装一点儿，几两。

做买卖也赔，不知道因为什么还让人抓起来过，我就记得我娘还给送饭去。

那会儿北京有些没辙的（人）就跑口①，三叔也跑过口。但是跑口啊，没买票扒车要被逮着，还有你这个生意本身……反正就是铁路警察管这段。具体我三叔在干什么的时候，哪一回让人给抓去了，我就不知道了，没问过。我就知道有一段儿让我娘做了饭，那会儿也没有正经的饭盒儿，拿那个有提梁的东西送饭去。我不知道是像拘留所似的（地儿）还得送饭？我娘这嫂子真是，现在想真是不容易。我后来分析，那也是做小买卖的事儿，他不会是政治上或者什么，他不走那个线。

日本投降以后，也不知道是谁给介绍的，李宗仁那会儿在中南海有一个行辕②，我三叔在行辕军法处干了一段。他没有什么背景和高职位，叫上尉书记官，这军法处应该是挺厉害的那么一个部门。他也就是审案的时候给人家做做记录，抄抄写写，就是干这个。

我记得有一次，有一个女的还带一个小孩儿来，好像拿着东西，我

---

① 跑口：那时因物资缺乏、生活困难，一些人就到张家口以外的内蒙古和东北地区贩运粮食、日用品等，换取差价。因是去张家口以外地区，就称为口外。

② 行辕：民国时期一级机构的名称。国民政府在各地设立行辕，作为国民政府主席在地方的军事机关，如东北行辕、息烽行辕、西昌行辕、广州行辕等。行辕的负责人为主任，其职责类似清朝的督抚。战时，行辕主任也多兼掌一般行政，故也称其为军政长官。

三叔没在家，跟我太太说想托人情，后来我知道，说那是金条。大概那个女的丈夫是八路军的什么工作人员。所以我就知道我三叔他算是国民党的军法处。这军法处实际就是有些在"反共""剿共"的那个时候逮捕的一些人，可能就在那儿。我知道后来我三叔不能接这个，他说他没这权力，他根本也说不上话，也见不着人。他说："我就管抄抄写写。"就给退回去了，也帮不了人家。

（2）三叔的婚姻

阎：我就说，人各有志气，各有自己的奔头儿，不一样。我三叔等于也没混出个什么样来，后来结婚了，有两个女儿，等于有三个女儿。

杨：您说结婚是跟那白大姑娘吗？

阎：不是，跟那白大姑娘订婚了，后来出车祸，车翻了，死了嘛。

杨：那是怎么回事儿呢？

阎：都做补活儿，这一批活儿做完了就给人送去。那白大姑娘就是做补活儿，她可能还是这一片儿的，就跟小组长似的吧，她附近几家的活儿都交到她这儿，然后她一块儿送去。她送活儿，好像拿着挺多东西才雇一个车呢嘛，雇一个洋车，就是人力车。

杨：那怎么翻了？

阎：具体就不知道了。后来，她爸爸上我们家来，就要求把她就埋到我们家坟地。

杨：她们家是旗人吗？

阎：大概不是。这个白大姑娘有点儿胖，挺富态的那样。她爸是瘦高那么一个老头儿。她爸爸好像没干什么，她们家里头，就这么一个老头儿跟一个闺女。也不知谁介绍的，跟我三叔订婚了。可能是等我三叔在外头单租了房搬出去再结婚，就那会儿，白大姑娘送活儿去，车翻了，就不知道摔下去磕在哪儿了就死了。她也算是老姑娘，30（岁）上下了。我就记得老头儿上我们家坐到那儿，一边哭一边说，后来就决定把棺材埋到我们家坟地里。后来听看坟的说，每年清明老头儿还给闺女上坟，烧纸呢。就知道有这么一个想要做亲没做成的这么一家。

杨：那后来结婚是跟什么样的人家？

阎：后来我这三婶，算在幼儿园工作吧。可是生了孩子后也没再上班。她再请人看孩子，再租房，她那点儿工资大概也不够，后来就没工作在家了。生了三个闺女，（生）第三个，我三叔已经不行了，这第三个就给我三婶的姐姐了。

杨：怎么叫不行了呢？

阎：我三叔后来就犯事儿了，在劳改农场劳改，死在那儿了。

杨：给抓起来了？

阎：五六十年代，反正还没"文化大革命"呢，他是在一个诊所管挂号收费，反正账目不清，那会儿一千以上就算贪污，就给抓起来了。他就管那个挂号费，能有多少钱啊？给我的印象，我三叔这一辈子都是在钱上，自己也受过罪，家里头也不得安宁，老想弄点儿钱过得好点儿，又没本事，又没能耐，也达不到这个目的，最后自个儿还折进去了。

"文革"运动当中有一口号叫"我们也有两只手，不在城里吃闲饭"。街道愣给三婶弄出去了，弄到门头沟那儿了，跟一个男的结婚了。这个男的呢，那会儿算很"红"的，他是贫农出身，后来参军了，退役以后就当工人了，所以这工农兵"根红苗正"。在门头沟那儿，他自个儿有一套房，一个小院儿。也不知道是街道怎么弄，还是怎么介绍的，我三婶从那就不跟我们家人见面，她也上城里来过，看见人老远就躲。

杨：她们家是旗人吗？

阎：不是。

杨：她们家是干什么的？

阎：详细的就不知道了，我就知道她姐姐好像在实验中学。我三婶文化程度不高，在幼儿园做点儿具体事儿，结婚以后就不工作了。所以运动的时候，因为她丈夫死在劳改那儿了，成分上挺不光彩的，就老找她事儿，所以后来就……

后来是我给她写了一封信，我说："您别老觉得自己走这路见不得人。"我们叫过她，想接她来，大伙儿一块儿吃顿饭，说说话。她说：

"我对不起阎家，我不去，我不能见你们。"我就给她写了一封挺长的信，我说："要说对不起，我们兄弟姐妹几个对不起您，没有好好照顾您跟妹妹。"后来我跟我弟弟就去门头沟看她，第一次去那天，她就让老头儿出去躲了。

杨：您去看她是什么时候？

阎：大概是70年代末了，我还没退休呢。后来我们就去了几次，那时候照的照片还有呢。龙光①不是也在门头沟嘛，他跟我那两个妹妹还常见面。有一回连看我三婶带聚会聚会，张寿椿也去了，贺志芹也去了。我三婶这两个闺女就算落到那儿了，都有工作了，一个是会计，在银行工作；一个是护士，在门头沟医院工作，现在都挺好的。我三婶前几年就死了。那老头儿跟着老大，后来也死了。那老头儿人还挺好的，俩孩子过去也都管他叫爸，人家过得还行，挺好。

阎珂女士三叔的照片（从左至右：阎璁、阎雄飞、阎珂）

---

① 龙光：蒋龙光，是阎家的表亲，参见该系列后续的蒋亚男口述。

6. 一心做学问的五叔

（1）一辈子追求进步

阎：无论是旗人，还是北京人，管叔都念"尗"，都是二声。我算了算，我五叔比我爸小十好几岁呢，比我们大一辈，可是跟我姐姐好像是一代人。好像他这个人的思想跟他各方面受的影响都比较新。他跟我爸的思想不是一类型的。我爸好像在家是长子，这一大家子，上有老下有小，自己得在那儿撑着。另外呢，旧的东西对他好像根深蒂固，不太容易打破。虽然我说过，我爸曾经也搞过学生运动，但是我跟我姐姐要参加点儿什么，他就出来制止。他那意思是你们得接受我的教训，你闹不出什么来，没有好处，最后就是你自己属于那受害者。

而我五叔呢思想就比较先进。因为那会儿在大学里参加学生运动，可能进步思想接触得比较多。所以抗日战争的时候就去了西北，后来回来以后也基本上没怎么在家，就在学校住校，参加一些学生运动什么的。我说不上来具体是哪年，我不懂我五叔要走了。我祖母呢可能和家里大人相互说，走啊还是不走。北京是日本统治，他要去的地儿呢比北京怎么怎么样，我不懂这个。我记得在我们那王大人胡同那院儿，街门一进来是一个影壁，影壁前头那儿爬的是一种植物，叫串枝莲，爬的那满影壁上全都是那绿叶，开粉花，挺好看的。我太太就站在那儿，我就跟她那儿说话儿，我就说这花怎么怎么着，她就瞪我一眼，告诉我："你怎么那么不懂事儿，不知道这大人心里烦着呢？哪有心思看这花啊？"后来我才知道，就是那时候，五叔要离开北平，去什么西南联大、西北联大，后来我知道是他去西北联大。①

---

① 1937年抗日战争爆发后，北平大学、北平师范大学和天津北洋工学院（原名北洋大学）三院校迁至西安，组成西安临时大学，不久改名为国立西北联合大学。1939年6月，教育部发来第三道电令：撤销国立西北联合大学，成立西北大学、西北师范学院、西北工学院、西北医学院、西北农学院，五个由教育部直接领导的独立国立院校。西北联大从合到分，存在了不到一年时间。五叔是1945年从西北大学生物系毕业的。

现在不是有一套书叫《南渡北归》，是岳南写的①。你看这个资料，一套三本，这是第二本，第一本我看完了，这是第二本。好像这个作者，这个岳南是老商务印书馆的一个编辑，还是一个什么人物……他这里的资料真是太难得了。就是说老一代的知识分子……

杨：是写抗战时候的迁移。

阎：哎，就是。

（2）功课一直特别好

杨：我觉得好像您家的人学东西都学得特别好。

阎：嗨，可能我们家，连周围的亲戚，也许是这样一代一代传下来，我们家人没有说一门心思就想着什么升官呀、发财呀。要说我后来的这个祖母，可能对自己孩子的影响有关系。当然这也跟整个家庭有关系。我小时候对我五叔印象反正就是念书，他真的是，条件多差他都坚持学。

杨：他那会儿是上的什么学？

阎：我五叔上的是方家胡同小学，然后男五中，然后就考的燕京大学。等回来，抗日战争完了，又到清华上的研究生，他就基本上是这么一个学历。

杨：那燕京学费相当高了。

阎：是啊。但是他就上了燕京。因为我小时候看有几张照片，他跟同学在现在北大院里那个塔旁边，还有那个湖旁边照的。有一回，那是我五叔还活着的时候，我们一起上北大里头，一块儿走路还说起来，原来他们宿舍在哪儿。

是啊，至于那会儿怎么上的，我不知道那会儿有没有高中保送什么这些之类的。反正他的学习很好，后来我在通县女师上学的时候有一个老师，偶然说起话来，说他是五中毕业的，我就跟他说："我叔叔也是

---

① 《南渡北归》为作家岳南 2011 年出版的最新力作。为《南渡》《北归》《离别》三部曲，全景描绘了抗日战争时期流亡西南的知识分子与民族精英多样的命运和学术追求，系首部全景再现中国最后一批大师命运剧烈变迁的史诗巨著。

五中毕业的。"他一听说阎龙飞，就说："哎呀，那还了得，那功课真棒，那真是全校数一数二的。"他就属于在学习上特别好。是不是有保送，有奖学金免费，这具体我就不知道了。反正像我们那个家庭要是说上燕京，上辅仁，那确实是，如果没有免费或者是奖学金，上不起。反正是这样，就是家里再怎么困难……

杨：也得供着他念书。

阎：其实也谈不上供了，我现在这么想，当时也是挺困难的。就说自己母亲跟着哥哥，跟这大家庭里这么生活。他呢，有时候周末回来。平常就算是我爸供他上学，我这么想，什么交学费这些，可能也都靠他自己，或者是申请奖学金啊。

杨：估计也是申请奖学金，要不学费也交不起。

阎：哎，我知道，他上大学的时候就在中学里头兼课。

杨：他上的大学是燕大吗？

阎：他本科上的是燕京。

杨：燕京那会儿好像一年的学费 110 块。

阎：具体多少我不知道，我知道那时候私立大学挺贵的，他能上，不会是我爸给他交学费。

我印象中，我上初中的时候，我五叔跟苏韅①表叔，两个人在一个学校（中学）盯一门课。可能两人都上学呢，读研究生还是上大学的时候。

（3）读研究生之后

阎：我五叔在清华上学的时候，我二姑她们不是在海淀大河庄那儿赁了一套房子嘛。有一段时间我太太也在海淀那个大河庄九号外院儿的南屋住过一段。有一回我去那儿住，暑假，我五叔也去，我记得我二姑把一辆旧的自行车让我五叔骑走了，还有像类似这样的事儿。他在那儿上学，在经济上或者是物质上我二姑有时候也多少帮助点儿，我不知道

---

① 参见九姑太太部分。

那段时间是半年、一年还是有几年，我就说不上来了，就是快解放了那会儿。

那会儿他去海淀那儿就比进城近多了，我想可能我祖母在那儿占一间房，自己做点儿饭，儿子回来吃饭，或者是回来住，可能是省点儿钱吧。看来他那时候能够有点儿收入，养活自己的母亲，他自己的学业也坚持下来了。

我那太太呢是一直跟着我们家，直到快解放了，解放前一两年吧。我五叔可能是读研究生的时候是不是有点儿收入，另外他也在中学代课，把我们那太太接出去一段儿，就单租房，就不跟我们住在一块儿了。可能是1947年、1948年吧，我祖母基本上就跟着儿子搬出去了。

快解放时，我五叔参加民盟了，什么时候入的党我就不知道了，是60年代，还是什么时候？他后来就一直在农大工作，后来算是生物学院的院长吧。他们那一拨评院士的时候，那会儿不叫院士，叫学部委员，正好跟我现在这个女婿的父亲，就是我们这亲家是一拨。刚开始对那几拨挺当个事儿的，《光明日报》每天介绍两位专家。

那一次正好是阎龙飞、赵忠贤，我那个亲家叫赵忠贤，给他们两个人搁到一个栏里头介绍。后来我妹妹把这份报给我拿来，我一看挺有意思的。另外就是，好像那一回还有一个什么统计，就是这一批院士里有多少在行政上兼职的。我这个妹夫，他现在也是农科院的一个副院长。我记得有一次在网上看，统计了一下这一批院士，其中兼着行政职务的有多少人，占百分之多少什么的。就是说现在比开始评那几拨院士，好像不那么纯了。

我五叔这人一辈子也不去争名争利，就是研究，就是做学问，好像都是在家里工作。我们和他就是在生活上有来往，至于他在哪方面有什么成就，就没有问起过，也没说过。可能在他的那个专业系统里，他的学问确实还是挺有威望的。有一次我看了一本关于那些科学院院士的介绍，一个人一个人的，可能有好几本呢。其中的一本有介绍我五叔的，这本我不是在我五叔那儿看的，在别处看的。

我五叔走的那天就是突然，我这妹妹阎枫给我打电话，她说："二姐，我爸不行了，你快来。"我就去了，我没去他家，直接到医院，其实叫车的时候他就已经不行了。大概他自己知道不舒服，看那样好像是想去打电话，就冲着电话那个小桌趴到地上了。

7. 年年拿奖学金的姐姐

（1）姐姐年年都能得着奖学金

阎：我姐姐是她自己奋斗，她先上的是北大，在北大参军了，参军以后又上哈军工。

杨：家里能供到这地步很不容易了。

阎：我就记得，我跟我姐姐跟我弟弟，就有时候什么活儿都干……过年的时候，就给人家擦那个铜器，铜的蜡扦、香炉。到过年前或者是节日前都得找人擦。那会儿粗的拿那个炉灰，细的拿香灰，上面渍着那些（脏）就给擦下去，擦亮了。擦那铜器也就挣儿分钱，我就记得我姐姐要交团费，就交5分钱。

杨：什么叫团费？

阎：就是党员不是交党费，团员交团费嘛。解放初的时候，还擦铜器呢。要我怎么记得这时间呢，交团费肯定不是解放前了。

杨：就是好多的活儿家里子女都跟着干。

阎：对，什么糊纸盒这样的活儿都干过。

像我姐姐吧，那学上的真是。我就记得我不好好上学，我的功课不好，我的一个班主任就教育我说："向你姐姐学，人家《小实报》上年年有名。"《小实报》就好像现在的《北京日报》《北京晚报》似的，一般稍微能吃上饭的家就能订或者是买得起，看这个《小实报》。《小实报》上有奖学金名单，说今年这几个中学，哪个学校多少名，谁谁谁。我们班主任教育我说："你向你姐姐学习，你看人家，哪年《小实报》上都有名。"（笑）

我姐姐她这学习呀，你看像我姑姑家，我那表哥表姐，他们仨人差不多一个比一个大一岁那样。但是她从来没怎么跟他们（往来）……她就比较崇拜我五叔，老上我五叔那屋看看有什么书，拿过来看看，就比较爱看书，也爱画点儿画儿什么的。

她比我高三级，她上高三，我上初三。那会儿的学生，没有像解放以后上学还讲什么学习目的，进行这些教育，反正你有个学校上，爱上你就好好上。你追着问老师，老师也都教你，你不好好上，也没人管你。就像我说的那个班主任说我两句，这还算是负责任的。要不负责任的，你交作业我给你看，不交也不追着，也不管你。我的数理化都不好，但是我国文啊、英语什么的（好），就是比较偏科吧。

杨：偏文科？

阎：就都比较好。我印象到考试的时候，国文的卷子或者是英文的卷子我能答两三份，就是答完我自己的，旁边这个也帮着答。

杨：您还能帮别人答呢？

阎：对。但是数理化我就一窍不通，就靠考试之前，比方说下堂该考物理了，我姐姐她上一堂课考完了就出来，在门口等着我，给我说可能出哪几个题，就给我说几个题。她说五个吧，至少这卷子上能有仨，我基本上能及格了，就好像赌题似的。（笑）我也不是说一点儿基础也没有。

杨：猜题。

阎：哎，她给大概说说，我就能应付考试了。我姐姐学得真挺棒的。她不是说我这学期学的，就管我这学期的，她能够从初一到高三都行。我有一个同学叫韩施惠，韩施惠的姐姐跟我姐姐一班，韩施惠跟我一班。她们家北房是她爸爸妈妈，西房是她们姐俩儿。那会儿叫大考和月考，平常每月有一次考试，管期末考叫大考。好几次，到大考的时候，特别那年毕业考，她们是高三，我们是初三，我的四五个同学，她的四五个同学都一块儿在韩施惠她们家开夜车。等于就各人自己复习，这个有问题了问，那个有问题了问，我姐姐给辅导，她再主动给说说，等于高三初三的好几个人她都管。

我们问几个问题觉得差不多，就困了。她这一宿也睡不了，（笑）七八个、十来个人，她能给大家辅导。她这几年学的东西都在肚子里呢，不用现去查、现去找。而且你是初三的，我学的是高三的，她也都能给你理清楚哪些是重点，哪些可能考，考的时候是什么形式的题，怎么考。

（2）姐姐后来从事了军工工作

阎： 我姐上的北大工学院，北工那会儿挺厉害的。北大工学院没毕业她就参军了，参军以后先是搞雷达，后来就又上哈军工。

杨： 是解放后参的军？

阎： 解放后，然后哈军工又上六年，六年毕业以后……等她都到快退休的时候了，她自己又上了一个，就有点儿像成人大学呀还是什么？那是 70 年代还是多少年代，就是刚开始有计算机这个专业的时候，她自己又上了这么一个学。她就跟我五叔是一个类型的，就是钻学问，就是好好学。

杨： 上了哈军工之后，后来分到哪儿去了？

阎： 先在七机部，在北京，后来跟我姐夫俩人都到天津了。

杨： 怎么都到天津去了呢？

阎： 可能是跟海军有关系，也叫几几研究所那样的。开始雷达，后来搞的那些都是什么我也不懂，我也不问。实际等于他们四个人，就是我姐姐俩儿子，他们夫妇俩，四个人都在这一个单位，现在知道是属于航天系统的。

杨： 等于都是这类型的人。

阎： 对。她有什么事儿，汇报请示什么的，开会，还在北京，她们那所还归北京云岗那儿管，等于他们不是算天津市的。

我对家里人就生活上接触，好像谁都干什么工作，干什么专业，专业上有什么成就，就不知道了，家里也没怎么说过这些。就是我姐姐、我姐夫具体干什么也都不知道。最后我姐姐去世，追悼会的那个悼词，我才知道她都干了些什么，因为她干的基本上过去都是保密的。她上哪儿出差去了，回来有时候给我带几块小石头，我说："这是哪儿的呀？"她一乐就过去了，她干什么工作？上哪儿去了？我也都不问，什么都不知道。

8. 我自己

杨：说说您个人经历。

阎：（笑）我的经历很简单，教了一辈子书。其实从我不记事儿就已经住王大人胡同了。再后呢就是我爷爷去世，我没什么记忆，应该也就两岁。我小时候上方家胡同（小学）。可能是去年，我这俩妹妹还陪着我一块儿去了方家胡同①，我就发现不是原来的校址了。原来的方家胡同小学在男五中的西边，好像中间还隔着这么几个门。现在我看着好像是把男五中跟原来方家胡同小学连起来了，整个儿扩充了。

小学的再西边，跟我们学校就隔一堵墙，那会儿叫国学书院，那个院子挺安静的。再隔过去一个门，据说那会儿的市长叫刘玉书在那儿住。再过去一个门，好像是13号，就是我说我那干爹罗家就在那儿住。这条方家胡同，整个路北的这一条我都数得过来。方家胡同的北面就是国子监。从女二中后门出去，能去当时的孔庙。那院子特大特安静，可以坐在树下温习功课，这里说的孔庙跟国子监紧邻，后来好像首都图书馆了。我上女二中的时候就在原来男五中的旧址。男五中迁走后，女二中在男五中旧址，女二中后来又迁到东直门那边去了。

男五中后来搬到哪儿去了？搬到细管胡同。那个学校原来是日本人的小学，等日本投降以后呢，男五中搬到那儿去了。因为还是日本学校

---

① 方家胡同：位于北京东城区北部，雍和宫大街西侧，呈东西走向，东起雍和宫大街，西止安定门内大街，南有支巷通交道口北三条，北与公益巷、青炭局胡同、马园胡同相通。全长676米，宽7米。清朝此地驻有神机营所属内火器营马队厂。民国时北平警察厅长吴炳湘曾在19—27号办北平警察传习所，并居住胡同13号，今为外交部宿舍。该胡同15号原为北平京兆尹所在地，现为北京一四三中学校办工厂，1984年定为市级文物保护单位。21号为日本占领时期伪市长刘玉书住地，现为国家建筑综合研究所。27号为日本占领时伪宪兵司令陈亚南住宅，今为卫戍区宿舍。胡同内尚有清朝末年办的北京第一代图书馆——京师第一图书馆，现已为民房。

的时候，我们还去参观过，所以我记得。

杨：日本在这儿的时候，那怎么还参观？

阎：就是学校带着我们排着队看他们的劳作、美术作业展览，都在墙上贴着。后来因为我也干教育就知道了，可能就是看看人家是怎么办学的，其实小孩儿懂个屁呀。说实在的，我们作为中国的小孩儿，从来不敢上那边去。

杨：为什么呀？

阎：那八年哪，没有为什么。像这样的就属于日本人占的地方，除了住宅以外，他（们）门口站岗的都是日本兵，知道那儿是日本学校，小孩儿哪敢轻易就往那儿走啊。参观时进过那院儿，我印象操场挺大的，有几间屋子，我们那会儿都管它叫成绩栏。实际就是孩子的作业或者是作品……

解放前一年我在一个私立中学，那会儿叫"崇慈女中"。[①]"崇慈"是女中，"崇实"[②]是男中，这两个学校都是教会的，在交道口的大三条和大二条。这崇慈女中日本的时候它改成市立的了，我在那儿上了一年。日本一投降它又改回崇慈女中了，就是私立中学了，学费高。我就又转到市立女二中。转这个呢，就需要有个特殊身份，这样就算我过继给我三叔做军人子弟，转到女二中，市立学校去了。我就记得，写家长什么单位，就是行辕军法处上尉书记官阎雄飞。（笑）

我是从女二中初中毕业，毕业就解放了，就想考一个学费特少的学校，或者是公立的。傅作义他原来的军官子弟学校就改叫奋斗中学，就在平安里石碑胡同。学校那会儿免学费，每月只交五块钱饭费，其他学

---

① 崇慈女中：1870 年由美国基督教长老会办的教会学校，1900 年迁至保定。1901 年 9 月，美国人高博恩又在京创设小型女校。1926 年学校由国人接办，1930 年增设高中部。1941 年后，崇慈女中曾一度被日伪当局接管。1945 年 10 月崇慈复校，校址在东城区马大人胡同西口，即现在的东城区育群胡同 45 号。1952 年 9 月人民政府接办，改名为"北京第十一女子中学"。1972 年改为"北京市第一六五中学"。

② 崇实中学：地处安定门内，毗邻国子监、雍和宫，由美国传教士丁韪良于 1865 年在北京创立，并由其担任第一任校长，民国时为北平私立崇实中学，后改为北京二十一中学。

校都管。它也招北京的学生，我高一在那儿上了一学期。后来调他（傅作义）到绥远省任省主席①，那会儿呼和浩特叫归绥市，学校也迁到那儿了。我爸就不让我去，就说："不知道傅作义跟共产党这关系将来有什么变化。"只能再换一个别的学校，还在北京吧。但那会儿是寒假，普通高中寒假不招插班生。河北的滦县师范，寒假在北京招 60 个人。我就报名了，据说报名的是 200 多人。考完了一发榜，我是备取第二。懂什么叫备取吗？就是招 60 名，如果有人不去，就把你备取顶上去。

杨：是补录的那种？

阎：不算正式录取，这 60 个人没都到，就轮得上你。后来通知我了，说你可以去了。因为师范管吃管住，没有学费，家里就觉得还可以。

而且这一次的路费学校管，你就预备一个简单行李就行了。其实我们家没有单人褥子，就是一个大炕，姐弟几个都那么睡。我娘还现给我缝一个褥子、一个被，卷一个小铺盖卷。提一个小的是藤皮的也不是柳条的箱子，反正有这么点儿东西，可是没床单。那会儿我五叔肯定是能养活他自己跟母亲了，把我太太接出去，就在白塔寺旁边一条胡同，叫白塔寺夹道，他们在那儿住。我上我太太那儿去，也是告诉一声，我要出去上学了。我太太给了我一块五毛钱，带我上口儿外头，白塔寺那儿有一个百货店，扯了六尺大方格的布，六尺布就够一个单人床单了，铺到褥子上。留我在那儿吃一顿饭，带着我去买一个褥单，这事儿我印象挺深的。

来领我们的老师姓辛，还有一个可能就是学校里头的一个总务工作人员。两个老师就通知我们，比方说哪天，几点就在火车站那儿集合，那会儿是前门火车站。

我记得我母亲给我缝了一种防虫子的药面（口袋）。在家里打苍蝇

---

① 实际上中央人民政府和中央军委任命傅作义为绥远军政委员会主席，绥远省军区司令员。

跟蚊子都是用滴滴涕，滴滴涕是水状的东西。我也不知道她是哪儿弄的药面，给我缝了那么两三个小口袋，里头装上这药面，让我经常挂在身上，就是防长虱子呀或者跳蚤什么的，其实那儿臭虫最多。我姐姐送我到火车站，所以这就算离开家了，这应该是1950年。

北京到那儿其实才多远啊，那会儿觉得离家挺远的。因为从北京站一开车，是个站就站，而且一站3分钟、5分钟、7分钟。现在一个钟头40分钟就到了，那会儿走8小时。反正早晨几点开的车吧，到那儿天都黑了。让我们带一顿饭，中午在火车上就吃了。老师跟车上联系，弄点儿水，反正逛荡逛荡的，觉得坐了一天。

到那站之前老师就告诉我们："下一站就到滦县了，大家都做好准备，把东西都收拾收拾，背好了行李，然后往门口走。"大家下车的时候，我怎么听着老有人嚷嚷，嚷嚷什么呢？下来了才看见，每个车门那儿都站着一个车站的人，拿着一个铁皮喇叭，"滦县、滦县"（示范），都是人在那儿不停地喊，没有广播报站。我们就在那儿集合，然后叫了两辆大车，那会儿大车就是胶皮轱辘，大胶皮车。大胶皮车就搁行李，人都排着队，跟老师一块儿走。

车站到学校五里地，怎么觉得这五里地这么长？就是那土道，那个车轱辘压出来的那个印比那个路要深下去好多，可能所有大车的那个轴的距离都是一样的，所以一走那条道，车轱辘压的都是那印。因为是寒假，庄稼地里都是去年没收拾干净的玉米秸。后来人家说，在地里不能跑，你摔一个跟头，砍下的那个茬扎你身上或者腿上比刀子还快。

后来就在那儿上了一学期。有些北京的同学不适应，其实也是因为到暑假了，北京有些学校招生了，人家就上别的学校了。放假前学校知道同学有这种想法，就跟大家说："如果下学期不来，你得赔小米。"那会儿叫赔小米，就是把这一学期吃住的钱你得赔给学校。我回家一说，家里说："咱们还去，咱也不赔。"其实后来也没赔。第二学期我们北京的这60多人就剩了23个了，那三十几个都跑了。我们又上了一学期，学校就集体给我们转学到河北北京师范，就是河北省在北京办的一个师范。转的时候就说："得经过考试，如果你考试不及格，人家不要你，你再回来，我们也不要了。"就这样一吓唬，我们还有一个同学就在那儿没回来，我们这22个都转到北京师范了，在北京师范又上了半年。

杨：这在哪儿？

阎：你知道交道口那儿有一个顺天府吗？就是交道口和北新桥之间那段路的路北，等于那是23中还是22中旁边，那个地儿就叫顺天府。原来有个河北高中在地安门那儿，叫冀高。后来这冀高跟顺天府合并了，我们叫河北北京师范，但是有高中部，我们师范班在东边，高中班在西边，就是两排楼，两层是三层，木板的那种楼。我就在那儿上了一学期。

我们学校（河北北京师范学校）书记是师大毕业的，跟师大人事科长他们俩是一班，都是搞地工的。那会儿我知道好多单位都向各地方划拉点儿人①，需要增加点儿新生力量。我那会儿是学生会的干部，就等于也不叫毕业，就是提前给你分配工作，征求你意见，愿意不愿意去。我那会儿家庭也困难，也没有将来我这学历怎么着的长远想法。那会儿就叫组织分配，还征求你的意见，我说："我去。"

就给我派到北师大。师大有三个单位都需要人，可挑一下：一个是音乐戏剧系，简称叫乐剧系，一个是图书馆，一个是幼儿园。我觉得系里头还是比较单纯，能学点儿什么，我就去了音乐系了。在音乐系办公室干了一年半。反正好多杂七杂八的事儿，包括每个月各种收入支出的账目，给学生排课表。音乐系还有这个问题，钢琴课都是一个人盯一个人的，排钢琴课的课表，还排其他乐器的课，有国乐，有西乐，比如说小提琴是请哪个先生，哪来的，他一个星期能来两个半天，那你排这几个学生，谁几点到几点，就排这些课表什么的。还有个资料室，就是有些唱片、琴谱，管理学生借和还，后来发展成一个系的图书馆了，那会

---

① 划拉点儿人：划拉是北京话，就是寻觅、搜罗捞取，就是搜罗一些有用的人。

儿就叫资料室。

后来我慢慢自个儿琢磨，觉着办公室那点儿事儿都是给人家打杂儿，我就还想上学去。（笑）那时期系里的学生或者是专攻钢琴，或者是专攻声乐，音乐理论就没几个人愿意学，系领导就想将来自己培养一个。那会儿系主任跟一个教授可能看着我年纪比较轻，还比较灵，就想让我跟一个教授，跟着他听课当助手，然后培养我。我那会儿也不懂，我想也不让我正式地（上学），也没有学籍，我还是回去上我的师范，我将来独立当老师，反正想得也比较简单，也没个合适的人商量。

可是河北北京师范已经分解了，一部分到天津河北师院，一部分到地安门那儿后来改叫河北师专，就是理化生这三个专业，就上一年。后来我就上了通县女师，又上了一年半，就在通县女师毕业了。因为它属于河北省的，毕业以后我就分到唐山，在唐山待了十年，然后调回北京。这十年当中，通过函授吧，寒暑假有面授，我又把大学本科四年学下来了。

杨：您这是在哪个大学呀？

阎：开始在北京师大。到第三年吧，北师大把这一部分转给地方了。唐山市有一个，就相当于后来的教师进修学院，那会儿叫师大函授分院。从唐山调回来就到北京47中，温泉那儿。在那儿一直到"文化大革命"中，然后我就到174中，就是原来的政法附中。

杨：那怎么会从47中就调到174（中）去了？

阎：哎哟，可不容易了。47中原来是一个干部子弟集中住宿的学校，"文化大革命"的时候就"砸烂"嘛，等于那个住宿的都没了，学校规模就小了。那个学校挺有根底的，我记得跟你说过，李石曾二三十年代办中法大学，中法大学附中，有男中，有女中。到抗日战争的时候呢，这个附中也跟大学似的，搬这儿搬那儿的。

到解放初由国家接管了，重工业部子弟学校，后来是一机部，再后来就交给海淀区，叫47中了。但是主要还是四类子弟，一类是军队的子弟，张家口、保定、山西，可能算北京军区吧，反正是这些地方的军人子弟。还有就是西苑中直机关子弟，他们父母都不在北京，国家管，就在中直机关那儿，他们叫"少年之家"。周末有车接他们回西苑中直机关，星期日晚上回学校上晚自习，等于就都住校。还有一部分是华侨回国的子女。另外就是在京的中央各部干部子弟，那会儿说四类子弟就这四类，集中住宿。附近走读的单编班，叫走读班。这个学校占的地儿挺大的，作为一个中学条件也是挺好的，但就是离家远，我们只能一个星期回一趟家。"文化大革命"中慢慢"复课闹革命"①了，就把这些老师慢慢地从山后②往山前调，就给我调到174中学，那就离家近了。

杨： 近多了。

阎： 从174（中）后来又慢慢活动，调到西城区156中了。那会儿西城区不坐班，海淀区还得坐班。去156中学也是张寿椿帮着弄的。不过我上班以后基本上都是早来晚走，因为语文老师早晨有早读，下午一般在学校改改作业，或者是下了课以后学生来弄点儿课堂上没完的事儿，实际比坐班时间还长。

最后就在156（中）退的。1989年，我教的最后一拨学生，初三完了我也退了，他们也毕业了。（笑）印象深的就是最后这一拨儿跟我开始工作的第一拨儿，现在还都有联系呢。

退休后我倒是没闲着，一直应聘，先后分别到几个学校教课，最后1996年到1997年吧，去深圳一个私立中学教了两年，回来后就真的退休了。

---

① 1966年6月"文化大革命"的爆发，所有学校的招生和课程运行均陷于停顿状态，处在所谓"停课闹革命"时期。1967年10月14日，中共中央、国务院、中央军委、"中央文革"小组联合发出《关于大、中、小学校复课闹革命的通知》，自11月起，大部分中小学生陆续回到课堂，新生也开始入学。

② 山后地区：海淀区430平方公里分成两部分，传统以百望山划界，南部叫山前，约210平方公里；北部叫山后，面积约226平方公里，占全区土地面积53%，包括温泉镇、苏家坨镇、西北旺镇、上庄镇这四个镇。

9. 事业有成的弟弟们

杨：您几个弟弟我都不太清楚。

阎：我有三个弟弟，我们几个人差不多不是隔三岁就是隔四岁，所以我那小弟弟要比我姐姐小差不多15岁，比我小11岁。实际上我母亲生了我姐姐就不工作了。

这三个弟弟怎么说呢，生我大弟弟那年是七七事变，我小弟弟，就是这三弟弟，生的那年是日本投降，这中间又八年。我说这意思就是说，从我小时候开始，一直处在社会大动荡的年代，我们家基本上就是我父亲一个人工作，这么一大家子的生活也就由这个维持。我印象中好多年都是入不敷出，说寅年支了卯年（粮）的那种说法就是这样。有的时候赊欠，有的时候东借点儿西凑点儿，但是呢也都坚持着让我们上学。

杨：您家还都不错，我姥姥家里头，好几个都夭折了。

阎：嗯，我们生下来，活下来的就都活了。小时候知道，在我两个弟弟即大弟弟跟二弟弟之间，还是二弟弟跟三弟弟之间，有一个小产的，剩下生了的这五个都活了。我小时候就老说我这命是狗换的。（笑）

杨：我知道那事儿。

阎：但是都有点儿先天不足后天失调，体质弱，不是挺壮的。尤其小时候，像人家那会儿喝牛奶呀，吃饼干呀，我们就很难得了。棒子面，那是我们小时候的主食，一直到长大成人，中年，基本就是棒子面，日本统治时候就连正式的棒子面都吃不上，但是也就这么都活过来了。

那会儿3分钱公园门票都觉得是一种奢侈，我小弟弟有一回说：他们小时候上北海，就几个同学约着，买一张票。然后在桥那儿定好了一个地儿，一张票一个人先进去，拿一小石头子，用猴皮筋一捆扔出来，再进去一个，扔出来再进去一个，（笑）3分钱一张门票，能进四五个人，那就是小孩儿想的辙。

杨：听我姥姥说，就连我大舅姥爷都是接生婆接生的，您家里是送医院还是？

阎：没去医院，我不知道我姐姐。

杨：还是就请的助产士？

阎：那会儿应该就是接生婆。

好像那会儿是不是每条胡同大家都知道，反正一说上哪儿找去，就挺快的请来了。

杨：那时候好像叫姥姥。

阎：就叫接生姥姥，应该没去过医院。

杨：我姥姥她们有两个夭折了，像我大姑姥姥家就死得更多了。

阎：嗯，我过去看书看的或是听说，就是孩子生下来，接生婆她没有卫生条件，也没有卫生习惯，说断脐带，拿一个细篾儿，实际就是高粱篾子，有的还迷信蘸点儿香灰，然后给断脐带。生下来几天这孩子有时候就抽风，管它叫抽四六风，就死了。我听说的挺多的。

杨：您知道我姑姥姥她们家一天死仨孩子的事儿吗？

阎：我知道。

杨：嗯，她还有一个弟弟后来也是，好像十一二了吧？

阎：十一二多，我印象叫寿广，他比我大，也差不多十二三岁。他好像是伤寒啊是什么。其实他们家条件还算不错呢。就像志芹她们家，我们小时候就觉得她们有钱，但是也都特娇气，有点儿头疼脑热的就去儿童医院。

杨：她们家不是不许去看西医吗？

阎：看，后来看。我就记得小时候我们家老说，咱都不知道儿童医院门朝哪儿开。说你二姑现在可是，孩子一有点儿头疼脑热的就去儿童医院。我不知道是大人这么说呀还是……贺志芹说不许看西医？

杨：她奶奶（不许）。她父亲不是死在德国医院嘛，所以奶奶不许家里头看西医，都是偷着。

108

阎：我记得就是，尤其是她跟她弟弟小时候，因为我二姑守寡吧，也比较害怕孩子有点儿什么，一有病就上儿童医院。这可能就是大人这么说，我就这么听。

杨：您这三个弟弟家里头条件也不怎么好，可是好像都上大学了吧？

阎：也没都上大学。我们家也许是家风，也许是我母亲这方面坚持得比较……就是自己多苦多累，就说去经商啊或者是早一点儿让孩子学徒去，这些都没想过，好像就上学，至于说你将来上学出来干什么，那再说。

我弟弟他就老说，那个时候家里真是经常断顿。因为我比较早就上师范了，师范管饭。确实有的时候，我大弟弟中午放学回家，到家没得吃，什么也没有，就喝碗水又走了，下午接着上课。

杨：那么苦？

阎：嗯，就是快解放和解放初。

杨：我姥姥也说，那会儿是最困难的时候。

阎：对，就是没着没落了，没有别的办法。因为在以前哪，东西可当可卖或者什么。那时候，尤其是解放初，一切都未安顿下来，那些典当什么的是不是都关了，没有了。反正那一段最苦了，没有条件，我大弟弟上的中专，是北京建工学校，后来他们那学校改成大专了，就是现在建工学院。

杨：动物园那儿？一直在这儿是吧？

阎：对，动物园那儿，他就是那儿毕业的。他原来是属于北京一建的，后来就单分出来了，叫城乡建筑公司，后来叫什么建筑集团了。他就是在建筑部门搞预算的。他的事儿我不太知道，但是我到他们底下的一个房管所去工作了几个月。有一天他们那几个人就说，今天公司是选举呀，换领导班子，他（您大弟弟）是副总经理。我就觉得他这性格呀什么的当不了头儿，当不了领导。他们就说："阎老师，您可不知道，那是我们公司大拿。"又说："您懂预算吗？"我说："我不懂。"他说："这个楼建不建？这个单子接不接，都得他说了算。"就给他一两天时间，他就在那儿算，琢磨来琢磨去，最后拍板，这个能拿，那个不能拿，挣不着钱或者怎么的。可能就是这建筑部门搞预算的，他有两把刷子。

我二弟弟呢，高中大概是三中，初中是35（中）还是高中是35（中）啊，反正他考的是北京机械学院。

杨：这个在什么地方？

阎：那会儿在朝阳门外，后来是合并到哪个学校去了，是不是合并到北工大了？

他是那儿毕业的，毕业就分到哈尔滨了。我母亲那会儿病得比较厉害，运动后期才慢慢地调回来。

杨：您说"运动后期"就是"文革"吧？

阎："文革"。他在哈尔滨轴承厂，工人闹革命嘛，他们那儿也停产了。工程师都没事儿干，没活儿干。后来也是托人，最后回来先到的哪儿呢？后来到一机部下边的机械研究所还是研究院。

三弟弟是高中毕业，上了一个短期的，就是师大的一个大专班，反正最后算大专吧，没上本科，然后就当中学老师了，教物理。他原来在44中，跟刘杏他妈两个人都在44中，（阎林那会儿教地理呀还是教化学呀？）因为他喜欢画，没教几年就自己改行了。他等于高中毕业的时候耽误了，他就想考美术，结果美术没考成，一般的大学他也没考上。他这个国画呢是一直画，也拜了师了。

杨：他拜了师了，拜的谁呀？

阎：郭味蕖、刘继卣，知道吗？

杨：不知道。

阎：还算挺有名的，刘继卣最有名的那个画，叫《鸡毛信》（小人书），那小孩儿放羊，那羊画得特别棒。

杨：画连环画。

阎：对，跟刘继卣。还有郭味蕖是画花鸟的，刘继卣是画人物动物的。

杨：后来改行就改成美术老师了？

阎：嗯，他就在西城教育局附设的一个教研中心，教研中心里头就有美术组，就是跟各少年之家、少年活动站什么的联系，等于没接着干他学的，就不教物理了。

杨：我听我妈说，您哪个弟弟特别闹，叫"娃"，还成立一个"治娃"委员会。（笑）

阎：那大概是你太姥爷说的。我这二弟弟生下来的时候，我忘了是你太姥爷还是苏大叔，那会儿也买彩票，买了彩票中了，当然也不是什么大奖。正进门，这孩子生下来了，给这孩子起一名吧，就管他叫"彩娃"，简单叫就都叫"娃子"。他小时候比较闹，也爱说，反正挺不消停的吧。那会儿都是大孩儿看小孩儿，就是我看着他。

我大弟弟特老实，不怎么说话，那会儿老说他是吃凉药吃多了，有点儿傻。这二的呢就比较淘气，有时候大冬天的都不在家待着，挺冷的也得出去玩儿。可是等长大了，他学习是比较好，他这脾气反倒不像小时候了。我这么看，他这性格好像不是太跟大家挺合得来，可群众关系还不错。我这三弟弟吧比较随和，在单位呀，跟朋友之间啊，关系都挺好。我这三个弟弟脾气秉性很不一样。

有一天房管所的人聊天，管工程师就叫"张工""李工"的，说（这儿）一个高工都没有。我就说："那高工我们家有仨呢。"我姐姐是高工，我这大弟弟是高工，二弟弟是高工。我教了一辈子书，我对工程技术这些职称没什么概念。我觉得好像要说什么工什么工，就都是高级工程师，其实不是！工程师分好多等呢。

我姐姐，等于在她那个专业里头确实挺有成就的，但是具体怎么着，我也不懂，反正她早就是高工了。这二弟弟呢，他比较注意这个，他评了职称了，或者是又出了一本什么书，或者是又有一点儿什么成就，他都告诉我，他出那书还给我一本，我一点儿也不懂，就搁到那儿摆着。

反正我们这五个吧，要说就我没出息，就当一辈子老师。（笑）不过都是在自己的岗位上兢兢业业，也应该说都默默无闻。（笑）可能跟这个家风也有点儿关系。我爸那会儿吧，虽然他也有点儿那个清高啊、孤傲啊，但是他为人也都比较谦虚，不是那种飞扬跋扈的。另外有可能去做什么官，他也没去，他就一直做这个小职员，好像在他那个本分的工作上，用别人的话说，他挺拿得起来的，挺有作为的。那会儿靠我爸一个人收入维持这么一大家子，印象当中就是一年到头过这苦日子。但是紧紧巴巴，勉勉强强得也把孩子都培养起来。

三、本家①

[访谈者按]

清朝灭亡后，八旗制度解体，阎家从一个八旗制度下的官宦家族迈向全新的社会环境。从同一家族走出来的人，走上了不同的道路，他们是如何从封建社会的臣民转换为社会的公民呢？这当中有走向革命道路的颜一烟，有走向学术道路的五叔（阎龙飞），他们是这一家族的代表，很具有典型性。但是，社会历史的变迁，不会仅仅依靠这些具有典型性人物的少数人来完成，而更多的普通人，他们的生活、他们的经历，他们身份的转变更具有整个社会的代表性，他们才是创造历史的主体。对家族中普通人经历的关注，更是我们比较强调的研究重点，毕竟他们才是时代的主流。

1. 毓贤的后人

（1）一姑太太

阎：这十一姑太太是毓贤的女儿，她是毓贤的遗腹子。毓贤被砍头的时候有五个姨太太。她（母亲）是第五个，正怀着孕呢——雪婵（一姑太太的母亲），生的这个女儿，等于没看见她父亲，是暮生儿的。

杨：就是您那个一姑太太？

阎：对，实际上是行十一。

---

① 本家：按北京话的读音，本家有两个意思：本家的"家"读重音，是指同族同姓氏的各支儿之间的关系。若加儿化音读成"本家儿"是指某人或某家给这一家出工出力为之服务的"主人"家——有主、客关系或主、仆关系。本处指同族同姓氏的亲缘关系。

杨：我知道。

阎：我们因为是娘家了，都叫她一姑太太，实际是十一姑太太，我爸爸他们称呼她"一姑姑"。她就拿这儿当娘家，她家没人了。

一姑太太嫁到杨家，后来二十几岁就守寡，也没有亲生，过继了一个杨恳，后来这个杨恳最近几年也找不着了。我估计一姑太太跟她那个母亲也是那年跑回来的，是不是也住在涞水还是哪儿，我就不知道了。

报恩寺是我一姑太太家，她住那儿。

杨：报恩寺是不是杨家呀？那是一个大族吧？我听我姥姥说过，原来她小时候去过杨家。杨家好像是大宅门了，挺好的房子。

阎：对，杨家住报恩寺的时候那个宅子挺大的。

杨：后来我姥姥家搬到受璧胡同，和杨家就没什么往来了。因为那会儿住得近，老串亲戚。

阎：她们家住报恩寺那时候，她们这一支，就是我一姑太太，她就等于守寡，一个人这一辈子也是，好像23岁就守寡，带着过继儿子，过继的是四爷屋的，老大。实际上都在一个院儿里住，这个四爷四奶奶带着这几个孩子，杨恳底下还有，就是这个杨恳的一个弟弟一个妹妹在北屋。我一姑太太带着这儿子住西屋。

她们家也挺有派的。我这一姑太太，她那丈夫行几我不知道，她是嫂子。她们那四奶奶，是那个小叔子的媳妇儿，在那一带，也不能说挺有名气的，就算有点儿名气。她们出来进去都坐洋车，我就知道，因为离我们那儿都挺近的。

杨：就隔一条胡同儿。

阎：那会儿的同学，我们就叫"学伴"，都有学伴住那边。她就说："她们家那个……"就管她叫杨四奶奶。说："你知道外号叫什么吗？"我说："什么？"说："那拉洋车的都管她叫杨大屁股。"

杨：为什么呀？

阎：她就比较胖，比较沉，拉洋车不是得人力嘛。

杨：对对对。

阎：说她坐车都多跟她要钱，这是我听同学说的。顶多她那个兄弟媳妇儿，那四奶奶过年的时候上我们家去一下，拜个年，跟他们就没有别的来往。

杨：杨家是什么家庭呀？

阎：杨家确实是旗人，但是他们家的根儿，我一点儿都不了解。

杨：她们家好像也挺阔吧？

阎：也挺有钱的，但是具体她们老辈是怎么，是干什么？是做官啊是经商，我就不知道了。

杨：那她们家规矩大吗？是她们家规矩大还是这贺家规矩大？

阎：贺家规矩大。但是我一姑太太呢拿这儿当娘家似的，反正是平常没事儿，她也一个人守寡，也没什么，就常回来，因为住得也近，就回来说说话。

我就记得，一个我一姑太太，一个张寿椿她母亲，我叫张大姑，其实（应该）叫蒋大姑，就是你太姥爷的姐姐，常上我们那儿去。张大姑和你太姥爷管我一姑太太叫"一姨儿"。我记得有一回他们就商量，我就听着，就说我们家来的人多，茶碗用得比较杂，就是说谁都用，有的时候呢，那个碗底刷不干净。她说呀，"赶明儿咱们白己一人拿一个茶碗，告诉大奶奶（指我母亲），这是我的，那是你的。"就从小事儿上，我就觉得，就拿这儿当一个经常去的这么一个地方。可能他们有时候也商量，就比方说现在说吧，说礼拜几咱们都来，有时候吃饭，有时候也不吃饭。有时候吃饭哪，她们家境都比我们家好，可能就跟我娘商量了，她带点儿什么，谁带点儿什么，让我娘帮着做，一块儿在这说说话什么的。

有一年，就我刚才说我那志骧表哥去世之前他还说："咱们这几家实际都是阎家派生出来的。"所以等于我们家好像是中心。住闲的甫说了，还有涞水方家的。就是这些比我们过得好的，家里有点儿底儿的也爱来，来了就互相聊聊天儿，东家长西家短地说说话儿。然后都说爱吃我娘做的菜，反正有时候就小聚会聚会。

后来他们（杨家）搬到东直门内，再以后他们分家了。他们分家以后，我一姑太太搬了两个地儿，一个在车辇店①，这个知道吧，车辇店是后来了，之前先搬的就是……我后来就老找不着这胡同，也就想不起来叫什么。它是在旧鼓楼大街里头那个铸钟厂旁边那有一个小胡同，我有一回骑车绕绕，想找那个地儿，也许胡同改了名了。那门的走向我还记得，那个院子进去了怎么着，我都印象挺深，但是我就找不着这胡同了，可能后来拆了。那个院子呢，他们住里院儿，北房，其实是一溜儿，因为就她带着那个过继的儿子，好像就他们娘儿俩。

杨： 那就是说后来分了家之后还是带着这个（继子）？

阎： 带着，跟着她，管她叫奶奶②，管她那生母叫四婶。一姑太太在旧鼓楼大街住的时候，我那会儿常去，就是寒暑假吧，过年的时候，老太太也寂寞，她这儿子不大听她的话。我估计过年有时候他就上他四婶那儿去，那儿人多也热闹，这儿就一个老太太。她也有点儿脾气古怪，我这一姑太太有点儿像洁癖似的。所以这儿子跟她也老不对付，我估计是乐意让我上她那儿去过寒假。我在那儿住了几天，吃完晚饭，老太太就上外院儿跟人家坐着聊天去了。那会儿是过年啊，有放花放炮的，那个小悫叔叔给我买了点儿叫"耗子屎"，你们没玩儿过是吧？

杨： 我没见过。

阎： 它实际是泥塑的，就像那么一坨大便似的那样，叫"耗子屎"，其实要是耗子屎，就跟米粒似的。它不是，要比实物，就像那个什么小麻花那样儿的，就那么一坨一坨的外形。但是它有一个尖，有一点捻儿，就是引火的那个。就拿香头在那儿一点，这个东西呢，它就"咭溜咭溜"地满地转。

---

① 车辇店胡同：位于区域西北部，安定门桥南侧，属安定门街道办事处管辖，呈东西走向。东起安定门内大街，西止北锣鼓巷，南有支巷通谢家胡同，北与花园胡同、花园东巷相通。全长451米，宽7米。明朝属灵椿坊，称车辇店。清朝属镶黄旗，乾隆时称车辆胡同，宣统时称车辇店胡同。

② 旗人管母亲的传统叫法为奶奶。

杨：反正也跟我们小时候放的那种花差不多似的。

阎：但是它本身就不用你手拿着，它就是那么一个泥坨，你点着了它就转，完了就完了，一般是在院子玩儿，我那天也是，一姑太太也不管我了，她去跟人家说话聊天儿去了。我在屋里一个人守着那炉子也挺闷得慌，我就想起来了，我说：我放这耗子屎吧。我就拿着个香头儿，把那个搁到炉台上，我就点，我没自己点过，我点着了呢，它就蹦到地下了，然后就"哧溜哧溜"地转，哎哟，把我吓的呀。我可能不止点了一个，结果就都到床底下，凳子底下，直跑。吓得我也不敢喊人，我自个儿就开开门往出跑。正好一姑太太回来了，她说："怎么了？"我说："我点那耗子屎，要着火。"她赶紧进来了，她说："哪儿至于就着火呀？"完了找找，"点了几个呀？"我就数数，反正后来都找着了，没酿成什么事儿。

后来我想，这老太太一个人，那会儿其实还不老，就过继这么一个孩子，这孩子还不听她的话。后来一姑太太去台湾，也没带他，他等于又回那个四爷，他那生父生母那儿了。

杨：那怎么去台湾了没带着？这过继是光从名分上过继的，实际上还在人家长还是怎么着？

阎：我不知道为什么没带，当时就是我大爷爷，景嘉，他有 14 张船票。

杨：有那么多张船票。

阎：他当时去呢，是做基隆港务局的局长。所以他可以带 14 个人从上海走。他就跟我爸说要带我们家一个孩子，说带我。我爸可能觉得一个比较远，一个是不是他有对局势的考虑，我就不知道了。那会儿还不是属于国民党要逃到台湾，还不到那个时候呢。

杨：是，1947 年、1948 年的时候。

阎：对，后来我爸没让我去。他（我大爷爷）就想，亲友中如果谁觉得想换换地方，不愿意在北京，或者活不下去了，就跟他到那儿去。因为这一姑太太，他叫她"一姐"，是他的一个寡妇姐姐，又没有什么出去生活的能力，于是他也带去了。我估计一姑太太分了家以后手里也稍微有点儿钱，具体的我们小孩儿就不懂这个了。也许我那个小悫叔叔，他那生父生母不愿意让她带走？还是我一姑太太觉得她自己跟着这个弟弟去已经是寄人篱下了，再带一个孩子，或者这孩子那会儿还正念书呢。肯定这些原因吧，所以她就没带，她自个儿就走了。

（2）景观和三姑

阎：毓贤的儿子我们叫大爷爷，景观，是正夫人生的，我没见过。我这大爷爷就是我父亲的伯父。我这大爷爷有两个女儿一个儿子，大女儿结了婚，现在说就神经病吧，后来就死了。这儿子呢，我们叫四叔，叫彪飞，解放前有一段儿在我们家住，参军了，后来从部队转业就解放了，还在我们家住着。再后来不知是找着工作还是工作调动就到包头了，后来就没联系了。

他的姐姐叫洁玉，我叫三姑，嫁到天津杨柳青，等于是天津的郊区，农村户口，直到死我还去送了送。这就是毓贤的后人。

（3）二姑太太——刘家

杨：就这个刘少鹤（指着家谱中的人名），您知道他们家是什么家庭吗？

阎：这个刘家和我们有两层的亲戚（关系）。我的二姑太太，就是我爷爷的堂姐姐（毓贤之女），嫁给刘济（刘少鹤的父亲）。刘少鹤的母亲就是我二姑太太，这是一层关系。他们（二姑太太）的女儿叫刘锦，嫁给赵华甫，赵华甫的妹妹又嫁给了我的大爷（延光），所以还有这一层关系。我大爷是景次乾的儿子。我大爷和我大妈没有后，我大妈先去世的，后来我大爷去世。小时候老说把我弟弟过继给我大爷，也没有那么叫，也没真过去，倒是我这个大弟弟比较关心这个大爷。赵尔丰①的后人和刘家也有点关系，刘济的女儿嫁给赵家。

---

① 赵尔丰（1854—1911）：字季和，祖籍襄平（今辽宁省辽阳市），清汉军正蓝旗人。1884年后任职山西县令。1906年赵尔丰任川滇边务大臣，后任驻藏大臣。1911年署四川总督，镇压保路运动。武昌起义后，为都督尹昌衡所杀。

阎珂女士三姑的照片

阎珂女士与三姑和其子女在颐和园

刘少鹤跟他的夫人，用现在的话说，都吸毒。刘少鹤死的还比较早，他的夫人是抗日战争的时候死的，她死时我去了，很惨的。

杨：是写《老残游记》的刘鹗①他们家吗？我姥姥老说跟他们家有亲戚似的。

阎：我觉得不会，因为小时候我爸爸一说《老残游记》，就是我刚才跟你说的那一种表情，后来就说了一句话，那里头都是骂你大老祖儿的，你爱看你就看吧，那意思就是这书你甭看。其实书里写玉大人，我也不知道那说的是谁，从没有说过还有什么亲戚关系，没有。

杨：他们家（指刘少鹤家）是旗人吗？

阎：我现在想，因为我只见过这二姑太太跟二姑太太的儿媳妇，都是大脚。但我不知道刘家的根儿是不是旗人。

杨：您见的时候，已经都民国多少年了。

阎：对，可是那个时候，你像河北各地那个年龄的女的还都是小脚儿。刘少鹤的母亲就是我们家的姑太太了，那都是大脚，刘少鹤的大姨子，就是我叫表姊儿的，他们家的人也是大脚，我就不知道他们家是不是旗人。

（4）认亲的毓贤后代

因为我弟弟写文章，有关丰盛胡同那个老房子的事儿，另外就是关于毓俊的诗的评价。所以在《西城追忆》上有这个文章，也就有作者的名字，大概……他们也不知道是怎么看到的。

杨：这个《追忆》是哪儿出的？

阎：西城档案馆，他们可能是找这西城档案馆问的，然后人家告诉他阎承沛的地址和电话。他打电话，然后我弟弟就问她多大岁数，说那

---

① 刘鹗与《老残游记》：刘鹗，清末小说家，字公约，号老残，署名"鸿都百炼生"。汉族，祖籍江苏丹徒，后定居淮安。从小得名师传授学业，他学识博杂，精于考古，并在算学、医道、治河等方面均有出类拔萃的成就。《老残游记》是刘鹗的代表作，小说以一位走方郎中老残的游历为主线，深刻挖掘了清末社会矛盾，他在书中指出有时清官的昏庸并不比贪官好多少。他对清廷官场的批判是切中时弊、独具慧眼的。小说被鲁迅先生评为晚清四大"谴责小说"之一，翻译成多国文字，在国内外影响巨大，被联合国教科文组织认定为世界文学名著。

姐姐73（岁）。承沛觉得比他还大两岁，说："我上您那儿去吧。"其实还大一辈呢。

杨：是他大一辈还是人家大一辈？

阎：这个毓贤的孙子和孙女比我们大一辈，我们等于第四代了。

杨：人家是"延"字的，毓贤的孙子应该是"延"字的。

阎：她应该跟我三姑一样，等于同父异母毓贤的孙子辈的。我有一个三姑和一个四叔，我三姑叫阎洁玉，我四叔叫阎彪飞，他们都是毓贤儿子景观的后人。景观是正夫人生的，（正夫人）是早死了还是怎么着，就不清楚了。反正他（指毓贤）有五个妾，这五个在临正法之前，毓贤让那四个都吃鸦片死了。

杨：都让吃鸦片死了？

阎：就叫自尽了那个意思吧，就留下一个雪婵，因为雪婵正怀着孕呢。我们知道的只有十一姑太太，就是雪婵生的。至于那四个生了没有？生的人哪儿去了？不知道。除了我叫大爷爷的那个景观，男的没听说还有别的支。

现在跟我们联系这个，她拿他们父亲的照片，我看看还真有点儿像，因为我小时候我们看过原来毓贤的照片，就这么大的（两手比画着），管它叫"影"，在西墙那儿挂着。

刚说的这姐弟俩，他们父亲是解放后才死的，好像是1962年吧，我算了算，按时间说，那也就是说毓贤生他父亲的时候，也就是五十六七岁什么的，倒有可能。

杨：一八九几年？

阎：好像是。

杨：毓贤最后1901年死的时候好像是六十出头？

阎：60岁，这（认亲的）姐姐叫颜惠生，弟弟叫颜铁麟，他们的父亲叫颜肇祥。原来我弟弟那儿，他记的有哪年哪年，我这儿没记，不过我后来算了算，就是这个，就等于这是毓贤的儿子，叫颜肇祥。我算了算时间……

我看着这个颜肇祥的（照片），至少是眼睛、眉毛吧（像毓贤）。因为我小时候，毓贤的那个照片就天天在墙上，（笑）印象挺深的。因为我母亲说过一句话，就是毓贤的亲孙子，我叫四叔的，我四叔在我们家住。我娘就说："你看你四叔那眼睛，像那个大老祖，就带着凶相儿。"（笑）所以我有印象，所以看这个颜肇祥（的照片），我看他的眼睛、眉毛，有点儿像小时候那个印象，但（毓贤）那照片都没了。

杨：您家还有老照片吗？

阎：后来他们找着那个毓贤的照片啊，可能是刘杳在网上找的，家里自己没有。原来就是在墙上，那个大的，别的老照片好像没有。刘杳这回回来时间长点儿，他跟他妈，跟他姨转了几家亲戚，就是想找点儿老照片。

杨：他们住在西总布胡同？

阎：对。

杨：还能住在西总布胡同也不容易，都是拆迁拆的或者搬走的。

阎：他这不是拆迁后搬的，说还是一个院儿，那是一直在那儿住还是怎么着都不知道。就是他对他爷爷（毓贤）奶奶不了解，他究竟是哪个奶奶生的，他说不上来。但是他有他父亲的照片，他父亲呢，我看那照片，就是像我印象当中大老祖的某一部分吧。

杨：还是挺像的？

阎：有点儿像。我就想，人家要说是冒认，也用不着认毓贤（笑）。就是最近有这么个事儿，就是上个礼拜的事儿，后来我弟弟来了一趟，跟我这儿说说。

还有，我跟你说过，有一个叫颜仪民的，颜仪民的儿子，他们也不知怎么联系上的。因为颜仪民过去也是做点儿文化工作吧，解放前是一个小报儿的记者什么的。我知道他有一个儿子在北影，这个儿子是干什么的我没问。

杨：北影是北影厂还是电影学院？

阎：北影厂，颜仪民曾经写过一篇《我的先伯父毓贤》。我记得可能是 70 年代。

杨：那是"文革"时期了？

阎：有那么一个组织，叫"文史研究"吧……就是解放以后有些遗老遗少或者是国民党政府原来老的军政人员都参加的那么一个，叫什么？叫文史馆，还是文史研究所的……怎么说不上来了。

杨：没事儿，这个可以查，他是那个组织的吗？

阎：他写了个东西在那儿的刊物里头，发表来着，我过去还留过几本儿，就是白皮，这边竖行的封面，"文史研究"什么什么，忘了。

反正有一个东西在那里头发表来着，可能他们是通过什么关系看到了，所以，他们怎么联系的不知道。但是颜仪民是哪一支的？在我们这家谱里头没找着。因为他自己呢，他 84 岁那年，我跟我妹妹阎枫去访问过他。他自己说不上来，他说他们家有家谱，在他弟弟手里头。那会儿我们想再了解，他弟弟就老年痴呆了，就没去找。现在颜仪民的儿子，他更说不上来，他父亲已经去世了，他更说不上来他们算哪一支的了。

2. 八老祖毓廉一家

阎：王大人胡同靠西口儿路南有一个酱房夹道，一个横胡同儿，是我的八老祖儿的家，就是毓廉的遗孀。毓廉夫人，我也叫八老祖，实际上毓廉本人我没见过。八老祖老太太则很熟。老太太娘家姓曹，我小时候她大概有五十多岁。她娘家还有一位姐姐，可能在娘家排行第五，我叫她五老祖，那位老太太嫁到海淀了。另外就都是她的晚辈了，有侄子、侄媳妇和侄孙辈的。我前面说的曹肇基就是老太太的侄孙，我叫表叔。我小时候我八老祖带着两个女儿就住在王大人胡同西口内的酱房夹道里面一个路西的门。这位老太太（现在想起来）挺有意思的，她是旗人里面那种旧礼法、旧习俗的"保护者"。要说信仰，在她们那一辈人里头，大多数都信佛教，比如初一、十五的吃素啊，不杀生啊，等等。而这里说的信佛，好像也属于儒释合一的一种信仰或说生活理念。

今酱房东夹道

举一个小例子，说起来让现代人听着都会觉得可笑的事儿。那时住的是平房，老北京的四合院不管住几家儿、有多少口人，都是一个厕所，当然是那种蹲坑儿——平地挖个坑，地面上呈长方形（人如厕时要将两只脚放在长方形"长"的两边）。这老太太每次去厕所，先"检查"坑里坑外的纸，如看见坑里有有字的纸，便用火筷子（生炉子时夹煤球、煤块用的铸铁制两根铁棍，头上有一小段铁链子连着，尖上也像筷子那样尖尖的，比筷子长）把字纸从茅坑中夹出来，一边嘴里念叨着："造孽呀、造孽呀！"一边把纸夹到厕所外面，点根火柴烧掉……这类小事给我留下很深的印象。

另外，老太太的日子过得一般，大儿子常年在外面（或工作不在本市）不回来，按月寄点钱给老太太过日子。小儿子早就不"认"这个家了。（后来）两个女儿出嫁了，倒是有时常回来看看老妈。等于有一段时期老人就一个人自己过。像我前面说的日本统治时期，买配给的混合面儿，老太太也得自己去排队。记得有一次老人买回来几斤面，我娘问她，好几家街坊孩子去排队都没买上，您怎么倒买上了？老人说：人多而且乱挤，后面的人把我挤出来了，我就跟他们嚷嚷：你们知道我儿子是谁？他们就不敢挤我了……

老太太从中年就耳聋了，她上街怕听不见车声，在鼓楼那拐弯处，那时有有轨电车，如从楼东边往楼南面开，到那儿要拐个弯，年轻人见车要拐了，顶多是加快脚步紧走两步就过去了。老太太却站那儿不动了，车还在东边，离着八丈远呢，她就站下等，车拐弯时开得慢，得等好几分钟，车拐过去，开远了，她才抬腿过马路。也就是那时候马路上没什么车，只有这电车，还是半天才来一趟，否则她这马路真的甭想过得去了。

再后来她们就搬到地安门大街方砖厂，里头有一条胡同叫辛寺儿胡同，景嘉走就是从那儿走的。毓廉的后人比较熟，我从小都见过。这个八老祖她的四个孩子，我叫大爷爷、大姑太太、三姑太太、小爷爷，这么四个我都挺熟的。

杨：都是干什么的呢？

阎：毓廉的大儿子，我们叫大爷爷，实际是十祖父，排行十的，就是景嘉。他后来落到日本，他去世以后……

杨：他怎么落到日本去了？

阎：他（笑）……也不是落到日本了，嗨，这个毓廉，就是我大爷爷的父亲，他原来给溥仪的家里当过老师，后来呢，就是他们那会儿什么德（康德政府①），伪满的那个，满洲国那个政府，就送了一些年

---

① 康德政府：即伪满洲国（Manchukuo），是1931年九一八事变后，日本侵略者扶持前清皇帝爱新觉罗·溥仪在中国东北建立的傀儡政权，初期称号为"执政"，年号"大同"，后称皇帝，年号"康德"。日本在中国东北实行了14年之久的殖民统治，使东北同胞沦为亡国奴。其范围包括东北全境以及内蒙古东部与河北省承德市（原热河省）。

轻人去留日吧，就他这儿子，我这大爷爷，就跟着他们谁一块儿吧，跟着爱新觉罗后边儿的人，还有就是溥仪的皇后的弟弟什么的。

杨：哦，婉容的弟弟。

阎：对，一块儿去留日，后来回来，也是抗日的时候在国内，也是这儿待两年，那儿待两年的。等到1948年吧，他就去台湾，不是国共内战那个关系去的，他就是去台湾，有一个港务局派在那儿工作。

杨：哦，原来您那口述里说过，本来您也差点儿去了？

阎：哦（笑），就是。后来在台湾待了一段儿，他又去日本，因为台湾那边（政府）那也不知从哪个角度怀疑他跟共产党有什么什么关系，可能挤对他吧，他就去日本了。可是他母亲（老太太），跟他一姐，我们叫一姑太太的……

杨：这一姑太太是不是排行十一的啊？

阎：对，是毓贤的女儿，也是年轻守寡，过继了一个小叔子、兄弟媳妇儿的一个（儿子），后来也没跟她在一块儿。这老太太跟着我大爷爷一块儿也去台湾了，等于这俩老太太呢，在台湾，我大爷爷自个儿在日本，最后那俩老太太都在台湾（去世的）。

杨：我姥姥说过一个神仙大舅爷的……

阎：对，就是他。（笑）神仙大舅爷。

杨：为什么叫神仙啊，是说外号儿叫神仙吗？

阎：外号儿，就是他啊，神神叨叨的，现在这么说，就是爱说大话，爱吹，什么我都知道。我小时候的印象是这样，这事儿能办不能？没问题，然后云山雾罩地说得挺热闹。但是呢，虽然他是叔叔，他好像比我爸爸还小呢，就是他是叔叔，我爸爸是侄子，但是呢，再怎么说，他在我爸爸跟前，好像还收敛点儿。

这是后来知道，他在日本呢，他是作为一个研究汉学的专家，而且，从他的那些学生给他整理的那些东西来看，给他出了景嘉选集啊，是全集啊。［注：《景嘉文选》］

《景嘉文选》照片

　　杨：哦，终于知道这神仙大舅爷是谁了，我姥姥也不知道到底是谁，就知道好像是阎家的，但是她说不清到底是谁。

　　阎：就是毓廉的儿子，我们叫大爷爷，实际呢排行十，就因为在他

127

那一支儿里头，他上头有一姐姐，下边儿有一个弟弟，有一个妹妹，但是后来又知道，这弟弟呢，等于跟他没有血缘关系了，这个景孝（他弟弟）跟景诗（他妹妹），先说是一个收房的丫头生的，但是后来，我记得我小时候听的，他们一有争执，一吵架，就好像揭短儿，就说，这弟弟好像实际不是毓廉亲生的，就说那丫鬟跟别的……

景嘉好像挺正统的，他年轻的时候在日本，又跟这皇族的，那会儿所谓皇族的，那些兄弟姐妹一起，反正他爸爸教过溥仪的妹妹、弟弟什么的，他也跟着一块儿陪读，那么长大的。他自认为他汉学挺有底儿的，但是他知道我爸爸有真学问。

他后来在日本呢，就算汉学家，是日本帝国大学的教授。他学生给他出书什么的，给他弄那些，我从目录上看，还真弄了不少东西，这都是我那外甥从网上找的，他在那儿又算书法家，又算汉学家，日本 80 年代那时候，日本的两任首相，他都说（在电话里和信里跟我没说过），那都是我学生，大平正芳，还一个谁，我想想啊，一下儿反应不过来。

杨： 哦，那么高的学问呢。

阎： 啊，他就在东京帝大，帝国大学①，做汉学的，我不知道是正牌儿的还是什么，反正是教授。我弄了一个简历，就是从这些材料里归纳的，因为他走了以后，没回来过，我们等于解放后也都没见过，但是通过几次信，通过电话，这是在他去世前。印的一些材料，在这里头，这日文，也不全能看下来，基本上（看个大概）。

我这小爷爷（毓廉的小儿子），上过警官学校，后来当过警察，就是警察局的职员，不是街上的警察，那会儿叫北城。我们那一块叫内三区②，

---

① 东京帝国大学：1886 年日本政府颁布帝国大学令，设立国立综合大学，以当时的东京大学为基础改称帝国大学，此后，在日本国内及其殖民地陆续设立九所帝国大学。1947 年帝国大学改为国立综合大学后，日本本土的七所"帝大"的名字也拿掉了"帝国"二字，但学制上仍保留旧制，1949 年进行学制改革，1962 年废止旧制大学后，帝国大学就再也不存在了。

② 内三区：清末建立巡警总厅后，在京师划分界，设立区警察署，管理所辖地面事宜。1928 年北平特别市又重新划分区，内城划分为六个区，称内几区，外城划分为五区，称外几区，各区设警署，警署下设派出所管理地面。其中内三区区署在东直门大街。

他是不是内三区我就不知道了。小爷爷脾气不好，小名叫狗子，小时候背地里就管他叫狗爷爷。他们这一辈儿的有时候儿叔伯兄弟之间揭他底，完了就吵架。他说我登报声明我跟阎家脱离关系。他姓他母亲的姓，他改姓刘了。我知道他的儿女都姓刘了，在河南。

杨：怎么去了河南？

阎：就是解放前他离开家自己到河南了。他的姐姐（就都是这个母亲生的，一个姐姐一个弟弟），一直在北京。我叫小姑太太，也叫三姑太太。

杨：她嫁到谁家了？

阎：嫁的是一般的人家。那个年代，这姐俩也都算老姑娘了吧。那大姑太太也是我爸爸给找的，姓李。大姑太太就是景嘉的姐姐，前些年我们还经常去看她，最后死到养老院了，就在东南方庄那一带吧。

她（大姑太太）嫁到李家了，（这李家）就纯粹是（我们家）邻居。我二姑太太嫁刘济家，就是刘少鹤，住王大人胡同和我们隔一堵墙，我们在丙60号，他们在乙60号，后来他们搬走了，就是这家姓李的（搬过来了）。大姑太太也是续弦，这李大姑爷爷是三爷，行三。这三爷的弟弟原来是我们邻居，他的儿子是首师大原来师院外语系的教授，也是前几年去世的。我们和他弟弟两家儿挺好，我跟他们的女孩都同学。我说的这俩女孩儿她们的父亲行四，他们家的四爷，原来在铁路上工作。她们的伯父（三爷）的妻子死了，我父亲给介绍的大姑太太，就嫁到这李家了。

杨：他们家是不是也是旗人呀？

阎：不是。家里就是一般中等家庭，比我们家经济情况好，人口也简单，也有正式工作。

3. 穷困潦倒的三爷爷

阎：我这三爷爷，他好像是毓锦（宪臣）的后人（叫景次乾）。三爷爷的儿子就是延光，娶了赵家赵华甫①的妹妹。我这三爷爷呀，我小时候印象他一直是穷困潦倒，不能说没读过什么书，反正在我印象中，那会儿叫做事，他没事，就是没有正式工作。所以在我们家住闲一段，有一段挺苦的。我小时候有一段儿上幼稚园，那会儿小孩要是能上幼稚园确实经济条件得挺好的了，时间不长，上了一年或是一年多点。天天是这三爷爷早晨背着我去，下午给我背回来。这样呢，他就在我们家吃两顿饭，早饭、中午饭。再以后我印象就是我上小学以后了，三爷爷有的时候来，我母亲就是心眼儿比较好，自己这一大家子人也吃不上喝不上的，实在不行了，我娘给他点吃的，或是给一点儿钱让他买点什么。

杨：赵华甫他们家还算比较有钱吧？

阎：他们家有钱。

杨：那像您说的他们家穷困潦倒，嫁到他们家？

阎：他那妹妹呀，那会儿就管她叫老姑娘了，已经高不成低不就了，我觉得大概得三十多岁了。我大爷（伯父）呢，那会儿也没有太长的正式的营生，就是没有正经的工作。曾经跟着贺家，我二姑那小姑子十姑（的丈夫）老孔，他在山西，还有我大爷爷景嘉也在山西，在山西的一个报馆，是自己办报呀，还是正经的省报呀什么报呀，说不清。好几个我知道有关系的人包括颜札氏的后代，颜忆里（大叔）他也在那儿，我这大爷也在那儿，还有我干爷爷家里的人也在那报馆，这些"关系户"都在那个报馆，具体谁干什么我就不知道了。

杨：这些亲戚走得都非常的近。

4. 教家馆的六老祖一家

阎：这六老祖（毓珊），就是你太姥爷（蒋丰图）跟我爸爸他们共同的老师。我看这材料，六老祖教这些孩子，不只是家族里面的，还有外面的，我爸爸他们的"底子"是他给打下的基础吧，就说明这老先

---

① 参见《二姑太太——刘家》部分。

生还挺有水平的。

我那六老祖有两个儿子，其中一个儿子我叫五爷爷，后来去法国十八年，在外头当……也不是水手吧，就是在船上干点什么杂活，最后也穷困潦倒的，没混成什么又回来了。

杨：去法国十八年，这我还没听您说过。

阎：这么一个本家爷爷，他还在一姑太太家住了几年，后来没辙了就在我们家住，在我们家住一段，后来更不行了就住坟地去了。

杨：怎么还住坟地？

阎：那会儿坟地那儿有那么多亩地，按解放前说，那地就都是我们家的。但是看坟的呢，他就全给种成菜园子了。他们实际过得挺富裕，但是这事儿也不好讲，人家给你们家看坟，人家把地收拾了。要那会儿讲呢，这地的主人家还是我们家，所以像我这五爷爷实在没辙了就上坟地那儿去，比如说锯一棵树卖点儿钱他能过一段。就在看坟的他们院子里有一小屋，住在那小屋里头，他们也给点儿玉米呀，豆子什么的，他自个儿磨磨弄弄，就在那儿生活。后来五爷爷死在坟地了。

六老祖还有一个儿子行六，我们叫六爷爷。六爷爷有一个儿子过继给五爷爷了，这个儿子也行六，我叫六叔。他实际管他大爷叫大爸，他爸爸还叫爸爸。就是我父亲这一辈，现在还健在的。

但是六老祖的儿子跟他的孙子不能说都没文化，我也弄不清。这六爷爷属于那种没有什么高的文化，又无专长的。反正我小时候印象，我六爷爷没做什么正经事，那时候没办法就做小买卖，卖个水果什么的。到我六叔这一辈呢，也是摆水果摊、拉排子车、蹬三轮车，都做过这种苦力了。解放初就在三轮车工会，他算是在没文化的人里边有文化的，后来他一直在三轮车工会干，到晚年有时候还给人看个仓库呀，看堆儿呀，就干这个。他基本上没干过有文化的工作。不知道为什么，这六老祖亲生的儿子孙子，都没有跟着他学什么。倒是他在家馆教旁支儿，像你太姥爷，还有这么一大群学生根本不是阎家的人。

5. 远支本家

（1）颜伯龙

阎： 有一个画家叫颜伯龙①，我记得小时候我爸说过这人，说不是咱们这支儿的。我说的颜伯龙，他有四个女儿，他三女儿的女儿的女儿，管颜伯龙叫太姥爷了，这个女孩跟我有联系。颜伯龙的女儿给她爸爸出了一本画集，送给我一本。这颜伯龙算是一个比较有名的画家。（画集）里头有一序，他说他们是瑞龄的（后人），所以跟我们就太（远）了。颜伯龙的女儿颜家宝是根据我大爷爷，就是在日本那个（景嘉）提供的，说颜伯龙的祖父是哪一支。我发现他们写他们祖上，谁谁谁，那一辈是瑞龄，我就知道他们是谁的后人了。这一支原来（家谱上）没有，后来从哪儿抄下来，穆都理这一支搁这儿了，等于是跟马尔汉平着的，司格后边，穆字的这么下来。但是我没给他填（家谱里）。就是根据这个线索我能找出来，知道他是"瑞"字辈，"瑞麟"还是"瑞龄"的后人。

杨： 这还都有联系呢？

阎： 这个都不叫亲戚，是一个姓的叫本家。本家就是都是一个族的，就都是姓阎的，族里就不能叫亲戚，不管多远都叫本家。跟你们、跟贺家、跟张寿椿这都叫亲戚。

这"联系"是最近十年的事了。我上面说的颜伯龙有四个女儿，他三女儿的女儿的女儿，姓尹，是个年轻的女孩。她在网上发表过一篇文章，写到她太姥爷颜伯龙，里面提到祖上的历史。是我外甥刘杳在网上"搜"到的，后来就联系上了。我跟这女孩年龄相差很远，但挺说的来的，也算是"忘年交"吧。其实她跟我是同辈，可她一直叫我"阿姨"。

---

① 颜伯龙（1898—1955）：满族，正黄旗，北京人。名云霖，字伯龙（以字行），号长白布衣，所居名椿草堂。民国时期京津画派著名的花鸟画家，工山水、人物、翎毛、走兽。因颜先生不喜仕途，只想做一介布衣，潜心作画，又祖籍长白，故称"长白布衣"。

（2）颜仪民

阎：还有一个是书法家，叫颜仪民①，这老头儿我见过，不知道是哪一支的，也不知怎么联系上的。因为颜仪民过去也是做文化工作吧，听说解放前是一个什么报的记者。我知道他有一个儿子在北影，这个儿子是干什么的我没问。颜仪民曾经写过一篇《我的先伯父毓贤》，我记得那是六七十年代，可能是 70 年代，我想想那叫什么？叫"文史研究"……就是解放以后有些遗老遗少或者是国民党政府原来老的军政人员都参加的那么一个"研究所"……我过去还留过几本这个刊物，就是白皮，这边竖行的封面，"文史研究"什么什么。颜仪民是哪一支的？在我们这家谱里头没找着。他 84 岁那年，我跟我妹妹阎枫去访问过他。他自己说不上来，他说他们家有家谱，在他弟弟手里头。他弟弟呢老年痴呆了，就没去找。颜仪民的儿子，我只见过，后来没再联系。他父亲已经去世了，他更说不上来他们算哪一支的。

（3）颜一烟

阎：就是我一个，现在论起来也叫表妹，叫余彦。余彦的母亲叫颜一烟。我们这个阎是叶赫颜札，他们就叫颜札氏，都姓颜，他们现在姓"颜色"的"颜"。颜一烟是一个作家，在北影。她写的电影《一贯害人道》，还有《小马倌和"大皮靴"叔叔》《盐丁儿》这样的书，后来《盐丁儿》拍成连续剧了。她还写了《八女投江》，后来叫《中华女儿》。

我管她叫大姑。她们那边那个颜家，我们平行一辈的，有一个实际按本家算，但是按亲戚叫，我们就叫他颜大叔，一般不是亲戚才加上姓

---

① 颜仪民（1912—2003）：男，原名景毅，满族，叶赫颜札氏。自幼随家馆教师读书，1927年进入冯玉祥在北平创立的今是中学，1929 年考入私立郁文中学。1930 年，白天在西什库市民第一小学任教，晚间在宣外大街《民强报》任编辑，并以新闻记者身份进入北平民国大学新闻系做旁听生。1936 年任"北平亚东新闻社"社长。因发现社内某编辑假借社中名义向伪冀东政府索取津贴，即在北平《实报》刊登与新闻社脱离关系启事。1938 年后一直从事教育工作。1950 年任北京前门区职工业余学校、工农干校教师。1971 年从北京西城区副食品加工厂退休。担任《中国老年》杂志社及《中国老年报》特约编辑。受其父熏染，爱好书法，其作品多次获奖。此外还著有《幽灵缥缈录》。1985 年被聘为北京市文史研究馆馆员。

的嘛。我这个颜大叔，要说遗老遗少，他也不是文化很高，他甭说做官了，就是正经的工作都没有，但是那些老事儿他知道的特多。我带颜一烟去见过他。这老事儿他都知道，后来冯其利也老找他去。

交道口南边土儿胡同斜对着，那叫什么胡同？好像叫菊儿胡同，颜一烟他们家在那儿。颜一烟跟我说过，他们家有一个私塾，启功一小儿没父亲，家境也挺苦的，所以就在颜一烟她们家私塾上学。

杨：他为什么跟她家上私塾？是有亲戚（关系）？

阎：对，这俩家有亲戚。颜一烟的父亲，还是满族名字，叫乌泽生，他们也是老姓颜札氏。

杨：那启功他们家跟他们家是什么亲戚？

阎：是启功的，应该是姑太太了，嫁到他们家的，好像是这么一点儿关系。姑太太就是他爸爸的姑姑。是颜家的姑奶奶嫁给启功家了，还是启功家的姑奶奶嫁颜家上辈了，反正是这么一个亲戚。启功小时候没地儿去上学，就上他们家上去了，这个我倒知道。[①]

启功自己跟我说，他从小就等于是在皇族里头很不得志，他不是不承认，实际就是不愿意承认。我小时候的印象，我父亲跟我那个去日本的景嘉大爷爷，年轻的时候跟启功都挺熟的。我就说，您跟我爷爷、父亲辈的也是朋友，我怎么称呼您？他说："我辈儿小，我辈儿小。"因

---

① 在颜一烟《谢谢老同窗》一文中说：我生长在满族一个封建贵族家庭中，我们家里自设家馆，有三个书房，分教国文和英文、算术。我的哥哥弟弟及近亲家的孩子都来就读。启功的祖母是我祖母的亲侄女，我管他的父亲叫"锐哥"，惜英年早逝！有一天，穿着素服的锐嫂，领着一个小男孩来到我家，说是送他来我们的书房中就读。从此，我们就成了同窗学友。这个小男孩，就是启功。那时，我们都不到十岁，我开始叫他"小弟"，可是家里人纠正说：我们的关系不是姐弟，而是姑侄。我至今记得非常清楚的是：启功的书读的非常好；他不只能背《论语》《孟子》《大学》《中庸》，还能背《诗经》，甚至于还能读《尔雅》，我看着实在羡慕极了！更加不爱读那些《女儿经》之类的玩意儿了。启功的大字写得特别好，他的仿纸，老师在每个字上都画红圈，有的字还给画三个，甚至有画四个的。可我的大字呢？不给满纸打×就算好的。有一回，我写的大字，老师不但不给画红圈，还指指点点地说："瞧你写的这是什么字，跟鸡爪子刨的似的！——不行！好好地再写十遍！"……我就是不写，老师气得直吹胡子。小启功坐在书桌后边，一边拿书本挡着，一边拿小手划着脸蛋，轻声地连连说着："小姑没羞！小姑没羞！"……（出自刘庆俄编：《大海的女儿》，中国和平出版社，1994 年，第 293 页。）

为"溥毓恒启"是按皇族那儿排，他是最小的那一辈的。

杨：对，他跟您应该一个辈。我太姥爷好像跟他是亲戚，他跟我太姥爷排过，他管我太姥爷叫叔叔。所以他跟您一个辈。

阎：你太姥爷跟金永龄是表兄弟，可能就应该是亲戚，具体怎么着我不知道。他就叫我"阎大姐"。我说："这不是笑话嘛！"他大概觉得我叫他叔叔，我比他小一辈不合适，他叫我姑姑也不合适，他这么叫了我一个"阎大姐"。我说："您多大岁数？我多大岁数？"他比我大不了二十岁，但也是大呀。这时候，就开始有人老去找启功了，启功就跟我说："你看，戴着一个帽子的时候，没人理我。这一个帽子一摘了，跟着就给我戴上七八顶。"

杨：这什么意思？

阎：他原来是"右派"的帽子，把"右派"的帽子摘了，不是就给他这个委员那个委员，这个理事那个理事，就都给他戴上了。他说："我就老想闭门谢客。"后来他比较算有成就，师大就拿他当一个"宝贝"了，就保护起来了。由学校出面给他门口贴一个，就是谢绝各方来访，要有事儿找谁谁谁，电话是多少多少，都给他安排到他学生那儿了。比如有的想求他的字，有的想求他写个封面，有的要画儿，有的让他签个什么这个那个的，后来就都给挡了，都由他学生出面或代劳了。这以后我就再没接触他。原来他挺不得意的时候，在院儿里有时候遛遛走走，就那时候上他那儿去。

像我说的这个颜大叔，他说启功原来就在白塔寺那边住。他没有后人，是他内侄，就是他老伴儿的侄子跟着他，后来师大给他的房是在"小红楼"，他一直就在小红楼那儿住。

我们小时候，大人都说叫世交，不叫亲戚，没有什么联姻的这种亲戚关系，就属于世交。就说这个世交的关系，我就说："我怎么称呼您呢？应该比我大一辈还是大两辈？"因为他跟我大爷爷是朋友，跟我爸爸也是朋友，他这手捂着胸口往后退着，退两步说："我小，我小，我辈儿小，我辈儿小。"就这样，真是挺谦虚的。

这都是这些年，（很多人）说是叶赫颜札氏的后代，也算认祖归宗吧。其实解放初我们迁坟的时候，那会儿我没在北京，据我弟弟说当时就有好几摊，有一摊说是在海淀，有一摊是在南苑，那就是说叶赫颜札氏在北京的也还有好几支。

［附录］ 颜一烟所代表的家族传统

颜一烟是阎家的远支本家，属于雅兰西楞地方的颜札氏。从家族的初始情况来看，这一家族在关外时就已经分为两支，但是到民国时两家依旧能够按宗谱序论辈分，可见两家关系之密切。从两家的往来关系来看，这两支颜札氏仍可以算作一个家族。虽然这一家族中的两支在清代的出身、经历不同，但通过颜一烟后来的经历可以看到这个大家族中相同的家族精神，即把握时代潮流，努力奋斗，特别是她作为一名官宦家庭的旗人，在辛亥革命后对命运的抗争，尤显突出。两支颜札氏不乏这样的代表人物，但是颜一烟的事迹更有典型性，也更易于梳理，所以在

与颜一烟的合影，中间的戴红领巾者为颜一烟

此做一简述，对颜札氏家族的家族传统能够更好地进行说明。

颜一烟（1912—1997），原名颜毓芳，1912 年 6 月出生于北京，虽然她出生时已经是民国了，但是据她说："可是我们家关起门来还是过着封建的清朝贵族生活。尤其是我的祖母，对于清朝的灭亡，一直耿耿于怀，颇不甘心。"家中设有私塾，但祖母认为女子无才便是德，不许她念书。她就在哥哥弟弟们上数学和英文课时，站在窗外偷听。1927年，颜一烟被保送进入北京师范大学附中。在附中她受到石评梅、庐隐老师的爱国教导，学业不断上进，她的作文还开始在《晨报》《华北日报》《世界日报》等副刊上发表，这是颜一烟写作生涯的开始。

1934 年，颜一烟在日本用英文答卷，考上了日本早稻田大学文学部。1937 年七七事变爆发，还有半年就可以拿到大学毕业文凭，她却毅然回到了祖国，投入到抗日的洪流中。1938 年春她辗转到了延安，进入抗大学习。在延安她笔耕不辍，自编自导并主演了五场话剧《炸弹》，编导了五场大活报剧《保卫大武汉》，独幕话剧《凶手》，描写煤矿工人进行抗战的话剧《窑黑子》等，从此颜一烟开始了专业的编剧、导演、演艺的生涯。

据统计，颜一烟的主要创作有五大类。一是小说，自 1928 年发表第一篇小说起至 1933 年，先后在各类报刊发表短篇小说和散文等数十篇，其中《我的童年》和《初夏》被选入《当代女作家作品选》，短篇小说《弟弟》，被译成世界语。1946 年至 1947 年在东北参加土改时，写短篇小说 20 余篇，后集结成书，书名《保江山》。此外还有中篇小说《活路》《小马倌和"大皮靴"叔叔》，长篇小说《盐丁儿》，此外回忆及纪念性散文数十篇，随笔、散记不计其数，发表于各报刊。

二是剧本，她先后共撰写和改写了话剧、秧歌剧等 28 部，如《九一八以来》《飞将军》《秋瑾》《东北人民大翻身》《万年长青》等，她的很多剧本紧扣时代脉搏，激励着民众高涨的奋斗热情。

三是电影剧本，共写了 6 部，《中华女儿》《一贯害人道》《烽火少年》等。

四是翻译，1940 年至 1944 年，颜一烟在延安鲁艺为各系翻译教材近百万字。

五是活跃于话剧舞台。从 1925 年她饰演第一个角色"苏秦"至 1956 年的三十余年间，她在几十部话剧、秧歌剧中扮演了男女老少众多不同的角色，尤以饰演老太婆见长。1940 年她在《日出》中，成功地扮演了"顾八奶奶"，给人们留下了深刻的印象。

她的作品有大小 6 部先后 10 次获奖，其中电影剧本《中华女儿》，1950 年获第五届卡罗维发利国际电影节自由斗争奖，1956 年又获文化部优秀影片奖，开创了新中国影片在国际上获奖的先河。话剧《上当》，1951 年获抗美援朝征文一等奖。长篇小说《盐丁儿》，获 1988 年全国优秀儿童文学奖、1990 年全国优秀少年儿童读物一等奖，1992 年获满族文学奖。中篇小说《小马倌和"大皮靴"叔叔》，1980 年获全国少年儿童文学创作一等奖。散文《师生会》，获"红烛奖"征文二等奖。散文《扬眉吐气》，1990 年获"我看亚运"征文特等奖。

颜一烟无疑是在那个时代满族群体中具有典型性的人物，作为传统家庭中的女性，肯于为了追求读书而脱离固有的生活方式，通过自身努力，成为社会的先驱。特别是出身于旗人家庭的女孩，在旧式家庭中往往为了备选秀女，只学一些女红，文化上至多仅仅有一些对于《女儿经》《女诫》这类书籍的了解。颜一烟则是完全不同的旗人女性，自幼便偷学文化，后来更是能够对社会变革有着敏锐的洞察力，留学日本，投身革命，最后成为一个知名的作家，从一个传统的大家闺秀转变为一个成功的新女性，这对于那个时代旗人家庭中成长的人来说，是极具典型性的，而作为女性，就更加难能可贵。

从颜一烟，想到与她同宗的阎珂家，在大时代变动的条件下，也是紧跟社会前进的脚步，主动完成社会角色转换的过程。他们虽属平凡家庭，但是追求社会潮流，努力学习知识，坚强、勤奋的精神，体现了家族几百年的传统。阎珂的父亲、母亲都是最早上学读书的旗人子弟。尤其是阎珂的母亲，在兴女学之初，就上了女子学校，毕业后做了女教师，成为职业女性，当时这在北京可谓凤毛麟角。他的父亲一辈子努力追求学问，清白做人。他们的家庭无论是什么样的经济状况，都尽量给孩子最好的教育。阎珂和姐姐小时候都还上过幼稚园，后来经济条件不允许了，才退学。无论家里多穷，供孩子读书，追求上进，是他们家坚守的底线。五叔在日本占领北平后，不愿做亡国奴，跑到西安去读书。在家里那么困难的条件下，半工半读，坚持读完研究生。他一生坚持学术研究，为国家做出了突出的贡献。阎家的孩子都受到了很好的教育，阎珂因家里条件实在不好，上了中专，但是她还是坚持着利用业余时间读完了大学，使自己的业务能力更上一层楼。他们家兄弟姐妹或是高级工程师、高级教师，或是画家。

在这样的家族传统下，作为旗人的颜札氏家族得以在辛亥革命后恶劣的生存环境下迅速转变社会角色，使自己能够在对旗人充满歧视的社会中立足，从封建社会的臣民变为现代民族国家中的公民，颜一烟是其中的典型代表，而颜札氏家族也在近代北京旗人家族中极具代表性。

四、亲戚

1. 开明的姥爷家

(1) 我的姥爷

阎：我母亲的父亲，就是我姥爷，好像没做什么大官。我印象中，我姥爷在警察署任一般的职员。我不知道那警察署是算北京市的还是算哪儿的，我小时候看他一个照片就是斜着一个皮带，（比画）就是小警官吧。我姥爷他们姓李，原籍一般就写沙河，那就是京北。可是据我弟弟说呢，他们原来也是从东北进关的，说叫盖县①啊还是（哪儿）？他说是我母亲跟他说的，可是我们几个都没听说过，所以也就没把它定下来。

我母亲的生母，我的亲姥姥，我们没见过，什么时候死的我也不知道。这个姥姥是徐家的四姑娘，四姑奶奶。我的祖母我见过，也是徐家的姑奶奶。

杨：这徐家您了解吗？

阎：就知道是徐桐的后代。徐家应该是哪一辈呢？后来从我老祖的诗里边，就是毓俊的诗里边看，他有的时候出去玩儿，就像现在说旅游，这回同行的有谁有谁，其中有姓徐的。所以可能跟徐家也是老朋友

---

① 盖县：今辽宁省盖州市，清代成为盖平县。清顺治元年（1644）十月清朝迁都北京，命内大臣何洛会驻守盛京，同时于熊岳、锦州、宁远、凤凰等15处设城守官与满、汉章京，为清入关后辽宁一带最早的一批八旗驻防点，也可以看作是最初的行政区。这15处中，熊岳和盖州在今盖州市所辖地区内。

还是同事什么的，后来就联姻了。

我的亲姥姥，生三个男孩儿、一个女孩儿。我母亲等于有一个哥哥、一个弟弟活下来了。这个哥哥是在美国去世的，应该也是二十几岁。弟弟可能是四几年死的吧，反正他30多岁死的。她还有一小弟弟，后来这个续姥姥生孩子的时候，据我母亲说，"我抱着小弟弟咽气的"，就说这小弟弟是夭折。这样等于就我母亲一个人活到70多岁。具体姥姥家详细情况就不知道了。

杨：您姥爷家是什么旗的？

阎：我姥爷家应该是汉军旗，不知道具体的。要说是从盖县跟进来的，他也是汉军旗，不知道哪个旗，住沙河算哪个旗呀？

杨：您姥姥家是汉军旗，跟您家区别大吗？

阎：区别大。说是汉军旗，好像没那些礼儿。我想可能跟这个家里的社会背景，跟家里头传下来的这个生活习惯什么的都有关系。我觉得我姥爷他们家不是官宦家，我不太了解他们上一辈、前一辈都干什么了，但是我觉得不是官宦家，就没有留下那些像老北京旗人家的旧"习气"，说明我们家还是比较开明或者说开放的，不是那种老的守旧的家庭那种派。

杨：您姥爷家的生活怎么样？

阎：我印象中跟我们家差不多。我姥爷至少是1940年以前没的。我姥爷死了，我后姥姥带着我这两个姨、一个小舅舅，没有什么生活来源，比我们家还困难。

（2）留美的大舅舅

阎：我母亲的哥哥是留美的，按他那年岁算，反正不是第一批也是前几批。可能也是我二弟弟说的，是自费，不是公派。

杨：那得多有钱啊？

阎：就是说他主要在那儿打工，干点儿什么，完了挣点儿钱自己再念书。好像是学法律，学成了以后回来了，到上海。那时候整个国家的形势，觉得好像无用武之地，也找不着他理想的工作，又去美国了。二次到那儿后来染上肺病了，就死在那儿了。

我们后来到底也不知道他是怎么出国，在哪儿学的，这些都没有跟我娘问过。我小时候看过照片，一个大照片，他们也算清朝留学生吧。

杨：是清朝的时候去留的学？那比您母亲得大许多呢？

阎：就是。大几岁我也不知道。

杨：要是清朝留学生起码得……

阎：都不知道。是不是那会儿还叫清朝留学生，我就印象里有这么一张照片，都是留学生，但是基本上都穿长袍马褂呢。到今儿也不知道我这舅舅叫什么？（笑）他的年龄，是哪年生的？是哪年去的？在哪儿呢？就知道后来他在那儿有一个女朋友是美国人还是美籍什么人。因为后来整理他的东西，连照片什么的，是那个女孩儿给寄回来的。报告了他患什么病怎么死的，这都是我母亲在家跟我弟弟他们说的，具体我也不知道。

杨：那如果要是这样的话，那您姥爷家也挺有钱的啊。

阎：我想应该是，但是从我小时候记事儿起，我姥姥家也挺穷的，就是我姥爷一个人工作，还是一个挺小的职员，没有多少收入，养活一大家子。所以我大舅是怎么出去的？我大舅要不是公派，那他至少得有一个投奔，他事前是怎么办的，这些都不知道。

（3）经商的三舅舅

阎：我母亲还有一个弟弟叫李天梦。在家大概连男带女排就排三，叫三舅。他早年在哪儿我不知道，我记事儿就都是在北京了。我印象中他是以经商为主，但是又不是那种大商人，他开过药房，开过拍卖行。这个药房呢，据我表妹（三舅的长女）回忆，好像还给那个解放区八路军运送过药什么的。据他女儿说好像早年在东北还跟义勇军有过一段经历……不知道是参加过义勇军还是给义勇军做过什么工作，这是解放初她们说的。

那时候的拍卖行不全是古董，全是旧货。当然像什么古董、首饰、瓷器也有，衣服什么的也有，家里的这些东西都可以搁在那儿，它叫拍

142

卖行，我的印象规模也不大，反正也是做点儿小生意吧。他就在东四北大街十二条北边，那会儿门牌叫 220 号，在那儿住了挺长时间，我舅舅也死在那儿了。我舅妈反正就那么维持着吧，一直到解放。

我舅妈有四个孩子，两儿两女，都比我小，是我的表妹表弟。解放初，1950 年吧，那两个大的，一个表弟、一个表妹就参军了。可能一个算参军、一个参干，岁数不够。后来我问他，他说："那会儿参军了跟着走。"但是后来就没有军籍，就是先送他们上哪儿学习，然后作为干部分配到哪儿，他们俩后来就都落到内蒙（古）了。

俩小的呢，我舅妈没辙了，带着他们就上内蒙（古）找这大儿子大女儿去了，在那儿待了一段。他们那俩大的经济上也负担不了这俩小的。我舅妈又带着这俩小的回北京，就基本上在我们家住。这两个小的基本上就是儿童跟青年时期吧，就在我们家，等于是在姑姑家。他们管姑姑叫"姑爸爸"，管姑父叫"姑爷"。"姑爸爸"这称呼我就不知道从哪儿来的，我也问过她。她说就是我舅妈娘家的侄女管我舅妈也叫"姑爸爸"，所以这可能是从他们那儿来的。我们家，就是满族的这些亲戚没有这么叫的。

（4）舅妈家

阎：我刚才说的报恩寺旁边有一胡同，箍筲胡同。箍筲胡同也有亲戚，是我舅妈的娘家，段家。我舅妈的娘家我还常去。就是我那个 30 多岁就去世了的舅舅，他死的时候是日本统治时候吧，我上小学呢，在香饵胡同，他们家就正对着府学胡同，就等于隔两三条胡同，我有的时候放学就上他们家去。所以我舅舅死时候我在旁边呢，我那几个表弟表妹，最小的那表弟才一岁，就拽着他妈的腿在那儿，还不怎么会走道呢。

我舅妈的娘家姓段，她父亲，我们叫"亲姥爷"，就是亲（念"庆"的音）家姥爷。他是个中医，在北新桥那边儿算名医。北新桥北边那儿有一个中药铺叫大生堂，那会儿管中药（店）都叫药铺，西药（店）叫药房。北新桥南边有一个中药铺，我舅妈的父亲叫段梦兰，就在那儿坐堂。他在家也可以挂号，看病。他开的药方，一般都有犀灵露。这个实际就是清热去火的，就是犀牛角为主配下来的，看上去就跟白酒似的，要弄到小瓶里头。

杨：那挺贵的吧？

阎：挺贵的。我那会儿就老说，这药方准是亲姥爷开的方，要不有犀灵露呢。他还嘱咐你，上那个药房去抓去。就是北新桥南边那个，南边那个我忘了叫什么了。北边那个是大生堂。其实他住的地儿呢是箍筲胡同，离大生堂最近，但是他老让你上南边那个抓去，因为他在南边那儿坐堂。

这老头儿啊，在家里头挺威严的。他有俩儿子、一个女儿，这个女儿就是我舅妈。这俩儿子呢，老大没做什么大事儿，好像也是警察界的，文职，办稿什么的。他有四个女儿，最后有一个男孩儿。这四个女儿，都叫段洒什么，都是她们爷爷给起的。老大现在在台湾呢，因为她解放前跟一个空军结婚了，就去那儿了。结婚那天我还去了。就是在北新桥南边的石雀胡同，一进胡同右手，我想叫什么堂饭馆，他们在那儿结的婚。结完婚以后在我舅妈那儿借了一间房住，然后从我舅妈那儿走的，是1948（年）还是1947（年）呀。

我跟她们那老二洒华，小学在一个班级，天天下学我跟她一块儿回家，在她们家做功课，做完作业我再回家。她们也欢迎我去，为什么呢？她们都特怕她爷爷，她爷爷差不多五点多钟吧，从那个药铺坐堂回来。我们几个就在她爷爷那个条案（做功课）。那是张硬木桌子，长方形的，大理石的面儿，有几个抽屉，桌上文房四宝都摆着，他开药方，写点儿东西什么的都在这桌子上。

他不在家，这几个孩子就都造反了，我们几个就一个人占一个地儿，写自己的作业。毛笔的大楷、小楷，都得交作业，作文也用毛笔。这几个就都在那儿折腾，打发那小四儿上胡同口儿盯着。小四儿从外头往回跑，边跑边嚷："爷爷回来了，爷爷回来了！"她这么一喊，这儿就稀里哗啦地收，她们就摁着我，"阎，你别动啊，你就坐在那儿。"她们那儿赶紧擦这儿弄那儿，稀里哗啦，没有五分钟，收拾好了，爷爷进屋了，一看我坐那儿，"写作业呢?"我说:"啊。""你爸挺好的?"我说:"行。"反正就让我那儿对付着，她们也不挨说，爷爷也不至于发脾气。(笑)所以我就经常上她们家去，一般的亲戚或者是有点儿关系的，都互相介绍去他那儿看病，都觉得老头儿确实医术挺好，人品也挺好的。

他的二儿子叫段履青，是个画家，可能是颜伯龙的关门弟子。我们家跟这个颜伯龙没有太深的关系，但也是本家。段履青就是解放以后，是哪一次啊，给毛主席过生日，有14个画家画了一个《和平颂》，这14个人里头有他，这个画儿现在还在人(民)大会堂呢。

我那段二舅解放前抽白面儿①，比大烟还厉害。所以把家里什么都卖了，让老头儿给赶出去了。我常上他们家的时候，他们那大哥，就是我叫段大舅的，跟我挺好的，老逗我，跟我开玩笑。这二舅家里四壁空空，真是什么都让他卖了。

杨: 他们家里应该家境还不错呢。

阎: 那就因为老抽，他其实画画儿画得挺好的，就不正经干，身体也乔糟了。他那媳妇儿，二舅妈那会儿挺可怜的，也挺能干的，那会儿叫跑口。

杨: 什么叫跑口?

阎: 就是扒(火)车，然后上张家口那边，从那儿贩点儿什么货到北京来卖，再从北京带点儿什么到那边去，挺能干的。扒车，有的时候也让路警打了。我就听说有一年过年，这二舅妈想着法儿地弄点儿钱说给孩子包顿饺子。一转脸这一盖帘饺子没了，他就给偷出去了，他就换白面儿了。可能是解放以后吧，这二舅呢还真不错。

杨: 那不都得戒嘛，不戒不行。

阎: 戒了，不知道是怎么戒了，我还以为这人不行了呢。后来可能是他托我爸，我爸给他联系，找了一个，应该是美术家协会吧。因为他

---

① 白面儿:是毒品海洛因的俗称，也叫"白粉"。

确实画得不错，花鸟，最后在天津美院教课。颜伯龙的女儿说，段履青是她爸爸的关门弟子。

杨：这段家是不是旗人呀？

阎：应该不是。在我印象中，段家的老太太，就是我舅妈的母亲也是大脚。但是我知道他们家不是旗人。

杨：您怎么觉得不是呢？

阎：从小给我的印象，没有旗人家庭的那个气氛，什么礼节、规矩什么的，没有。我没看见他们的孩子请安之类的。我去他们家，我请安他们就乐我。还有我的继姥姥，娘家姓张，在（北新桥）大三条住，我也跟着他们去，也是我一请安他们就乐我，他们就觉得挺新鲜的。就叫着我小名"请安请安"！我现在就明白他们不是旗人，这种礼节的习俗他们没有。好像这个基本上可以判断是不是旗人的后代。

（5）继姥姥

阎：后来这个姥姥我知道她们也是沙河人，这个姥姥家不是旗人，姓张，是汉人。我这个后姥姥的娘家，我后来倒是还去，还联系，解放以后也就不联系了。这后姥姥的娘家有两个姨、一个舅舅。因为她们家跟我们家住得比较近，在北新桥路西，就是王大人胡同斜对着的头条、二条、三条。他们家住大三条（因为还有个小三条）23号。

后来这个姥姥有两个女儿、一个儿子。我姥爷去世后，没有什么生活来源，生活就挺窘困的了。我那个舅舅对这个继母，就现在说吧，不是太孝顺。可是他自己挺年轻的就四个孩子，弄一个小商店，也不富裕，所以好像不能按月供给他继母。我这两个姨在日本统治北平的时候就进工厂了，是不是被服厂？反正就是好多女工那样的工厂。可能日本投降以后吧，我那俩姨都在女职①那儿上（学），就有点儿像现在的职高啊、技校。那时就是初中程度，实际就是给这些年轻女孩子谋一个出

---

① 女职：即女子职业学校。当时北平办有多家女子职业学校，有中专性质的，有技校性质的，程度不等。

路，学有一技之长，什么补活儿啊、绣花儿啊、服装裁剪啊。可能不是挺正规的三年制、几年制的那样，反正在那儿上了以后就能给你找一个工作。那时候年轻女孩子干活儿就是什么补花厂啊、绣花厂啊，也有做鞋的、服装裁剪什么的。

杨：能让孩子上这种学校，我觉得也不简单。

阎：那时候也就是给孩子找个出路吧，我这个姥姥娘家可能还算有点儿钱，但是不能靠娘家呀。这前妻的儿子又不太管，可能就是这两个大的去学有一技之长，上工厂，然后培养这弟弟。后来我这小舅舅一直上，上到大学毕业，后来算搞水利了。

2. 二姑的大家庭——贺家

（1）大家庭

阎：我的上一代的直系的亲戚，就是我父亲这边儿，我等于有两个姑姑，亲的。然后要算是毓贤的后人哪，就等于我们家这一支儿的，那儿还有两个姑姑。

杨：那贺家跟您家是亲的吧？

阎：是，这两个姑姑，等于是二姑和四姑嫁给了贺家的老八和老九。四姑因为有肺结核，结婚不久就去世了。贺八爷是二姑的丈夫，贺九爷是四姑的丈夫，我们叫四姑爷，后来我们要随他侄子叫九叔，他就说："叫四姑爷！"虽然他的夫人只是很短的时间，但是还是老礼儿。

北新桥再往南就是我这二姑贺家。他们在东四灯市口附近，那时叫无量大人胡同，26号。贺家，是老太太当家，等于那会儿家里是三个女儿、两个儿子。大儿子呢去世了，这个儿媳妇儿年轻守寡，就是我二姑，带着四个孩子。我那表哥大，是头大的，属马；然后是我说的这个表姐，现在在台湾，她属羊；跟我一边大那个，十岁就死了。再底下就是贺志芹，贺志芹下边是一个小弟贺志骞，这么五个。

贺家情况呢，就是他们跟肃王府，因为有一个姑奶奶嫁到肃王府了，跟肃王府接触比较多。贺家本身，我说不上来他们过去做什么官。

但是他们在民国时候吧，还是有点儿老底儿。他们倒没有听说经营什么，或者房产啊，或者开商店什么的，没听说，就是有点儿老底儿。老太太掌握着一家子的经济，好像比较会过，至少到抗日战争结束吧，生活还算富裕。后来老太太死了就分家了，基本上是这样。好像我那姑父生前也上过警官学校，后来也没做事儿，详细的就不太知道了。

（2）优裕的家境

杨： 我姥姥回忆，说他们家院子挺深的。

阎： 当然，我记得至少是五进，就是它前头有那么一个长条的一层院子……然后二门进去，前院儿是九叔，然后再进里头，这才是正房正院儿，老太太在北屋。我二姑那一大家子在西院儿，东院儿是有车呀，好像再以前还有马。东院儿靠北是靠哪儿啊，是厨房，然后有一个过道，就有点儿像现在那个廊子似的，在那儿吃饭。那里摆一套桌椅，我们叫八仙桌，这八仙桌应该是坐八个人，可是那个桌，也许是弄一个圆桌面儿。应该是这个桌子吃完饭能撤下来，为什么呢？白天要玩儿，跟那儿跑，没有桌子，就到吃饭的时候带着我就上那儿去了。

另外他们家后头单一个院儿是祠堂、佛堂。祠堂等于是一个院儿三间屋，也是北屋。大概不是年节的时候，祖宗的影像或者什么在那屋搁着。他们后院那祠堂，好像挺神秘的，也挺庄重的那么一个地儿。这一个是得有这条件，一个是他们从上几辈就继承下来了，可能一代一代的就这样。我们家已经没有祠堂了，我们就自个儿那三间屋，就只是到过年的时候把祖宗匣子打开，可能过初五啊还是初几呀，就那么几天，完了就撤了。

到年节的时候，我在他们那儿住几天，也就跟我那表弟表妹上后院藏猫猫玩儿。祠堂那会儿还没有玻璃呢，就是那种窗户纸的，扒着那儿往里看看。有时候都过了正月多少了，还供着那蜜供①。蜜供叫五堂，

---

① 蜜供：北京传统油炸小吃。《清稗类钞》中所记："专以祀神，以油、面做夹，砌作浮图式，中空玲珑，高二三尺，五具一堂，元日神前必用之。"

就是中间一个高的，就像一个一个小塔似的。是拿那个蜜供就这么横一条，竖一条，横一条，竖一条，然后再竖着，竖着再横着，就这么搭起一个塔来。中间那个高，两边这矮点儿，再两边再矮点儿，有五个的，有七个的，就等于这么供起来。后来我那表弟就跟我说，有时候我们就从后头掏着吃，就是前头看不出来，后头掏两块吃，底下都掏空了，有一回，不知是哪一年塌了，这才撤下去。其实大人正经撤了供啊，给大家分着吃。分的意思呢，我想这就是供了祖宗的，分了也带着吉祥的意思。实际比较讲究的各房，因为已经跟那儿摆了一个月，他自己也不吃，也就给下人分了。他们家就是这样的，其他的节我没有去过，我就记得这个。

阎珂女士与其祖母及表妹的合影（照片一排：阎珂女士表妹贺志芹、阎珂，二排：阎珂女士的祖母。从两个孩子的着装来看，家境富裕的贺志芹穿的是西式服装，普通人家的阎珂则穿的是中式长衫。据阎珂女士所说，这件长衫平时都不穿，算是一种礼服，特殊情况下才肯穿）

他们一直到分家还都各分了不少，具体都是什么，我小时候就听说他们有……就是那个炕，那会儿不是北京那些老家庭都是炕嘛。炕边上，靠墙那边上都是一个大躺箱，他们家那个大躺箱里头啊，有一次打开，里头的，那都不知道多少年，是料子呀，还是棉被褥都成灰了，就是提溜不起来了，就糟了，就那么搁着，其实是新的东西。所以呢看起来是家里有点儿底儿，具体的就不太（清楚），反正家境来说呢是比较优裕的，有钱。

（3）大家庭的关系

阎：他们家是一个大家庭，像中午饭、晚饭，我二姑带着这四个孩子，比方说我去了是客人，应该至少那三个姑姑，都在一块儿吃。老太太不出来吃，在自己房里吃，她一般屋里的就是老妈子，不是厨子了。也有的时候，哪个姑姑今天或者是怎么着，就是不出来吃饭了，屋里都有自己的小灶。比方说就报告一下，不来吃了，就行了。也有的时候呢，你不舒服了，或者你不爱吃，想吃什么了，就是拿自己的月钱，让自己屋的去买、做，单吃。

我就记得，我第一顿饭吃的时候，比方说四个菜，或者是八个菜，都摆好了，可能就四个菜。摆好了以后，因为我还是小孩儿，顶多也就十一二岁，老妈子又端上一盘菜，管我叫二姑娘。说："二姑娘，这是七姑给您添的菜。"待会儿又炒一个，也许是晚饭的时候，说："二姑娘，这是十姑给您添的菜。"厨子做的就是叫（做）"公中儿"，做大锅饭。比如说"公中儿"四个菜吧，我不是说嘛，就因为来这么一个小客人，这些姑嫂妯娌之间互相表示表示，比如说在礼节上，我欠个你什么情，我借着一个什么机会我还这情，可能都有这些关系。所以我这顿饭，他们说："这是六姑给您添的菜。"下一顿说："这是十姑给您添的菜。"我那会儿也不懂，回家我还跟我娘说。我回忆这些事儿，也想到可能还有个原因，就是我二姑的这三个大姑子、小姑子有时跟着我二姑一起回"娘家"，我娘总会热情招待她们。这在别的家我没经历过。我后来琢磨也就是她们家这样。那种老的家礼比较严，比较多，还有那么些老礼儿，这是他们家吃啊什么的，有这样的礼儿。过年过节也都挺讲究的。我那个表妹志芹她写了一个她们家过年的情形，登在《紫禁城》里头，给我的印象就是，我们家就做不到那些，也没那些个条件。

（4）二姑的小家

阎：我二姑呢，二姑父行八，他们都管我二姑叫"八奶奶"。"八奶奶"单住一个院儿，西院儿。这一个院儿里头，她们每个孩子有奶妈、有看妈。就是说这孩子生下来，吃奶的那个是奶妈，可能有的呢，奶妈留下了就接着干，奶妈要不留下，或者奶妈又做了别的。我现在这么想啊，这女的做奶妈，她也只是在她生完孩子以后她才有奶呢，然后她没有奶了，是不是她就回家了？反正他们家，孩子到两三岁了就有一个看妈，这看妈就一直跟着他们了。

那三个姑姑一人一房，屋里每一个姑姑自己都有一个老妈子、一个丫鬟。所以他们那儿呢，是各房有各房的一摊儿。我说的这时候基本上就算比较败落了。

像我那个表哥表姐和后边这表弟表妹，那表哥算是上了大学了，但是也没好好儿上，他就可能因为他们原来底子比较厚，家境比较好，就有点儿公子哥、大小姐那样儿，上的也都是外国人在北京办的那个洋学堂。像我那表姐上的叫盛新女中，法国人办的学校，天主教会的，好像就在灯市口附近。我那表哥呢，上的是育英。那都相当于现在的贵族学校了，学费高，进学校以后的各方面生活水平什么的也都高。我们呢，就上普通的公立学校，有时候学费还交不上，所以这个经济差别比较大。

应该是四几年的时候吧，也许是日本投降以后了，二姑她们还在海淀，是租啊，还是赁（了套住房）。

杨：租跟赁有什么区别？

阎：赁大概至少是三年，比如说我赁下十年来，就一次把这个手续办完了，这十年你都甭管，都归我管我住，这叫赁。海淀镇斜穿着过去，一条胡同叫大河庄，大河庄最里头那个门，那时候叫大河庄9号。

我印象啊是在八一中学的北边还靠西点儿，应该是那里。原来海淀有一学校，是公立学校，校长姓袁，在海淀那边特有名，都知道这个袁校长。这套房子是这位袁校长的。

那个门口坐北朝南，院子挺大的。也是一进门这么一个倒座儿房，然后一个屏门，屏门进去里头是一个大院儿。等于我二姑她都赁下来了，她外院儿租给别人了；里头呢，平常也不去，就是暑假什么的带着孩子去。平常就雇了一个人，连看那院子带种园子。后院有一个井，那会儿管它叫洋井，就是能（用）压水机打水的那个。我印象就是在那儿待几天，暑假就比城里凉快得多。那会儿要说做个面（条），就上后院去摘木耳、黄花，都是鲜的，现在知道鲜黄花不能吃，那时不懂还觉得现吃现摘，挺新鲜的。木耳就在藤萝架、葡萄架的木头上长着，蘑菇什么的都有。我就觉得那会儿就是比较有钱的人吧，就等于说现在在城里住，在郊区有一所别墅。他不是买的，他是赁下来的，就这几年在那儿，寒暑假什么的，孩子们就到那儿去避暑或过年。

（5）分家之后

杨：他们什么时候分的家？

阎：四几年我说不上来，反正是四几年。我记不清了。

杨：他们家那个房子后来怎么了？就从那儿搬走了？

阎：分家了就卖了。实际就是我这四姑爷和二姑爷这两房。这两房呢都各自搬了家了，我二姑搬到菜场胡同。王府井比较靠北头儿，百货大楼的北边有一条胡同叫菜场胡同。这四姑爷呢搬到东单，总布胡同旁边东堂子胡同。那三个姑奶奶就结婚，都各过各的了。六姑嫁给曹家，十姑嫁给一个姓孔的，七姑呢，嫁给一个老中医。

杨：您印象里头，贺家分家之前和分家之后，生活上有什么区别吗？

阎：分家之后就各家干各家的了。这具体怎么分的，那会儿我们家可能就是这个思想，就是不沾边，不过问具体怎么样。就是感觉像我二姑家就是自己独立了，不是老太太掌握的了，实际她是越过越空。

不过还是比较优裕的生活，而且就有点儿纵容子女玩儿啊什么的。那个时候一般（人）家没有摩托车，有个自行车都很难了。那会儿我记得他们管摩托车叫"灰子"。原来我表哥的同学有，后来他也买了一辆摩托车。他们也常去参加舞会，去跳舞，反正有时候就几个同伴，也就那么十几岁的男生女生，一块儿骑车去颐和园。我印象当中我们没有这种生活，也没这种可能，他们呢就还是这样。但是实际家底儿就是日益衰退了，先就是从家里拿点儿东西卖，吃喝完了，就等于掏空了。

我姑父早就死了，二姑一个人守寡，带着四个孩子，所以说呢有点儿钱，老想把手里这点儿钱滚得多，能挣一点儿，给孩子留点儿。结果呢，这出个主意，那出个主意，也有亲戚，也有朋友，也有后来不知道哪儿认识的，帮她做买卖什么的，自己也不会经营，让人家坑了、骗了，反正倒腾倒腾，最后房子也卖了，也不知买什么也都赔了，都没经营好，所以到快解放的时候，还是解放初啊，就什么都没了。

我就听我那表妹说最后是谁坑了他们。但是从别处我又听说我二姑又欠这个又欠那个，反正是怎么倒腾这点儿钱吧，都不剩了，还欠人家的。是不是拿这儿借点儿钱堵那个洞，拿那儿借点儿钱堵这窟窿？来回这么弄啊，自己什么都倒腾没了。到我二姑死，我这表哥表弟表妹的，反正还都上学。就我们知道，反正东西都让人坑了骗了。最后一急……听我这表妹说，她觉着不行了，那会儿就雇一个洋车赶快上医院，在车上就不行了。我二姑，我爷爷，实际后来我爸，我五叔基本都是脑血栓、脑溢血。

杨：那可能都有这个家族病史。

阎：我二姑大概也是，这个给她出主意，也许人家是好心，也许本身就有点儿坑骗的意思，这样。我想我爸我娘可能也是因为这个，那以后就尽量呢少来往。

杨：不愿意沾这个。

阎：说实在的，后来尤其是分了家以后，好像走动得（反倒少了）。我姑姑她们比较富裕，我们家挺穷的，我爸等于就一直做一个职员，上班挣点儿钱养活这一大家子，几十年也没有什么不动产，也没有什么别的收入，就一直过那种日子。所以按我爸爸我娘的意思呢，基本上没有事儿就不大走动，不大来往。给我们的印象就是说，尤其分了家了，别让人家说好像是娘家都……因为也知道我二姑比较注意这个钱财呀什么的。

杨：追着她们家钱的人挺多的，怕沾着名声？

阎：对，是有这么点儿。我想我爸我娘可能也是因为这个，尽量少来往，不愿意沾这个。所以那几年反倒不如以前，我觉得以前平常我二姑一个礼拜也回家两三次，那一段就不怎么来了……

（6）表兄妹们

阎：（我）表哥去世了，前年去世的。他是因为点儿什么问题，所以解放初的时候也不太顺心……我到今儿也弄不清他到底是什么事儿，反正也离婚了，孩子跟妈走了；后来又结了，后来这嫂子又有一个孩子。他不是跟前边那个离婚了吗，有一儿一女，都不姓贺，后来还做了半天工作，这俩孩子也不认他。等他临死前从天津到北京来，想见见俩孩子。我也给他们打电话联系。志芹的女儿跟那俩也都有联系，让他们见见他爸，他们也没来。他最后来一趟北京，就是想见见他们，回天津没多少天就死了。这表弟呢，后来是半身不遂，瘫在床上几年，后来也死了。等于这哥儿俩都走了，这表弟表妹都是上的中专。

我那表姐呢，等于就上了一个普通高中吧，然后就结婚了，解放初跟丈夫走了，现在还在台湾呢。那男的姓屈，叫屈祥麟，他们家可能比较富有。可能是1948（年）还是1949（年）啊，家里的一部分（人）先跑到香港，后来是从香港又到台湾去了……因为这屈祥麟是两个母亲，我不知道他是前头的母亲生的还是后头的母亲生的。现在家里还有人在天津。

杨：他们家是旗人吗？

阎：不是。好像是天津的吧，比较有钱，是经商啊，还是干什么我就不知道了。前些年我这表姐他们回来还去天津那婆婆家看看。他们是两个母亲吧，是一个母亲带着几个孩子去香港了还是怎么着，详细我就不知道了。反正他们回到大陆还到天津看看老人。那会儿还有老人呢——也许不是老人，是兄弟姐妹，我就不清楚了。

（7）几位姑姑

阎：我二姑的两个大姑子、一个小姑子当时都在家里，那会儿（女孩）一般十七八都结婚了，一说二十几岁以上的就算老姑娘了。她们也是属于清朝末年到民国初年旗人家里的闺女，高不成低不就没嫁出去，或是没有合适的，结果就耽误了。

所以六姑、七姑和十姑等于都算老姑娘了。三个老姑娘在家里呢，也挺闷得慌，有时候就跟着我二姑回娘家。有一段时间志芹的哥哥姐姐，还有哥哥的朋友和一个叔伯哥哥志超，星期天都到我们家去，我爸给他们讲课，讲点儿古文、书法什么的。有那么几次，这三个姑姑都跟着来，她们也就等于出来放放风似的，就跟那小鸟儿圈在笼子里头，也没地儿去。他们那个家庭从经济上没什么问题，但是好像能呼吸点儿自由空气什么的，这也很难得。这是老姑娘了，又不放出去，就这么一直在家捂着，可能也都挺苦闷。她们那会儿已经有点儿新派的意识了，平常有时候去他们灯市口那边的青年会，就是教会，上那儿活动，也没有跟外界接触多的机会。

杨：那他们原来上过学吗？

阎：没有在外头上过学，要上都是家塾，但是都有点儿文化，那个七姑，就是画画儿还挺不错的。他们家那几个闺女，说老姑娘，那个最小的十姑可能也就二十几岁。那会儿好像十六七岁，女的一过19（岁）就好像算比较大了。

杨：他们家那两个男的都结婚挺早，可是这姑娘们愣没嫁出去？

阎：那会儿旗人姑娘都有在闺里待嫁的，条件也就高不成低不就。正好她们这三个姑娘就赶到整个大社会、整个国家这个动荡……那边又有一个小朝廷，也许在遗老遗少这个思想里头还有些期盼，是不是跟这个大的气候有关系？

杨： 我听说，好像她们家这几个姑娘都是老太太管家，老太太一死才嫁人的。

阎： 对，有两个还是我爸爸给介绍的，一个十姑，一个六姑。十姑就介绍给山西报馆的那个老孔，六姑介绍的就是我们在辛寺胡同住的那个房东老太太的弟弟，姓曹，他们家跟曹雪芹的后支有关系。方砖场胡同①有两个小横胡同儿，我们住辛寺胡同②，他们（曹家）住小厂（胡同）③，这两家的院，在院里头又隔着一堵墙，都挺近的。我父亲不知怎么跟房东老太太说起来了，做好事，就把六姑介绍给曹先生。那曹先生是续弦，前妻去世了续弦，后来生了两个，一个叫曹玲，女孩，一个叫什么来着，是曹玲的弟弟。六姑的女儿我们现在还有联系，十姑的女儿，我四姑父去世的时候还见着了，我五叔去世的时候他们也来了，反正就是平常联系不多，但是还算有联系。这两个都是我父亲做的媒给介绍的，我父亲并不是爱管这类事儿，就觉得有这机会能给这老姑娘嫁出去总是好事。

（8）七姑在家特别特殊

杨： 贺姥姥说，她那个七姑好像在她们家特别特殊，这事儿您知道吗？

阎： 她怎么说的？

杨： 她跟我说她七姑好像不是她奶奶亲生的。

阎： 我不知道我说的跟她说的，和记忆当中的有什么差距、不一样？我这个是听她哥哥说的。另外小时候呢，我二姑，就是志芹的母亲也说过，但是没跟我这么直接说，就是从那个话里话外，大人说话的时候好像听出点儿来。据说是志芹的祖母，我们叫亲（音"庆"）太太，

---

① 方砖厂胡同：位于东城区西北部，东起南下洼子胡同，西至地安门外大街。清乾隆时已出现。方砖厂胡同北侧是小厂胡同，其中的21号是为皇宫制造方砖的场所。

② 辛寺胡同：位于东城区西北部，为方砖厂支巷，是胡同里路北的一条小胡同，与小厂胡同并排，1965年整顿地名时部分纳入辛安里。

③ 小厂胡同：位于东城区西北部，为方砖厂支巷，南起方砖厂胡同，北不通行。民国时称小厂，今小厂胡同21号历史上是皇宫制砖的场所，又因为胡同细小而得名。

亲太太本身不是正式的贺家的夫人。她爷爷先娶的那个太太，是一个比较大家的小姐，具体是哪一家我就不知道了。结婚以后生了七姑就死了，死之前呢，就是后来这个志芹她们的祖母，就给扶正了。所以我不知道她（志芹）是怎么听或者怎么说的。

那个七姑呢，当然比六姑小，不知道是不是她们这个亲祖母，已经先生了六姑了，然后这个正夫人才生的七姑，这我就不知道了。那个老太太死了，但是娘家挺有钱的，带来好多陪嫁，就跟他们这个祖母说："我不放心这姑娘，就交给你了，有你我就放心了。"好像是这么个意思，后来这个老太太扶正了。她爸爸行八，她九叔行九，还有一个姑姑行十。那这六姑呢，应该是在七姑前，也是这老太太生的。

所以老太太去世前，没跟这几个孩子说的时候，好像对那七姑都比较偏一点儿。这个大锅饭是在厨房院儿过道那儿，夏天一般就摆一饭桌，大家都在那儿吃饭，但是七姑不在那儿吃。我印象七姑在屋里，她自己起伙，有一个老妈子，还有一个丫鬟。反正就比较特殊，但那会儿也不知道怎么回事儿。

后来老太太死之前，听说，就她们北屋的地下有几块砖是活的，等晚上大家都睡觉了，她让底下人把它挖开，可能就说分什么东西吧，这一份不动，是给七姑的。后来就听说老太太死后分家，反正是七姑得的一份多。老太太可能跟儿子，就是九叔，也包括八奶奶，这儿媳妇儿，说过了，就是说有些家当不是全家的，是七姑的生母生前留下来的，意思是什么东西不能平均分，把她留下的那些东西单给七姑。据说是埋在地里头点儿，是金条啊还是洋钱啊，反正是属于这一类的，直接就能换钱的，不是房产、被褥或者什么东西。

杨：她们家七姑是不是也特别培养啊？好像她们家最有才的就是这七姑。

阎：对，我不知道志芹她怎么说，我不了解这方面的情况。我印象好像也没出去上什么学，但是她学画儿。我小时候我爸有一个扇子，扇面是七姑画的，她是拿手指画画儿。

157

颜伯龙的女儿叫颜家宝，好像颜家宝跟七姑，还有耿彪的女儿，她们三个人后来好像搞一个，是画社呀是什么？反正三个人合着画一些画，据说还搞过展览。七姑呢，一个是她可能分的财产多一点儿，或者她生母留下的东西，有点儿积蓄。另外据说她嫁了一个中医老大夫，这个老大夫好像医术挺高明的，解放初期，是给部队首长和中央首长看病的。

杨：我听贺姥姥说，好像他们俩都是中央保健医。

阎：所以呢，她就觉得她这家里的各方面，政治什么的比较复杂，家里的这些关系都不适合多联系，她就不来往了。他们分家以后，七姑就隐姓埋名，没跟这家里人在一起。所以我二姑死的时候，贺志芹，还有贺志芹的弟弟都挺小的，但是找不着她这七姑，不知道人哪儿去了。

七姑一解放就找不着了，她那老妈子和三姐一直跟着她。是不是80年代以后，还是什么时候了，志骧跟志芹他们不知道通过什么关系找到她了，还去过。后来我就听说，贺志骧不是离婚了嘛，有两个孩子。据说七姑跟志骧说过，如果这俩孩子要改回来姓贺，我就培养他们，送他们出国留学，就是给贺家培养，因为那俩孩子现在都姓孙。后来这孩子的母亲没让联系，具体后来就等于也没……后来七姑也去世了。七姑那些财产怎么着我都不知道了。（笑）

杨：我听贺姥姥说，她祖母去世前办了几件大事儿，把六姑、十姑都嫁出去了，为什么她七姑就没给嫁出去呢？岁数可都40了。

阎：七姑挑得比较厉害，她个人肯定条件高。

杨：七姑所以没给她嫁出去，是不是也因为奶奶不好给她做主？

阎：那也不能不好做主了，因为也那么大了。我就不知道志芹她说了没有？因为我记得小时候听她们说，七姑跟那个肃王府的十七叔还是十九叔啊？

杨：哦，对对对，好像是俩人想好，但是没好成。

阎：对，有过那么一段，是不是因为这个，老太太也不好硬怎么着？或者是说再找一个条件比那更好的，就这么耽误下来了。毕竟这七姑跟六姑十姑从这个人品啊，各方面来说好像就高一个档次，有点儿高不成低不就，所以就耽误下来了，我这么理解。那会儿她们跟那个肃王府的那几个，她表哥表弟什么的，有的来往挺密切的。

我就老听他们说，好像这七姑跟十九叔不错，但具体后来发展得怎么样？怎么又不行了？双方家里边承认不承认？也可能有过那么一段又没成事实，给耽误了还是怎么的，我就都不知道了。

（9）九叔

阎：那个四姑爷呢，就是九叔，那会儿可能也是有点儿钱，就想买一个什么官吧。我印象解放前那时候竞选过参议员，我也不知道他选上没有？干了什么？反正一解放，让有问题的都去交代，我估计他可能就去说了。

反正算历史上有点儿问题，也没有正式工作，好像有一段算什么呢？后来他还是在家里住，可能是属于街道还是派出所管理的那种，就是隔一段时间得到派出所去汇报汇报情况，说说什么。我（知道的）不太详细。可能是过了一定的年头吧，就允许他找工作了，后来他才在一个饭馆做会计，一直没做什么大事儿，就因为历史上有点儿问题。我记得就是在东单那边儿一个饭馆，每天反正下班也挺晚的，可能一直就在那儿，后来他就算退休了。他可能是90年代末就死了。

（10）与肃亲王①家的关系

阎：他们家一个姑奶奶是肃王妃。

杨：是善耆，川岛芳子的父亲，就是他的那个王妃是吗？

阎：对，好像他们家跟肃王还有一层关系，我就不太清楚了。他们好像跟肃王两代，是再早有一代还是后来有一代我忘了，反正是肃王府

---

① 肃亲王：指的是第十代肃亲王善耆（1866—1922），爱新觉罗氏，字艾堂，号偶遂亭主人。满洲镶白旗人，晚清贵族重臣，川岛芳子生父。历任乾清门头等侍卫、副都统、步军统领、民政部尚书、民政大臣、理藩大臣，是中国现代警察制度的创建者之一。辛亥革命后，为宗社党骨干，拒绝在清帝退位诏书上签字，后逃至日本占领的旅顺，两次发起满蒙独立运动，均以失败告终。1922年病死于旅顺。

的。接触多的那个就是"宪"字辈的，我就老记得他们宪十七、宪十九。他们那一辈，就是我表妹贺志芹叔叔辈儿的，就跟我二姑父、四姑父是一辈的。因为他们都叫十七叔、十九叔、十六姑，反正我听着至少那一辈，就从他们叫，有二十一，还排二十一的。十九跟十七常来往，也许是哪个是哪一支儿下来的，哪个近哪个远，弄不清楚。是不是包括川岛芳子？反正"宪"字辈儿的跟他们这仨姑姑，他们这都是一辈的。他们就老说，"宪十九""宪十七"，（笑）具体叫什么我也叫不上来。所以我印象中他们家要说礼（音"例"）儿，过去说"老礼（例）儿"。宪字的那一辈，有亲日的，有去欧洲或者美国留学的，可能后来的趋势也不一样，也不知道宪十九还有谁怎么着了，不太知道。

［附录］关于贺家

贺家老姓赫舍里，据《八旗满洲氏族通谱》记载：原来世居斋谷地方。努尔哈赤征叶赫部时，他们的老祖宗拜哈思任佐领跟随征战。因战功，他的长子宜巴理被授为副将。后宜巴理升任内务府总管、议政大臣，班预十六大臣之列。拜哈思的次子宜拜，自幼从军，后任佐领，因功授予骑都尉，入关之后屡建战功，累功加为三等轻车都尉，后三遇恩诏加至三等男，官至都统兼议政大臣。死后，赠太子太保。贺家是宜拜这一支的后代。宜拜的子孙承袭爵位，他们均在朝廷当官，有多人做过佐领，也有做过礼部侍郎、笔帖式的。贺家的曾祖父赫舍里·英良，以禀生的身份入选，任笔帖式、工部郎中，他还管过漕运，在通永兵备道任职，除任官职外，他还开设过炉房。因此英良积攒下不菲的家财。英良的女儿因聪慧、貌美，嫁与肃亲王善耆。英良的儿子崇铠，据贺家家谱记载，他考取了八旗英文生员，任笔帖式，后在巡警部任员外郎，巡警部改为民政部后，升任郎中。宣统三年（1911），被任命为顺天府尹，因为清廷退位，没有上任。民国后，崇铠因与善耆的关系而被袁世凯逮捕、抄家，不久去世。英良的子女们靠着祖产过着较优裕的生活，受到最好的教育，他们家是旗人中败落得较晚的家庭。临解放，由于变故，家庭急剧破败，家庭成员历经坎坷。

3. 九姑太太和苏大叔

阎：毓俊，我这个亲老祖，他跟前①有我爷爷（一个儿子），还有一个女儿，我叫九姑太太，她排行九，她嫁到苏家②了，我没见过。她的儿子叫苏飝，也叫亦飞，这个可能你姥姥都说过。

杨：我妈都见过。

阎：那会儿走得比较近。等于我们这一支亲的就这两个，就是我亲爷爷跟九姑太太。九姑太太嫁给苏家，实际苏家这一家儿来说跟我们家是最近的表亲。我姑姑这一边儿，二姑家，是阎家的两个女儿嫁给了贺家③，姐儿俩嫁哥儿俩。那个妹妹死了，他们那个九叔又续娶了一个，我们也接着叫四姑，续四姑。

杨：您那个二姑是我姥姥干娘。

阎：对，所以我表哥表弟的管你姥姥叫干姐。

杨：这个苏家他们是旗人吗？

阎：是。

杨：他们家是什么旗的？

阎：我说不上来。原来有一个苏家的材料，他们给了我了，我看了我也记不住。

杨：哦，（看材料）原来是热河都统，正白旗。他们家是辉发那拉氏。

阎：是你姥姥的父亲重抄的。这好像是六老祖儿④写的："授业外

---

① 跟前：是老北京话，谁谁跟前，就是他有几个子女。

② 苏家：辉发那拉氏，正白旗满洲，其祖上麒庆曾在同治二年（1863）任热河都统，其人善诗文，曾著有《麒庄敏诗》《奉使科尔沁行记》《奉使鄂尔多斯行记》。

③ 参见本篇二姑贺家部分及贺志芹口述。

④ 六老祖：参见本篇本家内六老祖部分口述。

161

侄孙"。

杨：就是教他们古文的。

阎：私塾老师。他写的是"授业"，指的是你跟我学的。"携侄景煦"，这就是我爷爷。那时候还是在涞水住的时候呢。他们办那个私塾就在那儿。

我知道苏黻还有一姐姐叫苏兰，他们俩因为母亲死了，就跟着我爷爷我太太了，等于跟着舅舅、舅妈，从小就跟我三叔五叔他们一块儿长大。后来阎家回到北京，也是一支一支地找到自己的房，慢慢地就觉得杀旗人的风潮过去了，逐渐地……

杨：他从小就一直住在您家吗？

阎：不是，我就想，他周末在，他平常去哪儿？是不是他单有一个家，还是那时候上学，他在学校住集体宿舍，这我都不知道了。我现在想，就是周末，我苏大叔基本上除了上我们家，就是上张寿椿他们家。他管张寿椿的母亲叫"常姐"①。

杨：为什么叫"常姐"呢？

阎：她可能小名叫"常"，哪个"常"字？是"经常"的"常"吧。反正像我叔叔、我姑姑什么的都管她叫"常姐"。她是比我爸大还是小我忘了。

杨：大，应该是大。

阎：他（苏黻）那会儿，我想可能是没结婚，不过没结婚的时候，那密斯（苏黻的妻子，外号是英语 Miss）也跟着上我们家去过。我不知道他们苏家那会儿还有人没有，就是那会儿他结婚以前，好像他确实没有什么。

---

① 根据蒋亚男的口述："那时候小名叫常哥，我也是那么听说的，我姑姑比我大的多啊，可能是那'格'字儿，我估计，因为她不是哥哥弟弟的哥啊，为什么不明白。我知道我那阎大爷，就管我姑姑叫常姐，这么才知道，后来问我爸爸，怎么叫常姐啊，就说可能小名儿叫常格，就有个这印象。"根据李宝臣《礼不远人》（中华书局，2008 年，第 186 页）中所述："格格是满语，姐姐之意……犹如'哥哥'的发声一样。"

162

他们苏家有一个老姑奶奶，还有一个什么（亲人），就俩老太太一直跟着他。他父母早就没了，他姐姐苏兰，他们俩人，等于就跟着舅舅舅妈，跟着我爷爷我奶奶，在涞水也跟着。我就记着那会儿说，说："苏黻小时候老尿床。"我这奶奶呢就天天得给他晒被子，这就是小时候，那时候就说这些，说："长大了挺有出息的，但是小时候看着就挺那什么的。"（笑）

他姐姐后来是精神病，就疯了。那九姑太太，我爷爷的亲妹妹早就去世了，他父亲叫苏明超，也死得比较早。是不是他们苏家还有点儿财产或者还有什么人，后来怎么生活的我具体都不知道。

我就知道后来，这是大了，他可能那会儿上大学的时候也住校吧，反正周末也上我们家来。我就记得那会儿，如果说星期六晚上要是打牌，或者是他们一块儿，就是这表哥表弟的在一块儿凑个热闹，吃完饭聊个天什么的，他就住我们堂屋里。

杨：您那个苏大叔不是北师大毕业的吗？

阎：他是北师大的。

杨：上研究生了吗？

阎：可能没有。我印象中，我上初中的时候，我五叔跟苏黻，苏大叔，两个人在一个学校盯一门课。

杨：怎么叫两个人在一个学校……

阎：也许就是他们俩人怎么分吧？就是这礼拜我上还是说……

杨：哦，教一门课，俩人教一门课，然后挣这钟点儿的钱？

阎：对，叫育华女中。

杨：这在哪儿呀？

阎：不知道，就是我五叔把卷子拿回来，我就爱翻那卷子，小孩儿嘛，就挺新鲜的。我还记得学生的名字，因为有加减号的，那会儿是加减号，加号算对，减号算错，跟现在似的，判断题吧。我就能给看那个，因为我正好儿挺感兴趣的，这样儿我知道了。后来我五叔就说："那一半是你苏大叔管的。"我说："怎么还……"他说："我们俩是教一个班的。"（笑）可能俩人都上学呢，读研究生还是上大学的时候。

4．涞水方家的亲戚们

（1）涞水方家

阎：涞水方家那是一个大家族，赓飏的夫人，那个老太太，是方家的哪一支的姑奶奶。从毓俊的诗稿里边看，就是（阎家）"毓"字辈的有很多方家的表姐妹、表兄弟，能给择（音"宅"）出来有 20 多个。我们家从西安逃出来没到北京，就落在涞水了。方家的各支跟我们有的走得近，有的走得远，走得近不一定关系近。

杨：方家的谱系您也弄不清楚？

阎：弄不清楚。后来我们回北京了。方家好多支的后代，那会儿在涞水……三几年、四几年那儿不也算是老区吗，八路军到那儿了，不管是土改呀还是什么，方家有好多是属于地主成分啊，或者是划的什么，就逃到北京了，又都投奔我们来了，所以在北京方家的人还挺多的。开始他们都投奔我们家，然后（我们）再帮着找房在哪儿落户。我就记得王大人胡同家里东屋住过至少三次都是方家的人。

杨：您不是说您家那会儿尽是住闲的吗？

阎：现在我觉得，方家的人他们不会在经济上让你吃亏，他们就是住一段，然后帮着托人找房，找知根知底的地儿安顿下来，就这样联系的有几家。就我说的这个方二姑，她的叔叔，叫方秉五，我小时候管他叫方五爷，跟我父亲差不多大，可能比我父亲还小呢，但是比我父亲大一辈。方五爷有两个女儿，解放初还知道，后来就不联系了。

前几天我方二姑的儿子梅卓良还打听方亚男呢。这个方亚男，我小时候管她叫大姑姑，我知道她父亲叫方鸣九。这方二姑跟方亚男不排着，这二姑比我叫大姑的大，是另一支的。我不知道她们（上辈）名字的"九"和"五"是不是都和他们的排行有关系。你姥姥跟我说，方亚男跟她同岁，又都叫亚男，所以小时候两家大人就说好像挺有缘的。她说解放以后方亚男在西直门住的时候还有过联系，后来就不知道了。

我还有一个十二老祖，就是我大姑太太跟景嘉大爷爷他们的姑姑，就是毓廉的姐姐，嫁到方家了。我小时候还记得呢，就在北新桥王大人胡同东口路南第三个门儿。实际上是阎家的女儿嫁给方家了。那老头儿叫方什么我不记得了。

还有涞水的叫方超然，我们小时候管他叫季四爷。

杨：季四爷？姓季是吧？

阎：他姓方，是不是因为他行四，伯仲叔季，排"季"字？我们小时候都管他叫"季四爷"。他跟那个方秉五，好像都跟我爸爸同过学，是在法文专科学校还是在哪个学校同过学，所以走动比较近。他的儿子叫方兆麟，小名叫山，也是从涞水那边逃到北京，在北京上学，解放前也是在我们家住。他住校，每周末在我们家，然后星期日晚上或者星期一早晨走。他比我大，比我姐姐小。这个方兆麟后来去台湾了，这些年不是两岸关系……他就常回来。四五年前去世了。

方兆麟我叫他表叔，他父亲埋在涞水县了，可是他们家这支在涞水已经没有人了。这个涞水县管这事的人呢，知道埋在地里这个人有个儿子在台湾，他们老想借着这块坟地，就是说你父亲在这儿埋着呢，你得给我们投点儿资啊，干点儿什么的，就老想借这个由（头）。他（方兆麟）说："我也没这个能力，我也不愿意牵扯这个事儿。"他只是公职人员，他既没有经商，他又不是什么大的官。他就说："在我有生之年，最好别再给孩子留什么麻烦了。干脆把我爸那坟迁走。"他自己又不好办，他托我给他父亲迁坟，后来是我跟我妹妹阎枫俩人去，也就算把这事儿办了。是九龙山还是九里山？在那儿给他买了一个穴位，在他活着的时候就给他办完这事。坟从那儿迁出来，反正也挺麻烦的，弄得挺"有意思"的。本来电话里都说好了，可到那儿后等等等，老不来人，最后太阳落山了，五点半人才来。人家觉得理所当然的，原来是迁坟不能见太阳，一定要太阳落山。结果弄到夜里一点多这事儿才算完。他倒是带了迁坟的一个工程队，活儿干得还可以，他那坟还是棺材呢，挺大的。现代所谓迁坟，也只是把遗骨象征性地拣出几块，带回来，然后再去新买的墓地，放在骨灰盒里埋好。涞水那块地就留给当地（生产队）处理了。

杨：就是说那会儿逃到北京来的，好多也都失去联系了？

阎：对，落在北京的应该不少，但是后来就没联系了。说实在的，现在叨咕起来这支、那支，关系并不是很近。

（2）方家的亲戚——梅家

杨：梅家跟您家是什么关系？

阎：方五爷的侄女，我叫二姑，是方家的姑奶奶，嫁到梅家了。

杨：是从您家连到方家，方家再连到这梅家？

阎：对。跟方家就是这一支走得近，方家还有其他支的，跟他们呢又不是一支，具体是方家的哪个系统我就不太清楚了。

杨：我明白了，您家不是三代跟这个方家联姻吗？

阎：好像是。

杨：跟您家来往的亲戚不一定都是同一个支上的，所以他们之间可能不认识。

阎：我这二姑去世前我去涞水，聊天说话儿，方家的季四爷和他的儿子方兆麟，这个我们走得近，但是他们之间不知道。

杨：我还没弄明白这梅家到底是谁家？

阎：就是我这方家的二姑嫁到梅家，就是她的婆家。梅家在易县是一个大族，好像主要就是看皇陵。

我这二姑是续弦，前妻有个儿子，我叫大表哥，这大表哥现在快90（岁）了吧，还活着呢。这二姑呢又生了两个，还是儿子，她没有女儿。所以我小时候她就一直挺喜欢我的，就走得近。

我这二姑的丈夫是国民党部队的，反正是个中等官吧。他家里成分高，不知道是划了地主还是咋回事儿，涞水、易县那儿也算老区了嘛。日本投降了，就从老家跑到北京来了。先是奔我们家，后来就在我们王大人胡同家的斜对着一个横胡同叫大康里，现在好像叫永康里几条，在那儿他们租了一套房，就是一个独门独院的，住到那儿。他租的那个房原来住的是日本人。还说有一个日本丫鬟是因为受虐待，扎水缸里死了。我们家有时候周末来人，住不下了，就让我上二姑那儿住去。我老害怕，不敢睡，（笑）老拿被褥把脑袋蒙上。

杨：这梅家主要还就是看皇陵的？

阎：据说主要都是看皇陵，等于那会儿叫当差吧。我这么想，就像那个《红楼梦》里写的，比方说他父亲这一辈当差，不是跟一般的老百姓种地那样，他就有条件把儿子什么的供出来，出去上学了，这样可能出去得比较多。

我问过他们，梅家这一族大概最早就是在易县那儿看皇陵，所以他们的后辈就很少有在家里头刨坑种地的。但是子弟，包括我们这一辈人，还有我们上一辈人，就是清末到民国那时候，好像就都出去了。要不然这个二姑的丈夫怎么会当上国民党部队的官儿呢？至于他们家（方家）其他的亲戚我就不太知道了。

后来有一个偶然的机会见过一个人，跟我算一辈儿，年龄比我小点儿。他的父亲叔叔什么的早就都出来了，都上外头上大学，大学毕业了做什么事儿。我觉得这梅家可能也就像涞水方家似的。这方二姑最后又回到涞水，跟着三儿子在涞水度过晚年。前几年，也就前三四年吧，去世了，九十几岁。

5.　姑表亲——蒋家

（1）与蒋家的渊源

杨：我姥姥一说家里的亲戚，我就追问她，咱们的亲戚是怎么论（音"赁"）①的。我姥姥的祖母不就是阎家的姑奶奶嘛。

阎：我们捯出根来了，那一辈的两个姑奶奶嫁给蒋家的哥儿俩。一个是行三，一个行四，还是行四、行五啊，反正是俩，哪一支？说不清。我们后来续了家谱，原来家谱里边女的都不入谱，我们也捯着根地

---

① 论：北京话，指家族之间传承的关系如何排序。

找，后面有名有姓的就都给写上了。嫁到蒋家的那姐儿俩，是哪一支的，不是我们毓俊、毓贤这一支。

后来推到毓伟，这是我们推（算）出来的，按年代按什么，他的两个女儿，我知道你太姥爷的母亲，我们叫四姑太太，那个五姑太太嫁给了你姥姥的四爷爷。这是四弟，那是三哥，他们这哥儿俩。

杨：我们家和您家的亲戚关系其实挺远的。

阎：远一支儿。

杨：都不止一支儿了，您想想，从赓飏到这儿（毓伟），这就一支儿了，到景字儿，又差一支儿，等到我太姥爷跟您父亲的时候，就基本都出五服了，但是走的倒特别近。我太姥爷跟您父亲关系特别特别的好，我就以为是比较至亲的呢。

阎：是。我们从小叫你太姥爷，都带着姓叫，叫蒋大叔。

杨：我姥姥不也叫阎三叔、阎五叔。

阎：张寿椿的母亲，是蒋大叔的姐姐，就是他们这一辈儿的表兄弟、表姐妹，这三家，除了我那个亲姑姑以外，这些表亲里头，确实是走得最近。

阎：对，可能就因为小时候一块儿上学，另外有共同语言。

杨：对，老在一块儿吟个诗啊，作个诗什么的。

阎：好像思想感情什么，都挺近的。

杨：但是其实我这么一看，都快出五服了。

阎：蒋大叔从小跟我爸爸在我爸爸的六爷爷那儿一块念书。就是我们颜札氏，毓贤的六弟办一个家馆。蒋稚云蒋大叔跟我爸爸还有同族的一些吧，都在那个馆里上学。

杨：我终于弄清楚了，我太姥爷是怎么上的学，怎么受的教育。因为那会儿就说，因为父亲死得早，家里苦，可是我太姥爷先投奔哪儿，再投奔哪儿，怎么上的学，根本不知道。那就是说我太姥爷最早不是回的北京，应该是投的涞水。

阎：蒋家是不是也投到涞水了，我就不知道了。反正呢，我知道我爸爸和蒋大叔一块跟我这六老祖念书，开始是在涞水，后来到北京。他们住到哪儿，我就不知道了。

我大弟弟跟我说过，我爸爸死以后，蒋大叔还上我家去过几次，跟他说过好几回："你别以为咱们多远，我跟你爸爸是亲表兄弟。"我说："他说的是不是走得亲走得近？"就是从我爷爷那儿，包括毓贤下一代，都没有姑奶奶嫁到蒋家。绝不是亲表兄弟。我们上一辈活着的有个六叔，他不知道蒋家这俩姑奶奶是哪一支的，如果是我们这一支的，他肯定知道。还有我叫三姑的那个，就是毓贤的亲孙女，我也问过。她的这俩姑姑是哪一支的她也不知道。那就是说不是毓贤跟毓俊这两支的，都不是赓飏的后人。

所以蒋大叔跟我弟弟说："我跟你爸是亲表兄弟。"我觉得一个可能我弟弟听错了，或者理解错了。一个就可能在什么情况下说的，表示这个亲就是走得最近最亲。确实，他们在诸多的表兄弟这一拨人里头，他们俩比较投缘，有共同语言，互相来往得也挺近的，这个是事实。

杨：我看好多代隔着这么远，但是还都走得那么近，但是往后就不行了。您感觉大概从什么时候就开始越来越远？

阎：解放初，我们这一辈人受社会的熏陶教育，就是旧的亲戚好像都……就甚至于跟自己的家庭都应该，不说一刀两断吧，那会儿就等于要隔断旧的这些关系……那会儿还没有什么"破四旧立四新"的说法，"文化大革命"以后才说"破四旧"。但是等于这个旧的，就是一解放就觉得自己要投身革命，要跟着党走，这一代人，不管他本身是不是党员之类的，就是这一代人都是这么一种想法。

（2）蒋大叔

杨：我听我姥姥说过，原来他们也住北新桥。

阎：我知道的他们住西四受璧胡同①。

---

① 受璧胡同：位于西四北大街西侧，全长 503 米。明代称熟皮胡同，因当时有熟皮作坊在此而得名。因熟制皮料臭气四溢，后又称臭皮胡同。1911 年后以谐音改称受璧胡同。1965 年胡同整改时，改称西四北四条。

杨：1936 年从北新桥搬到受璧胡同。我太姥爷不是在香河出了事了，香河事件，后来就搬到受璧胡同了。先搬到方家胡同①，也是北新桥这边，然后搬到受璧胡同了。

我听我姥姥说，我太姥爷也有这派儿。

阎：（笑）可能。

杨：他们原来住受璧胡同的时候，为上班，就隔一条胡同，还有一个包月车呢。

阎：穷讲究。我爸爸是退职的，所以后来没有工资，没有收入。

杨：我太姥爷也是这样。

阎：蒋大叔有一个是表哥呀是表弟呀，姓金的，在师大人事处，叫金永龄。

杨：您说那宝叔鸿的儿子吧？那个表的就更远了。我太姥爷的祖母是皇族，跟启功他们家挨着的。宝叔鸿后来他们姓金了，我太姥爷通过他们家的关系调到师大去了。

阎：嗯，那你太姥爷也算退职，不算退休。

杨：不是他辞职的，老闹病，人家就不用了。本来在粮食那个单位挺好的，后来愿意上师大，觉得师大名头儿好，结果就……本来要在那儿可能就算退休了。我太姥爷儿退职之后就什么辙都没有了，然后我姥姥他们仨一人一个月给 10 块钱。我那续太姥姥一个月有 20 多块钱退休费，就那么过。

阎：对，她是小学教师是吧？是哪一年，你原来那太姥姥还活着呢，就是身体已经不行了。我有一次见了你太姥爷跟这个，他们管她叫五姨儿。

杨：对，有点儿亲戚。

---

① 方家胡同：位于东城区北部，雍和宫大街西侧，呈东西走向，为元建大都时所辟。明朝属崇教坊，称方家胡同。清雍正九年（1731）开始设南学于方家胡同东部路北，内火器营马队也在此巷中。循郡王府在方家胡同 13 号、15 号。为北京市重点保护文物。胡同内还有清末办的北京第一代图书馆——京师第一图书馆。

阎：那会儿就是夫人没死呢，等于有外遇了，那会儿还算年轻呢，印象挺深的。

你亲太姥姥可是比较贤惠那样的，不是对你那太姥爷挺厉害的。我印象就是亲戚里头都管你太姥姥叫小媳妇儿，我不明白这是怎么来的，就一说"小媳妇儿"就知道说的是稚云的夫人。

杨：我太姥姥就没文化。她们家同样也是警察，还是署员呢。那时候一个月……我问过我太舅姥爷，一个月大概挣 70 多块钱。

阎：那你说的是什么时候？

杨：三四十年代。三四十年代挣 70 多块钱挺高的了。

阎：我都没问过我爸爸挣多少钱，到现在也不知道那会儿的物价怎么着的。

杨：那您说说对跟我们蒋家来往有什么印象？我感觉好像生活差不太多。

阎：差不太多，就是家庭都属于有文化、有知识，但是呢又不是官宦，又不是做生意，所以在经济状况上，在社会地位上好像都差不多。

相比起来，张寿椿她们家比我们这两家经济状况……是不是她们原来有点儿底儿啊？

杨：她们家有底儿。

阎：可能好一点儿，反正那会儿就是看她们家过日子的情况就比我们这两家好一点儿。我们这两家基本上就一个人，那会儿叫做事儿，就是靠这工资。我们家呢又是一个大家庭。

杨：您对我太姥爷有什么样的印象？

阎：我印象跟我爸差不多。我觉得他们俩人吧，都是肚子里有点儿水，都有老底儿，但是都有点儿那种你说是清高啊还是什么呀？因为他们俩人到最后都是……就是解放以后，或者是政策或者是安排，或者是主管他的那上级具体对他的事情怎么处理的那个态度不满意，接受不了最后呢就离职了，就没落下一个退休。我觉得这俩人有些地方确实还都挺像的，可能就跟他这个成长过程，跟家庭的影响都有关系。

171

（3）蒋大姑——张家

阎： 你太姥爷的姐姐，我叫张大姑。她也是比较寂寞吧，老希望这些表弟表妹的聚到她那儿。

杨： 对，他们家成天都是牌局。我姥姥家里头基本都不玩儿牌，我太姥爷好像也不怎么去他们家玩儿牌。

阎： 有的时候到晚上要不回来，或者是找不着我爸了，我娘就让我去打电话，就打给张寿椿的母亲。

杨： 他们家有电话？

阎： 都是借电话，他们住的旁边有一个铺子，打到那个铺子，那铺子给送。我们这儿呢，是有一个叫永顺成（的铺子），永顺成就在王大人胡同中间偏西路南，离我们那儿不远，也就走上个二三百米那样。到永顺成去打，或者是接这个电话。这永顺成可能有张寿椿他们家股份。

杨： 这是干什么的？

阎： 就是粮店。全是他们家的还是他们家有一部分股份我就不清楚了，反正知道有股份。所以我们去永顺成买东西，都知道是亲戚，也挺客气的。我们那会儿有时候实在不行了就说先……那会儿叫赊着，先把粮食买回来，到月底再还。他们好像家里还有点儿老底儿吧。

杨： 对，他们家富裕。

阎： 从定宜庄写的那个采访看，他们家甬管跟金鱼胡同的那家是什么关系，但是他们总还是一个系统的，可能过去有点儿老底儿。我印象中，那会儿在小经厂①就是自己的房子，然后又搬到骑河楼妇产医院那儿。

杨： 我姥姥结婚就租他们家房住。

阎： 哦，好像骑河楼那小口外头也有一个粮店，是不是跟他们有关系？我们王大人胡同有一个永顺成是他们家的，好像骑河楼那儿也有

---

① 小经厂胡同：位于安定门内大街西侧，呈南北走向，中间曲折。北起分司厅胡同，南止鼓楼东大街，东邻西公街，西与北下洼子胡同、大经厂胡同相通。全长347米。据传这一带原是为大、小佛寺晒经卷之地，故而得名。

一个。

杨：他们家好像是前店后厂，他们住那粮店后头。

阎：那就可能了，因为打电话老是那个粮店接的。

杨：那他们家不止一个粮店，他们家好几个呢，已经知道的就两个了。

阎：所以我说他们可能有点儿底儿。有房子有铺子，至少这样。

杨：但是房子卖得也多了。

阎：是，就是这么一个情况。（笑）我张大姑比我那姑爷岁数小不少呢，她是续弦。张寿椿是张大姑生的，她最大，她还有一个弟弟叫张寿广，后来十几岁的时候死了。

杨：他们家不是1937年好像几天死了好几个。

阎：对，一个什么病，一传几个人，张寿椿还有妹妹，那时候也死了。我原来那个老伴儿，他有一个叔伯爷爷跟张寿椿她爸爸是同事，也有些来往，后来怎么说起来了，张大姑说："他们家我知道，他们家过去可讲究了。"说上来倒茶的时候，那丫鬟都是一对儿一对儿的，就是两个人一对儿。比如说给你倒一杯，给他倒一杯，不是我一个人倒这两杯茶，就这两个丫鬟端着盘上来，这个给你，那个给他，然后又下去。好像家庭条件都挺好的。这说的是我死去的那个老伴的家里早年的情况。我问我那爱人，他就乐，不言语。这里说这个事儿的意思是说张大姑那时是属于"有闲"阶层的家庭主妇，生活比较富裕，结交往来的人家也都比较富有。

我张大姑年轻的时候也算挺漂亮的。嫁给这么一个比她大点儿的人，给他做续弦，好像觉得有点儿委屈之类的吧，大姑爷就什么都挺宠着她的，所以就形成了在家她说了算。家里的一切事儿，她不动弹，不具体做操劳的事儿，都是指挥，而且指挥呢，你还都必须都按照她的做。老头儿呢本来是一家之主，但是"太太，太太"的，还特小的声，"太太，这个菜咸不咸哪？"就这样，特小心的，（笑）要不说："今天熬粥搁绿豆啊还是搁红豆啊？"就得请示，就这个派儿，也不知道怎么

173

形成的，多少年都这样，我印象特深。

杨：我听我姥姥也是这么说。（笑）

［附录］关于蒋家和张家

蒋家的姑娘，也就是蒋亚男女士的姑姑，嫁给了张寿椿女士的父亲。他们两家是姑表亲。因为蒋家这一辈只有姐儿俩，所以蒋家和张家关系特别密切。

蒋家是一个历经明清两代为官的大家族，据蒋攸铦著、其子蒋霨远校刊的《砺堂自撰年谱》所述：他们祖籍是浙江诸暨，始祖蒋贵。据《明史·蒋贵传》记载：贵"以燕山卫卒从成祖起兵。雄伟多力，善骑射"，积功封定西侯，世袭。袭爵的是蒋琬、蒋骥、蒋傅等，均为武将。蒋贵的次子蒋忠，因父功荫封辽东卫指挥使，举家迁往辽东牧羊城。从此蒋家这一支世代定居在辽东，镇守边关。

蒋家入关始祖是世居辽东铁岭卫的蒋有芳，隶属汉军镶蓝旗，顺治元年（1644）自辽东锦州卫随清入关。蒋世瑚入关后定居固安县，诰授怀远将军。他的后世子孙都为清朝官员，其中著名的有蒋毓英，康熙二十三年（1684）调任台湾府的首任知府，到任后合理制定田赋，罢撤不急劳役，捐薪俸兴建义学，编修了第一部《台湾府志》，后官至江西按察使、浙江布政使。蒋毓英的曾孙蒋攸铦，字砺堂，乾隆四十九年（1784）成进士，年仅19岁。历任两广总督、四川总督、直隶总督、刑部尚书、拜体仁阁大学士，充军机大臣，加太子太傅。其次子蒋霨远，道光十五年（1835）乙未科进士，官至山东按察使、浙江按察使、贵州巡抚。他们的曾祖父在清代曾在山东任道台。民国后，蒋家父亲在北平市政府做职员，继承家庭传统，注重子女的教育，力图让子女有一技之长，以立足于社会。

张家是内务府满洲镶黄旗人，叶赫那拉氏，祖上情况不详。只知道他们的曾祖父与清末重臣那桐是兄弟。张寿椿的祖父那盛在故宫御膳房当七品官，她的大爷爷那昌曾在江苏做官，据说官不小。她的父亲字写得不错，曾在故宫当过笔帖式，民国后在北平市卫生局做职员。家里原有些房产，还开过粮店等，家庭经济条件不错，后来也是陆续变卖。受舅舅家的影响，父母培养他们兄妹上学读书，他们都受到了高等教育。

此外，还可参考定宜庄老师的《老北京人的口述历史》中张寿椿和蒋亚男的口述，对张家有比较丰富翔实的记载。

（4）蒋东桥

阎：你太姥爷有一个叔伯哥哥，我小时候印象比较深。他号叫东桥，我叫蒋大爷，他有个妹妹我叫蒋大姑，我不知道他们算蒋家哪一支的。他跟我爸也挺好的，老上我们家去，和我们挺熟的。这哥儿俩特别苦，都没结婚，他们住东直门那边的一个小胡同里。我也老上他们家去。一个小东屋，还没我这半间大呢，两个人在屋中间拉一个帘，妹妹在里头，哥哥在外头，一人一个也不是正经床，拿铺板支起来，那会儿就叫搭一铺。

杨：我知道了，那是我姥姥哪个爷爷的孩子。五爷爷还是什么呀？我姥姥说过。

阎：哪一支行儿，就不知道了，老叫东桥东桥的。他妹妹那会儿呀，已经三十多了，她去的那个地方呀，后来我分析就是比较低级的舞厅，好像不算妓院，因为她不住那儿，她就是半夜回来，大概就是舞厅。就是日子过得挺穷的，但是到晚上都得擦胭脂抹粉，穿的挺像样的去上班，印象中这哥儿俩挺不容易的。

这哥哥呢，后来有个事儿，就在鼓楼，相当于后来说的区文化馆。他会画点画儿，里边有点展览，相当于科学常识性的展览，关于人体解剖的，科学发展的呀就这些，他在那儿工作。他还给我画过梅花，我印象挺深的。

他们主要就是因为吸鸦片，都抽大烟，可能都是因为这个才穷困潦倒的。我分析是，当然当时整个社会是那样，虽然年轻，也会点什么有点什么才能，但是没处去施展，再加上他有点钱就都抽了。

他们那北屋住一个女的，好像是临时的。这个女的带一个小孩儿，跟我一边大。他带那个小姑娘上我们家来过，就说跟我一边大，一块儿玩玩儿，也没玩儿多长时间就走了。我上他们家去的时候，那小姑娘要在北屋呢，我也跟她玩玩儿。那小姑娘不怎么说她的情况，我也不知道她叫什么。我就听他们大人说，那女的不是她妈，就是说这个女的有点儿像过去青楼的老鸨子，老板娘，从南方不知道是买的还是拐骗的这么一个小姑娘，这小姑娘特聪明。据我爸爸跟蒋大爷他们说，就是她这桥牌打得比这些大人都好，说是高手。她是怎么练怎么学的不知道。带到北京来，大概是想把她往哪儿送，挣一笔大钱。有这么一个事儿。

杨：这女的也不是北京的？

阎：不是北京的，南方口音，可是这小孩儿能说普通话。我那会儿也不懂，就我们俩一块儿傻玩儿会儿，大概人家不傻，人家特精。（笑）他们都说："这小姑娘真是精，什么都……"脑子特快，眼睛一转就一个新招，她长得也挺漂亮的，看来是有意培养的。不知道最后怎么着了，就连那蒋大爷最后怎么着都不知道了。

6. 我的干爹罗家

阎：世交一般就是几代人都有老的交情，是老的朋友。他们家姓罗，是绝对的旗人，罗家原（老）姓是什么我忘了。这家跟我们家应该说不是亲戚，就是世交。我和我大弟弟的干爹①，都是女的，实际在她们家也都是老姑娘了。

他们家是这样，上头俩姐姐，然后俩弟弟，底下再一个妹妹，这么五个。这大弟弟呢，他好像一直在东北，后来回北京了，带回一个东北的夫人。这小弟弟我叫三叔，后来干什么我不知道。

杨：那您弟弟的干爹又是谁呀？

---

① 干爹：老北京人，尤其是晚辈管没有结婚的老姑娘不能称呼为干妈、姑妈、大妈等，要求按男性的称呼，如姑爹、干爹等。

阎：就是我那个干爹的妹妹，二姑姑。仨姑娘最小的，就是那个五姑娘，我叫五姑娘。

我干爹的父亲，我叫干爷爷，他等于在宣统那会儿做过……那算驻日大使，所以他们全家在日本待过。他们上一辈具体我就不知道了。

杨：那查查宣统的时候，谁是驻日大使就能查出来，宣统就三年。

阎：不是，估计是在东北那儿，康德政府的时候，因为后来他们不大说。我也就是每年过年的时候去给我干爹干爷爷太太拜年。我干爹，因为她也没结婚，也没孩子，我每年过生日老送我东西。现在我想起来，送我的东西其实都是日本带回来的。

杨：哦，那就是说您小的时候他们家是在日本当大使？

阎：我记事儿的时候已经回来了。你想，我10岁整生日的时候她送我一件大衣，还有一件什么玩具，我就觉得在国内很少看有小孩儿穿那样的。另外，那会儿北京有几家有暖壶啊？他们家大暖壶、小暖壶，一个一个排一大排。北京那会儿也就是一个瓷的水壶，有提梁，那水壶就这么一个圆柱形的，然后外头有一个套，壶套，蓝的棉的。

杨：这不是保温的嘛。

阎：对，过去家里头也就是那么一个，能保温。我印象1945年以前没有几家有暖壶，现在叫热水瓶、保温瓶。解放后出的暖壶还都是藤子编的那种壶套呢。另外过去烧水有氽儿，就跟杯子似的，是洋铁打的，细长细长的这么一个筒儿，也就这么高吧（示范）。这边有一把儿，灌上水，火炉子是这么大的一个口，它能搁到火炉子口里头去，底下是煤球，烧水特快，所以叫氽儿。来人了就拿那个烧水，挺快的就开了，就沏茶。我记得我们小时候，要是觉得谁家有个暖壶，确实就比较新奇，就好像咱们这儿70年代谁家有冰箱似的。

他们家也是我说的那种，一直到解放前或者解放后，应该说社会地位也好，经济状况也好，就是一落千丈，已经很窘迫了，但是那个派儿，那个礼儿还都挺明显的。

杨：要说他们家是康德政府的驻日大使的话，那到1945年应该一直都还不错。

阎：我不知道我干爹他父亲干什么，反正他们家就全从日本回来了。1945年我已经11岁了，好像在这之前他们已经回来了。我嫁到贺家那个二姑，有一年，带着我去我干爹家，她们说些话。回来我二姑还跟我太太、跟我娘学说，说罗家跟贺家的老辈好像也有点儿什么关系。我听着他们总想打听点儿贺家和肃王府的事儿，我二姑就说："不知道，不知道。"

我这干爹后来是我爸给她介绍的，等于也是续弦，跟一个老头儿结婚了。这老头儿是吴国桢的叔叔。吴国桢是解放前的上海市长，后来到台湾，开始是台北市长，后来让蒋介石排挤走了。他后来就是等于移居美国的西雅图啊是哪儿。

那老头儿在文史馆，是我爸替他给文史馆写一封申请信，给他批下来了，他就算在文史馆挂个名。我就记得我爸爸说（管这老头儿我也叫干爹）："你干爹那个事儿，我给他办好了，他现在每个月可以领80（块钱）。"那会儿80（块钱）不少呢。结果他工资比我爸还高呢。那文史馆不是天天去，就是一个礼拜或者一个月开几次会，然后他们就写一点儿回忆，或者是让他帮着做点儿什么工作。其实他跟吴国桢也联系不上，但是对这些原来的遗老遗少还是后来的跟国民党军界、政界有点儿关系的，可能都尽量地统战吧。我爸爸就是那样，这朋友托的，亲戚请的，都是觉得要办这样的事儿，让他写准行。（笑）后来就给申请下来了。

7. 姓伊的远亲

阎：我想起常来我家的有这么一位，可以算是一位"京旗"家庭培养出来的，近乎"怪人"的不寻常的人物。他和我父母年岁差不多，是我前面说过的颜（忆里）大叔的远亲，姓伊，应该是伊尔根觉罗一族的后人。此人是辅仁大学生物系毕业，解放初在33中教生物。他不大过问政治，既无什么反动言论，更无任何作风问题，但后来就被学校

"革职"，成了无业游民。可能是革职后打算让他去边远地方开荒劳动，他不去，后来就把他的粮票等生活供应全给停了，他就无以为生了。他一辈子未婚，就一个人，过着穷困潦倒的日子。他家是祖传的中医，治疗疑难病症，特别是正骨推拿方面很有办法。据说曾给一位中年男人看病，该患者腿疼已半瘫，下不了地，人瘦成皮包骨了（肌肉萎缩了），他站在炕上，用手攥住病人的两只脚，把病人倒提溜起来甩了几下，再放下，然后让病人站起来走走，病人哀求说："我都好几个月下不了地了，哪能走呀。"他鼓励病人慢慢站起来，迈腿……这人还真的能走路了。患者家属很感激他，便送他"号金"（挂号看病的钱），他一般都不多收费，只收点号金，如果有富裕就给点粮票……那二三十年就靠着这样"行医"混个"半饱"的生活。

要追问他怎么落到这步田地的，应该说是与从小在家庭受的影响有关。家境可能曾经不错过，否则也不可能上到辅仁大学，可他这个人就是这么个"习惯"——我行我素。什么制度啦、规矩啦，一概不放在眼里。比如他给学生上课，手里老提着个（布的）书包，里面装些零食等，讲着讲着课，忽然停下来说：不行，我得先吃点东西，也许拿出一个烧饼，吃几口，也许抓出几个山里红嚼巴嚼巴，吃完再接着讲。学生当然没见过这样的老师，校领导找他谈话，他说："这我改不了。"可能后来没别的办法，就把他"辞"了。他好像有个姐姐还是妹妹，是正经有行医执照的骨科大夫（大概在丰盛医院）。后来他多次申请，记得是80年代末，经教育局批准，给他恢复了公职，按正式退休待遇，晚年就有了固定收入了。他六七十年代常上我家坐坐，也给我娘看病，开个方子。我娘就是那种惜老怜贫的人，家里虽不富裕，也隔三差五地给他点粮票什么的。这人潦倒到什么程度，举个例子，他住一间到处漏风的破屋子，窗户没有玻璃，是糊的窗户纸，风把窗户纸刮破了，他也不去找纸再糊上。他拿个破碗用水和点泥，躺在炕上抓一把泥冲着破窗户"玩"搋泥馇馇……

179

8. 婚姻与门第

（1）世交间的联姻

杨：我感觉您家世交挺多的，就是从几代婚姻来看好像都是世交，或者有过联姻。

阎：我觉得就是从毓俊的诗稿里边能看出来，当时他那圈儿里边的人吧，后来成了我们家亲戚的，都是朋友之间互相就定了儿女亲家，至少我觉得我爸爸那个姥爷家……

杨：您父亲的姥爷家不是震钧他们家吗？

阎：对对对，后来姓唐了，唐家。从那里头（毓俊诗）能看出来当时，是同窗啊，朋友啊，现在话就是铁哥儿们，都有共同语言，是一个圈子里头，可能就一块儿结着伴儿去旅游啊，一块儿吟诗喝酒啊。然后呢，正好你家是闺女，我家是儿子，就联姻了，我看可能都有关系。比方说跟苏家吧，就是毓俊跟苏大叔的爷爷在一块儿，然后就给儿女定的亲家。

杨：那徐家不也是吗？

阎：应该也是朋友。

杨：徐家跟李家他们联姻，然后又跟您父亲这儿又联上了。

阎：（笑）我就记得我姑姑叔叔都管我姥姥叫四大大。我后姥姥孩子们按照前头也那么叫。我姨、我舅舅都管我祖母叫六姨儿。我小时候就听着觉得挺可乐的，怎么回事儿？大了就弄清楚了，这么个关系。

我这个续祖母小时候好像父亲母亲没得早，跟着她们的四叔四婶。我有一年去三峡，就说那个悬棺还有栈道。我记得我这个祖母说过，她说她们小时候跟着四叔四婶，那会儿做什么官她也不知道，比如从四川给调到湖北了，她说是全家说有七顶轿子，就都得从这栈道走。她说有一天走到晚上，就说不走了，为什么呢？那栈道塌了，前头一家子全掉下去了，说还没修好呢，让我们就住店了。我就听过这样的事儿。具体她也不知道是从哪儿到哪儿，她叔叔是做什么官？干什么事儿？她还小呢，那是徐家。

杨：徐家，您不是说是徐桐的后人吗？

阎：是徐桐的后人。

杨：徐桐是第几代呀？徐桐跟那个毓贤应该是差不多的。徐桐跟毓贤都是支持"义和团"的，他们应该关系不错。

阎：后来徐桐不知道是赐自尽还是怎么着，反正不是正常病死的。所以后来我就觉得我这个祖母她们家里的人也是回避这个，就从来不说不什么的。我记得我小时候我爸爸说过这个事儿，说："你太太她们是徐桐的后人。"我那会儿也不知道徐桐是谁，后来就知道是个大学士，挺有学问的。我这个祖母活到90多（岁），有时候说话我问起她来，她真不知道。而且她们徐家的人可能为了回避以前历史上的这些事儿，就都隐姓埋名了，没有什么来往。

他们有一个叫姨儿妈，是小脚，就是我祖母的父辈的姨太太，不知道哪房的。她原来跟着女儿，女儿女婿去台湾了，她就落在上海了。上海后来又待不下去，她就找到北京了，到北京是想找徐家的坟地。我就记得说坟地在大柳树。

杨：那不就在西直门外嘛。

阎：在大柳树那儿坟地住了一段，也不知怎么打听着我们家了。我们家里我祖母跟我母亲都跟徐家，或者直系的，或者是差一辈的，都是徐家的后人。这老太太后来就在我们家，五几年以后一直在我们家住着，我们就管她叫太姥姥。这老太太到"三年困难"时期吧，家里实在难，人多，粮食不够吃，就通过街道把她送到清河养老院了，后来就不知道了。

（2）旗人家的老姑娘

杨：您再说说旗人家的老姑娘，您不是特别说那是很明显的一个问题嘛。

阎：那时候清朝已经完了，但是作为满族的旗人家，可能沿袭下了原来的那一套……我想是不是过去如果属于兵丁那些比较下层的，本身就是劳动人民，也许就没这问题。那个官宦家庭，越是曾经在上层待过的这样一些家庭，可能就有这问题。有流传下来一代一代家里的风气吧，就有点儿高不成低不就，不是像人家十六七岁就找合适人家嫁出去了。一般亲戚里头这个老姑娘，你要是捯到根儿，像贺家吧，就都是原来家境比较好，甚至于像他们……

杨：他们家后来不是一直都挺好吗？

阎：像跟王府沾亲带故的这样的家，这样的家呢，过去姑娘大了不能随便先许配人，得准备着宫里头或者府里头选秀女什么的。姑娘在家里养到一定岁数，你首先得等着宫里头挑，然后再考虑谈婚论嫁，我想可能是这个影响。我印象中像贺家、罗家，我这两家亲戚的女孩儿，都是我上一辈，在家里头，那会儿都说是老姑娘了，像贺志芹的三个姑姑。这三个姑姑，我想也就是20（岁）到30岁之间，那要按现在说都不是说多老的老姑娘，但那会儿就觉得算比较大的了。后来结婚，不是续弦，就是对对方不那么如意吧。

杨：有点儿下嫁的那种感觉？

阎：哎，因为那六姑是续弦，这七姑是续弦，这十姑呢，倒不是续弦，老孔可能比她大得多还是怎么着，具体我不太知道，那老孔我就见过这么一次。

像我干爹家呢，等于我干爹是老大，大女儿，她有两个妹妹。那个我叫五姑的，是他们家老五。这个女孩儿还好，等于在日本上了学，回到北京以后还不大，不至于说是20多岁了。后来她自己工作，找着合适的，这么结婚了。上头这两个，一个我干爹，一个我二姑，那都是比较大。后来我干爹嫁了也是续弦，等于那前妻死了。那个二姑也是，嫁的也是续弦。我就想，可能旗人家的，尤其是官宦的后代，都到民国了，还延续着过去的那个影响。实际现实就是高不成低不就，老觉得嫁得不太理想，就不愿意嫁出去。这都是家里，实际这姑娘本身可能并不愿意这么在家老守着。

杨：那您说的这时候都40年代了，40年代的时候还不能自由恋爱吗？

阎： 三四十年代，像我二姑家的这几个姑娘吧，其实那会儿也在追求一种，我这么想啊，也在追求一种新的生活。可是她又迈不出去，还是家长说了算，家里头好像给那两个男孩儿都成亲了，但是这仨闺女就……

杨： 还都得家里说了算。

阎： 哎。

杨： 也没有什么社交活动？

阎： 我姑姑，就是她们的嫂子或者是弟妹，回娘家，她们跟着回，就觉得这是一乐儿，这个周末过得挺有意思的。来我们这儿也就是聊聊天，说说话，有的时候打一桌牌。也就等于跟着这嫂子回娘家了，这个周末觉得过得还不错……到四几年，她们灯市口那儿有个青年会，她们去青年会活动，具体都什么活动我就不知道了。

杨： 那就是信教了吗？

阎： 她们没信教，她们家里都信佛祖，她们家有佛堂，有祠堂。但是好像那是一个去处，就好像到星期天，到时候有个去处，在那儿呢……

杨： 有个社交活动。

阎： 哎，有个社交活动，因为她们又不是像新派似的上学，也没正经进什么学校。

杨： 她们都不上学？

阎： 姑姑那一辈都没上学，但是呢在家里，像那七姑，画儿画得挺不错的，书法跟国画什么的。她的那个姐姐六姑跟妹妹十姑，反正可能也是在家里头学点儿什么，粗有文化，但是都没有正经上过学校。我干爹那一家呢，就是罗家，她们就跟着她爸爸一块儿去日本那几年，可能在那儿上了学了。据说日文底子不错，但是没在北京上过学，就到五姑姑那儿了，他们那小妹妹……

杨： 也就是说平常社交活动也不是很多，也不敢自由恋爱？

阎： 没有。

杨： 因为40年代，像我姥姥，我大姑姥姥，她们都自由恋爱了。

阎： 那因为她们上学了。你姥姥，你大姑姥姥还算我们这一辈的。

杨： 对，但是她们岁数大。

阎： 但是我说的是上一辈的，虽然年纪差不太多，可是这个影响就很不一样。她们呢就等于还是什么都是父母做主，还沿袭着旧的。到我们这一代就是岁数大一点儿的，这一代也是接受新的东西多了。另外，可能跟家庭也有关系，我说的这两家呢，等于他们一个是清廷末年，他还是跟王府什么的有关系，像肃王府。我那干爹他们等于后来是，康德那儿派出去的驻日使馆，他们呢也算沿袭着满族统治上层的那种习俗。我后来的分析，我那干爹跟她妹妹到40年代也都三四十岁了。你看我干爹结婚就没生孩子，可能都过了年龄了。那个二姑姑呢好像也是续弦，大概是生了一个还是怎么着。我印象深的老姑娘就这两家。

杨： 就这两家，其他家还有吗？

阎： 其他家就不是我们的近亲，来往不多就不了解了，就有时候听说谁家怎么怎么着，没有具体的。

五、家里的用人和坟户

1. 赵妈和她的女婿

（1）赵妈

阎：一直到解放前，我们多难的时候都有保姆，那会儿叫老妈子。其实有的就是因为她更困难，有的是找上门来的，有的是别的亲戚不用了，推荐我们这儿的。一个就是张寿椿的奶妈呀还是看（看，读一声）妈，后来他们不用了，推荐到我们家了，叫赵妈。这个老太太呢，她是因为儿子儿媳妇儿不管她，她跟着闺女呢。这个女婿虽然挺开明的，但是老人就觉得，儿子要不管，跟着闺女过，丢人啊。所以她就一直在我们家，那会儿就是吃不上饭，她也跟着我们一块儿。

后来有一段时间呢，有两个赵妈，那个赵妈就是在门口要饭的。她坐在门口，有时候我母亲哪怕是一碗粥呢，也给她端出去。她来好几次，她就说起话来，因为一看她也是大脚，就是老北京的。问她的身世，她说她是春阿氏①的舅妈。好像春阿氏是个儿媳妇儿，怎么毒死她丈夫啊，还是她公公啊，那时候有一个案件，后来就编成一个戏剧了，早年间北京人都知道。她一说她是春阿氏的舅母，家里的或者周围的老太太就愿意听她说。后来她就要求，她说："我就不走了，就跟你们这儿，有我个地儿睡觉，你们喝粥我也跟着喝粥。"说得也挺可怜的，后

---

① 春阿氏：春阿氏谋夫案是清末四大奇案之一，后由于编成戏剧、文学作品，在当时的北京尽人皆知。

来就让她留下了。我们那会儿已经很穷很穷的了，但是等于还有两个老妈子。（笑）

杨：您说这是 40 年代的事儿？

阎：40 年代。（原来的）赵妈是张寿椿的看妈，后来（被）她们家裁减下来，就介绍到我们家了。我记得我娘那会儿也说，我们家比她们家困难多了。赵妈是不愿意回她儿子家，跟着女婿呢，又觉得不是自己家，还愿意在外头帮人。她也知道，我们家就是属于那种挺同情比我们更困难，或者是跟家里关系挺窘困这样的，她就愿意留下。她管我娘叫大奶奶，她说："大奶奶，我看你一天也累得挺那什么的，我能帮你我就帮你。您有碗粥，我也跟着喝碗粥，有窝头，我也吃窝头。家里要没有，半顿得饿着，我也跟着，我没有怨言，我就帮着做点儿事儿。"她有时候回一趟她女儿那儿，还带回点儿来什么棒子面啊。

她就算看我长大的，我跟赵妈也比较亲。那会儿一年到头基本上都是棒子面。有一次熬了一回大米粥，一人一碗。我在外头跟同学写作业，回来得晚。赵妈说："那我给你留下吧。"就搁到南墙根那个大缸的缸盖上头了，拿一个碗扣着。等我回来就忘了，第二天这粥就馊了，哎哟，我这可惜呀。那会儿白米粥，不是经常能喝得上的，还给糟蹋了。赵妈就老说赖她，赖她，她说她给搁那儿忘了。她管我叫二姑娘，她说："我给二姑娘留了一碗，搁到那儿了。"她也是怕我娘完了再埋怨她，其实我娘不会埋怨的。

杨：那会儿老妈子好像跟家里都特一条心是吗？原来我姥姥也用过一个老妈子，也是帮怎么省钱，怎么过日子，也是那种老旗人。

阎：我们不仅给不上钱，我们挨饿，还得跟着我们一块儿挨饿，就是这么一种关系，但是她就是不走，就恋着这家。

杨：就是一家人似的。

阎：哎，还挺护着我们几个孩子的。

最后这赵妈还是回她女儿家了。我记得三年困难时期我还上他们家去过一回，我忘了是什么机会，我有两条烟，我就首先想到赵妈，我给她送去几盒。结果我一看，她外孙女，就这魏祥（赵妈女婿）的闺女，等于把那烟给她抢走了。赵妈跟我说："没关系，待会儿你走了我跟她要。"就看她在那家里头也不是挺那什么的，跟闺女家住，等于寄人篱下吧。这就是过去的这种关系，就觉得儿子不管，在闺女那儿觉得不硬气。

杨：儿子为什么不管呢？

阎：他也不一定是不管吧，就是她跟儿媳妇儿合不来，她不愿意在那儿。她儿子是开一个编竹帘子的那么一个帘子铺，在鼓楼东边那条街上的一个胡同口，是宝钞胡同①口儿吧，我还去过呢。她那儿媳妇儿挺厉害的，跟她关系不好。

（2）赵妈的女婿魏祥

阎：赵妈的女婿叫魏祥，挺能干的，在东直门外挺有名气。这个人真是一个五行八作都拿得起来的，搭棚、办红白喜事。这个红白喜事，我就记得有一回他给人办事，挑着那个圆箩，就是一个担子挑着，前头一个，后头一个，不是筐，是这么大的竹子编的，就像大笼屉吧？上头一个盖儿，底下一个底儿，里头搁着好多的盘、碗，比如说二十几个盘子，多少个碗，大碗、小碗，就是办一套酒席的那一套。

杨：我明白，跑大棚的，给人搭棚办事儿的。

阎：对，给人搭棚办事儿。他有时候挑着那个，是送回去呀还是来呀，反正就在我们那儿歇歇脚，坐那儿说说话……

杨：他们是北京人吗？因为过去老妈子尽是三河县的。

阎：他们就是郊区，就是安定门外、东直门外。

杨：他们是旗人吗？

阎：不是。这魏祥，我现在想想他真能干。有那么一两年，至少那时候是家境稍微算好一点儿吧，我就记得腊月二十三以前，我早晨上学

---

① 宝钞胡同：位于安定门西大街南侧，呈南北走向，北起东绦胡同，南止鼓楼东大街，全长806米。原名倒钞胡同，相传元代负责全国新旧纸币兑换的机关——倒钞司设于胡同南口，故名。乾隆十五年（1750）京城全图，"倒钞"被讹为"宝钞"。民国后沿称。

前看见他赶着一口猪，到中午就收拾好了。在这儿就把这猪杀了，毛都燎了，然后就片成一半，什么头蹄下水好像都是他拿走，那时候就是这规矩：杀猪的，头蹄下水都给他，就给你留半扇猪肉，是两家合买一口猪，一家一半。我们一般都把猪肝留下。我印象中有那么两三次。

杨：过年，半扇猪？

阎：对，有时候是跟街坊，或者是跟另外他认得的一家，一家一半。红白事那会儿搭天棚，头一天"落作（读一声）儿"，你懂吗？

杨：不懂，干什么吧？

阎：这"落作儿"都是炊事这方面的，就是明天这家办事儿了，甭管是喜事是丧事，满月什么的，要摆酒席，要招待客人，比方说五桌、十桌这样的。头一天，他就在院子里把灶垒上。

杨：这叫"落作儿"？

阎：不是。然后把案子弄起来，把该准备的，实际就是具体操作前的准备工作都叫"落作儿"。

杨：其实就是把他这作坊落在这院子里头？

阎：对，落在这院子里头，到时候你这事儿完了，人家又都拆走了，再应别的家。

杨：那他连包这个红白喜事，带做饭都是他一个人？还得再请人吧？

阎：对，他再请人。他不下厨，但就这些事儿，他联系张罗。他也没有开个铺面什么的。他既不是棚铺，也不是饭馆里的厨子，他大概就来回给联系。

杨：专门有这么一行当。

阎：对，所以我说五行八作他都联系，他都有熟人，而且什么事儿你一跟他说，他就找谁找谁，很快就都给你办了。

杨：我知道过去有专门管这个红白喜事的，就是联系各种人，"红"是联系响器的，执事，再加上傧相什么的都是他一个人张罗，他等于跟那经纪人似的，把这些人捏咕到一块儿。

阎：对，魏祥就是这么一个人，挺能干的。我特别记得，有一年杀猪，我爸爸有一个朋友，其实后来我想也是一块儿抽大烟的烟友，姓穆，这个人是回民。那天中午我回家，这猪就都杀完弄好了。小孩儿嘛，就挺兴奋的，下午穆四叔来，一进门我就告诉他，我说："四叔，今儿我们家杀猪了。"我娘就使劲拽我，说我："别说！"我说："跟四叔说怕什么的？"后来才想起来，人家是回民。

魏祥那会儿，比如说谁家死人了，要定什么样的材……

杨：连定材他都管？

阎：他就老说"大叶儿杨"。我以为是"大眼儿杨"，因为杨树那树干上不有那个像人眼睛样的"疤"嘛。我娘说："他说的是大叶儿杨"，就是北海后门东墙那一溜儿，那会儿其他胡同里没有那种树。

杨：哦，原来其他胡同没这树？

阎：很少，就北海那一溜儿。我们小时候管它叫"鬼拍巴掌树"。

杨：为什么叫"鬼拍巴掌树"？

阎：要是走到那个（树）底下，风一吹，叶子就哗啦哗啦响，就觉得挺瘆得慌的，所以一般居民院子里不种那种树。

杨：桑、柳、榆、槐。

阎：对，槐树、榆树、枣树，没有这个大叶杨。他这个人给我印象挺深，我印象里他真是什么都能。

杨：联系这种事儿挺不容易的，社会上得吃得开。

2．坟户苗家

（1）我家的坟地

阎：师大那个坟地叫太平营，太平营那个看坟的姓李。那块地早征用了，我就没什么印象了。那个列传上都有，谁谁谁埋在哪儿了。据说太平营那块地呀，我们跟进关来最早的是赖图库，赖图库的武功很厉害，而且他有救驾的功劳。所以他死后给他封的和给他后代的就都很丰厚。他是死到战场了，那尸首不全了，据说是给他塑了一个金头、一个金胳膊，这个事儿在附近传得都挺……朝里就有人有点儿不服，就觉得给他们家的太高了。所以那会儿圈这个坟地，就故意给了这么一块儿。这块儿地从风水上说，那天我六叔还说呢，就等于周围给你围上了，你这块儿地呀，周围都是水，这块地的主人家后辈断子绝孙。所以从那以后就一代一代下来都不兴旺，都是这个那个事儿。

后来就在龙王堂那儿又买一块地。龙王堂这块地买的时候好像是45亩。那么一大块地，坟地占一部分，剩下的就是看坟的苗家种。这看坟的叫苗永，有三个儿子，老大叫苗佩林，是他管着，我小时候还是苗永。过去苗永来，都是夏末秋初来给送点儿农村的青玉米啊、枣啊，送点儿这些鲜的。另外他们种菜，有时候给送一点儿来，因为也不交租子，什么都没有，他就看这坟，等于他们家就在那块地上休养生息，在那儿经营起来了。

好像是解放前还是日本的时候，有一次是由本家，我忘了是哪一家了，撺掇我爸说："大爷，你得出来主主事儿，咱们锯两棵树吧。要别人锯了也是锯了，咱们锯了呢还能分点儿钱。"那会儿好像周围的树也是我们家的，那叫什么松啊？反正都是好多年的松树，挺值钱的。事前一般都是跟木材厂、棺材铺，或者是一个做家具的什么铺，都先说好了，他们就要整个这一树干，然后边上劈下来那些个，至少都是好柴火，周围就好多人都在那儿等着，就为抢这个也打架。所以锯一次树先得写一申请，然后报上去，批下来，锯树时附近的派出所也得派人出来弹压地面。

所以这两棵树我爸知道，也分不下多少钱，但是那会儿有的本家比我们还穷。我记得小时候我娘说过："要不你就别弄了。"我爸那意思是，都是求他，撺掇他出来主这事儿，也是能分点儿就分点儿吧。这么弄过两回。

办亚运会的时候那里盖了个高压塔，筹备奥运的时候等于国家征用这个地方建奥运公园，给了他们（苗家）多少钱，他们就离开征用的那块地。对我们这种坟地的主人，怎么就没人通知我们呢？后来就直接跟市委那儿联系，反正弄到最后也没什么结果。那会儿老觉得都有记号，找得着，这不一变成奥运公园，就没法找了，后来就什么也找不着了。我父亲和母亲等于就在奥运公园的那块绿地的下边。

杨：不是给你们 11 万块钱还是几万块钱？

阎：好像 7 万。没要，也没法弄。就是人家说给你们多少万，你阎家还有多少支在北京呢？你就都得顾到了，上哪儿找人家去呀？比如说仨瓜俩枣的，你这兄弟姐儿几个分了，人家找来了，说我也是阎家的后人，也找来了，到时候你怎么办啊？不能拿这钱，拿这钱，咱也没法挖，也没法刨，所以后来就不了了之了。

我这个太太，跟我五叔五婶都葬在万安公墓，那会儿他们有一个穴位。我们就给我爸我娘也在那儿买了一个穴位，搁了照片，搁了点儿我爸跟我娘生前的东西，作为衣冠冢吧，等于算有那么一个祭奠的地方。

（2）我家的坟户

杨：这看坟的跟本家儿①都有什么关系？

阎：我们家看坟的是这个关系，是赓飏的时候还是毓俊的时候？据说是毓俊，我那老祖在哪个任上，有一家姓苗，苗永的父亲不知因为什么事儿，在监狱里被判死刑了。老祖就给他出了一笔钱，把他这人给赎出来了，但是就不能在本地待着了，我们回北京就给他带回来了。他就告诉他家里的后辈，就是说我这条命是谁谁老爷给我的，就等于以后世代为奴。后来我们家在北京龙王堂那儿了买一块坟地，他们家就给我们看坟。我知道的那一辈最老的叫苗永。

我就记得一个事儿，那是我五爷爷在坟地住，五爷爷死在坟地了，苗永进城来报丧。我在胡同口玩儿，我估计我那会儿也就 10 岁左右，他从老远看见我了，然后趴地下就磕头，而且是磕一个头往前走一步，磕一个头往前走一步。哎哟，我吓得就跑，我说："那么大岁数一个老头儿给我磕头？"我就赶紧回来，我说："娘，娘，苗永来了，还给我

---

① 本家儿：见"本家"一章的注，这里的"本家儿"指主人家。

磕头。"我娘说："那是有什么事儿了。"后来就知道是五爷爷死了，来报丧来了。就这种规矩，不知道是自发形成的还是怎么形成的，就等于见到主家的，哪怕是个小孩儿，他都是奴，你都是主。

杨：他们家可能比您家还富裕呢。

阎：比我们家富裕。后来我们本家有时候来跟我娘说："大奶奶，人家苗永他们过得可好了。他们拉一车菜，从早晨……比如说从安定门进来，然后出东直门，就这么一道，这一车菜就卖完了，人家回去就几百上千的。"那意思是说我们应该找坟地要点儿什么，我娘也不搭这茬儿，听听就行了，知道人家过得是挺好的。

杨：这个苗家后来怎么着了呢？

阎：现在人家子孙后代都挺好。那里变成奥运公园了，等于国家征用这个地，给了他们多少搬迁费，他们再往北另外一个地方重新盖的房。我们找坟地去了，他们也有点儿推三推四的，就说他们不知道我们电话，找不着我们什么的，可是他们自己搬了。我估计他们也有这个意思，就是说给了他们钱了，他们自己盖了房了，或者拿钱买了房了。他要通知我们，这个钱也许就不是这么痛快给他们了。我们也没再追究这个。

诗书继世长

下篇　我家的生活

[访谈者按]

在本书的下篇中，有大量关于阎珂女士对过往生活的回忆，内容极为丰富，涉及这个家庭在上个世纪三四十年代生活中的衣、食、住、行，以及生活礼俗、岁时节令。从城市史的角度对"老北京人"进行口述历史，这些生活的细节是我们必然关注的。如何用煤，如何从水窝子买水，如何安排过年的年菜，这些生活的点滴有些是近代北京城市生活的特色，有些是在京旗人独有的民族习俗。这些内容讲述得非常具体、细腻，在近代北京城市生活史的资料方面，进行了很好的补充。

当然，在以往关于"老北京"生活的书籍、文章中，不乏大量的相关内容，应该说只是泛泛而谈，但是具体到各阶层、各家庭因习俗和经济条件的限制又各有不同。所以我对于这些生活回忆的关注点不仅仅只限于它的史料性。口述历史中有一个非常独特的概念，就是历史的"记忆性"。不同人群对同一段历史会有不同的记忆，同样是一个历史事件的参与者，由于参与者身份、立场、关注点的不同，大人物的感受可能就会与小人物的感受截然相反。正如本书上篇中《不同"记忆"中的毓贤》一文，我将不同人群对于毓贤这个人物的认识进行了梳理，在不同的社会背景、立场、理论框架下的人对于这个人物的认识是明显不同的。清末民初时代背景下的文人更多地关注于毓贤的排外误国，马克思主义理论框架下的知识分子更多地关注于毓贤的阶级成分以及他与农民运动之间的关系，阎家人作为毓贤的后裔，更多地关注于其个人的品格和他对家族的影响。不同的人群对于同一年代和地域的生活会有着不同的记忆，我在这本书中也希望强调口述历史中的这种"记忆性"，即不同身份的"老北京人"对于同一个"老北京"的不同记忆。

在本书的上篇中，口述历史的内容集中于阎珂女士的家世及家庭环境，即对口述者的身份进行了定位，那么下篇中聚焦于生活方面的口述，一定是这一身份定位下的"老北京人"眼中的"老北京"生活，这也是我为什么要将以生活内容为主的口述放在下篇的原因。

一、缝补衣服和做不完的鞋

我们这几个孩子从穿衣服到鞋袜,一个是我母亲不大会,二是也没有时间做。我跟我姐姐都很小的时候,可能家境还稍微好一点儿,我的衣服,或者是亲戚送的,或者是买的。后来等我这几个弟弟陆续长身体的时候,我们五个孩子年年长,就老得做衣服啊,或者是大的改了给小的,把棉的拆了棉花就变成夹的了,就这么凑合。

1. 鞋袜

阎: 尤其是鞋,我印象就是那会儿男的穿圆口鞋,女的穿尖口鞋。

杨: 女的穿尖口?

阎: 对。小姑娘呢穿带襻儿的。我记得有一次我穿我叔叔的一双鞋去上学,同学就笑话:"哎,你怎么穿一双男鞋呀?"这几个孩子的鞋,就供不上这脚长。我不是说我母亲打了"袼褙"做鞋嘛,做了鞋以后送到鞋铺给绱上。可是有的时候这个月钱都花光了,就取不出这几双鞋来,就得等下月,甚至再压一个月。

杨: 棉窝就是棉鞋吧?

阎: 就是棉鞋。北京管它叫毛窝,后来管它叫"骆驼鞍儿"。

杨: 怎么叫骆驼鞍儿呢?

阎: 骆驼鞍儿,就是这鞋是中间开缝,这边一半,那边一半。这个形状呢是这样上来,(示范)这儿高,就跟骆驼……

杨: 骆驼那峰似的。

阎: 对,那样,所以就管它叫"骆驼鞍儿"的。我们小时候冬天都穿这种，北京话叫毛窝。有时候这一双毛窝都穿不到这一冬就破了。一般就都是拿黑布或者是稍微讲究一点儿，做鞋用的礼服呢、冲服呢，就是一种棉布，织得比较密，比较厚，结实。但是礼服呢跟冲服呢都比较贵，要是说给孩子做呀，反正也踢破了，就是普通的这个布。过去有给女孩儿拿花布做鞋，要拿黑布呢，一般的前头这儿就绣那么一点儿花。

杨：包头那块儿？

阎：哎，包头那块儿绣一点儿花。到我们小时候那年月，女孩儿，反正至少在北京的，城里头这孩子就不穿绣花鞋了，就觉得穿绣花鞋都是乡下的。可是结了婚的妇女呢，穿那种尖口绣花的鞋。有的绣满帮，北京的一般就绣前头。我们也净捡别人的，比方表姐呀或者什么同学这样的鞋穿。有时候大点儿，就顶点儿棉花，叫顶棉花。

杨：怎么叫顶棉花？

阎：就是这鞋大，穿着松。拿一块棉花搁到鞋里面垫在脚尖前面，就叫顶点儿棉花，能凑合穿几个月。要小呢，就比较紧，孩子这脚就有点儿受罪，在里头委屈，那也就凑合着穿。所以我们这脚啊都是，有一回我看我弟弟的脚也是那样，那脚长得不是很规矩的。就比方我这三个脚趾，中指就伸不直，就是中间这儿鼓出一块来，可能跟小时候穿鞋不是很合适有关。

杨：不是很舒服。

阎：哎，裹得紧或者是前头顶着，可能这都有关系，哪能舒服呢！（笑）

鞋经常破，袜子呢，我现在想啊也是，后来有了尼龙袜子，就觉得过去那棉线袜子确实不结实，不禁穿。我想小孩儿也是活动，运动量大，淘气吧，老是前头破，后头破。

杨：啊，尽补袜子。

阎：就是，我们家那袜板，我说袜板你知道吗？

杨：袜板是专门为补袜子的。

阎：一般都是木头做的，前头有这么一块半圆形的，后头有那么一个脚后跟那样一个形的，就把这袜板套到袜子里头，然后找合适的布补，它才不至于把袜子两面缝到一块。

杨：那是针织的吗？还就是布的？

阎：是针织的，我们小时候就没穿过布袜子。我爸小时候还有布袜子，所以我爸爸跟我叔叔那个脚啊，虽然都是男的，也长成成年人了，但是呢都挺小的。

杨：因为穿瘦鞋是吗？

阎：一个是瘦鞋，一个是小时候虽然男的不裹脚，但是都穿紧的布袜子，是不是袜子跟鞋就限制了脚的发展？也有关系。

杨：那瘦鞋是怎么回事儿？我听说，我姥姥他们家也穿。

阎：也不是，就是那鞋……

杨：特瘦。

阎：就是现在还有卖的呢，就像内联陞什么的就卖，就是布鞋。过去讲究点儿的是皮底，那皮底就这么薄，（示范）就是牛皮的底子，后跟稍微加那么一片。其实千层底是最舒服的，也是"袼褙"打的，一层一层的，就是那鞋底子稍微厚一点儿，它跟脚。里头一块堂布，整个那个底都纳上，纳上以后，绱鞋的时候他问你包不包边，沿不沿边。就是上鞋的时候外头给你整个再包一层边。一般要是讲究的就是穿这种鞋，跟脚。

球鞋，日本统治时期就有了，比较讲究的买一双白球鞋，上体育或者是开运动会，要统一穿。球鞋呢穿几天回来都刷，刷完了买一块大白……

杨：我们小时候也那样。我记得小时候写作文，刷球鞋，最后有一道工序，刷大白。

阎：对，拿大白粉，我说的那个千层底边上也拿那大白粉抹一圈儿，见见新吧。

2. 衣服

阎：现在想想，在我们家，你说住闲的也好，帮我娘做饭的，那会儿算老妈子也好，能够做衣服、做细活儿什么的还真没有。我们小胡同口外头斜对着有那么一排算是铺面房。我记得最东头是个油盐店，旁边就是一个成衣铺。我就觉得住那儿那么些年，我顶多进去过一两次，好像我们自己家里的人没有在那儿做过衣服。我们穿的衣服基本上都是我娘……比方说得了那么一条布或者是一条绸子（如办丧事得的帐子），都是挺薄的小绸子，不禁穿。可能找什么地儿能换一块给孩子做衣服的小薄布，我那个太太在这个手工上头不错，她给剪剪，我娘呢也就只能晚上等门的时候，在煤油灯底下缝缝凑合着，给孩子穿。一般的就都是小的捡大的，我是一个姐姐，我底下三个弟弟。

比方说明年谁谁谁有什么大事儿了，就是至亲里边比如说有结婚的，或者是有给哪个老人做寿的，需要带哪个孩子去，早就得考虑这衣服。没有合身的衣服，出去怕人笑话。亲戚里边就有这种互相帮忙的，比方说我母亲做菜或者蒸馒头好，有时候他们也求，就说家里要办事儿了，买一口袋面，帮着给蒸馒头啊、包子什么的……

那时候穿衣服，这男女区别也挺大的，都是大褂，就是长袍啊，男的是大开气儿……

杨：恨不得到腰这块儿了，到大腿根吧。

阎：大开气儿，女的是小开气儿，不像现在女的是大开气儿。有一阵儿，我一姑太太的儿子，我应该管他叫表叔了，但是我们岁数差不多，也在一个学校同过学。

杨：就是您说那个杨悫？

阎：嗯，我接着他的衣服穿过，是大褂。我娘就比较粗心，或者是没那时间，就心想，孩子就穿去吧。但是人家细心的同学一看："你怎么穿一男大褂呀？"其实就是开衩儿长点儿。

杨：我记得书里说，女的那个大褂开气儿也就是顶多到膝盖。

阎：就是，像我那个照片里那个就是小开气儿。可是那会儿给孩子做衣服，不是年年有条件都做新的。所以我想我那个大褂，开始的时候特别长，比方穿三年吧，这孩子长了，就到这儿了，（示范）就不能穿了。我的衣服呢，我底下都是弟弟，要是花的就不可能给弟弟穿。所以开始（做的）又长又大的，为的一件衣服能多穿两年。

反正冬天有冬天的，冬天管它叫大棉袄，大棉袄就是棉袍，长的。讲究的呢是外头有一个小大衣什么的，也可以是短的，也可以是半截的。那个棉袍呢就在脚脖子上头一点儿那么长，底下是棉窝，里边是棉裤。

在穿的上头，我们两个女孩子应该比较讲究，夏天有夏天的，冬天有冬天的。那会儿上学都有制服，它不像现在什么校服啊这些规定。但是像我们上初中，就一个学校有一个学校的要求。女生夏天都是黑裙子，上衣那会儿叫竹布的，就是那种浅天蓝的，大襟的，短的半截袖的。

杨： 就跟电视上演的一样是吗？

阎： 哎。另外，像我上私立中学，崇慈女中的时候，那会儿都是竹布衫，就是长衫。

杨： "汗衫"那"衫"。

阎： 哎，夏天就有一段女学生都穿竹布大褂，就是竹布的长衫。

杨： 我姥姥跟我说她那会儿也是竹布大褂儿。

阎： 到市立学校就是黑裙子、短衫。等真正穿这个对襟的衬衫了，我都觉得那都挺晚了，好像 1945 年前后才普遍穿衬衫，就是有纽扣的这种。原来都是大襟的，我们都叫大褂儿。

杨： 对，北京都叫大褂儿。

阎： 哎。男的就是长袍马褂，马褂嘛在以后就很少了，在以前呢好像是什么场合穿，平常不一定天天上班都穿。

杨： 那好像是礼服似的。

阎： 我们家这几个孩子穿衣穿鞋，现在想想确实是比较困难。孩子都在长，都去买也不行，做又没那么多时间，要是出去做去，这开销都挺大的。在我印象中好像就是以吃为主，能吃饱了，能活着就行了。（笑）

二、我们家的特色菜和日常吃食

1. 平常吃的

我印象中，那（生活）连小康都达不到了，反正也就是凑合着温饱。我印象深的就是日本统治时期，都吃不上饭，反正普通的老百姓都那样。曾经有那么几段，就是只供应混合面儿，也叫共和面儿。

杨：那是 1943 年的时候吗？

阎：哎，反正是抗日战争后期了。那会儿供应还不像咱们解放以后，什么粮票油票。没有票，好像有一个是不是跟户口本同用的一个？可能算个什么证。

杨：算个粮本之类的那东西。

阎：哎，可能是那样。这一条胡同吧，就有一个粮店，就我说的那个永顺成。那会儿叫配给，配给混合面儿，就都让排队去。有一次，我娘给我拿好了钱，拿好了这个粮本吧，去排队。后来发现没拿口袋，我就把这个证交给我前边那小孩儿了，也是一个小姑娘，其实我不认识她，我就赶紧往家跑。我娘就直着急说："你交给谁了？你也不认识人家。"

杨：丢了就买不上粮了？

阎：就是啊，我娘就说："你赶快回去，接着去排，先把那本找回来。"我娘再给我送口袋去，就这样的事儿印象挺深。

那是 1944 年了，就是我十岁那年，那一阵儿也是很困难，实在没得吃了，我娘就让我去坟地看看有没有老玉米。因为听谁说，看见我们家看坟的早晨拉着一车菜，上城里来卖菜，也有青玉米什么的。

我以前没去过，我就自己蒙着找到那儿了。这个苗永跟我爷爷岁数差不多。他的第一位（妻子），那个老太太是我们家的丫鬟。当时不是把他从哪儿带到北京来，我们家买了那块地以后就让他们看坟，把一个丫鬟许配给他了，后来那丫鬟死了。他后来这个（妻子），这老太太是在北京后续的，生了好几个儿子，好像原来那个丫鬟没生。他底下这三个儿子，逢年过节的也进城，倒也都见过。

杨：那是他们家给还是？

阎：就是说呀，我们从来没有要过那个租子。交租之类的，没有这个说法。但是呢，他们那会儿比方说新下来的玉米呀，或者是有些什么，应该按时给送点儿来。可能他们也困难，也可能呢，到他儿子主事的时候就不太管这些老一辈的规矩了。他也卖菜，也卖青玉米，但是不给我们送。我们那儿挺困难的，从来也没跟他们要过。那一阵儿大概是太困难了，就说让我去看看，比方说棒子面啊，或者是玉米豆。我记得他们有现成的玉米豆，收了一部分就在碾子上压了点儿玉米糁。碾子，我不知道你知道吗？碾子是碾碎了，磨是磨成面，碾子跟磨是两回事儿。

杨：碾子是那滚的圆的那碌子？

阎：对。碾子呢是一个圆碌子在大盘上滚，磨是两个磨盘转。

杨：滚，碾子好像是推的，磨是拉的。

阎：推碾子，对。

我那次印象挺深的，等于10岁一个女孩儿自个儿出城，背回点儿棒子面来。小时候大概性格也不一样，我姐姐都不去，就叫我去，（笑）其实我姐姐还比我大好几岁呢。

一年到头平常吃的，我们家那种状况呢，就是大多数年成能吃饱饭，一年四季没现在这些样菜，副食没有。我们王大人胡同那个家靠着南墙根有两三口大缸，一个是水缸，还有一个缸一年四季里头老有咸菜。这咸菜主要是白菜帮子，好一点儿的是雪里蕻，雪里蕻也是腌的，吃一冬天。有时候自己腌那咸菜疙瘩，就是芥菜疙瘩。

杨：哎，说到咸菜，那您家喝豆汁吗？您家是怎么喝的？

阎：小时候挺穷的，尤其夏天豆汁特便宜，拿那大水舀子买那两舀子豆汁，再勾点杂和面就是玉米面，就一大锅粥了，豆汁粥。豆汁粥就点儿咸菜，那会儿的咸菜就跟现在说的辣丝儿似的，都是水疙瘩。要是大腌萝卜比水疙瘩还便宜，切成丝，炸点花椒油或是搁点辣椒油。

杨：我记得我小时候吃的时候。我姥姥拿那雪里蕻，然后炸那辣椒油。

阎：雪里蕻比那水疙瘩又高级一层。

说单吃，那只能就给我爸一个人吃，实际他那单吃就是他自己比较爱吃、吃得顺口的，当然也比较贵一点儿，但也不是什么太高档的。

杨：那这亲戚家单吃的是不是挺多的？

阎：别的家我不太知道，反正一般有上班的在家都单吃。一个是时间关系，一个呢就是说做点儿细的，大家都吃，没那条件，就给这上班的一个人吃。不过我看我爸有时候也是，他上边有母亲，虽然是继母，但都是长辈，是母亲。那会儿不顾孩子，没有说把这点儿留着给哪个孩子吃，没有。

杨：都尽着长辈，不是尽着孩子。

阎：就是。所以他有时候就说："给奶奶留着吧。"奶奶就是我那太太。

杨：哦，所以您上次说有这区别。

阎：有的时候我爸说："呦，今天我在外头吃了，这菜给奶奶留着吧。"

2. 特色吃食

杨：您家怎么做素咸食①？今年过年的时候特意让我姥姥做了一

---

① 素咸食：北京人在腊月年根期间的家常菜，正名应叫"炒素咸什锦"。所谓"素"就是要全素，不能有肉或荤油以及葱、韭菜、洋葱、鸡蛋、虾皮等一般不认为是荤菜的配料。因这道菜口味偏咸，故名为"素咸食"。年节期间免不了多吃一些大鱼大肉，有了这道冷食咸味菜，既可解腻除荤，又可下饭开胃。

回，哎哟，特费事！

阎：实际就是素什锦。拿现在说就是豆腐泡、腐竹、黄花、木耳，那会儿用口蘑，现在就用香菇吧。口蘑用水泡，口蘑汤留着，拿那口蘑汤煮这些东西。

杨：哦，您家是这么做呀，跟我姥姥做的不一样。我姥姥是用胡萝卜……

阎：可以切一点儿胡萝卜、搁一点儿菠菜，要那红色儿、绿色儿。

杨：不是，胡萝卜是主料，面筋，更没口蘑汤了，她主要是炒，炒素咸食。

阎：我说的主要是豆制品系列，是炒，就扒拉扒拉，就搁水焖。面筋、腐竹、炸的豆泡，你看这不都是豆制品吗。那会儿是口蘑，后来用香菇了，花生米、黄花、木耳……

杨：您家那比我姥姥家丰富多了，我姥姥就那几样，然后还有玉兰片，然后吃的时候撒点香菜。

阎：可以搁一点儿胡萝卜切薄片，菠菜揪几个叶，我印象就是为配那个红绿色儿，那不是主菜。

杨：我姥姥那是以胡萝卜为主。我想起来了，我姥姥说她母亲做饭完全是跟祖母学的，那就也是阎家的菜，那看来这素咸食做法还不太一样。

阎：过年做胡萝卜的菜也有一个，叫肉皮冻。实际就是胡萝卜、青豆泡了、豆腐干，就这么几样。好像就是煮那肉皮，肉皮先泡，然后煮，肉皮软了再切成丁，然后就拿煮肉皮的汤，等于能凝成冻的汤，就把豆，青豆、黄豆都行，胡萝卜丁、豆腐干，都搁到一块煮，不炒，搁盐，好像不搁酱油。

杨：您家吃菜包吗？

阎：你说的是包！不要加"子"。我这个就是在我一姑太太那儿吃过。我们家可能过去做过，也许后来一个因为经济条件的关系，一个是老有住闲的，就比我们自己家里的人还得多，或者差不多，没法做那个了。我一姑太太那个过继儿子叫杨憨，我有时候上他们那儿去就住几天。那天说吃什么，他说吃包。我说包子呀？他说："你没吃过包呀？"包！不能叫包子。拿大白菜叶，底下抹一层酱垫上底，炒麻豆腐就扛(kuǎi)到里头，然后有一点儿卷饼的那种菜，叫合菜，什么粉丝啦，菠菜啦，肉丝啦都炒到一块，现在就是肉末，跟米饭拌上。我不记得是不是像卷饼似的有葱。我当家以后我弄过一回，我发现用那个生菜叶更好，它本身就是圆的能包得住。要是用大白菜叶把帮那部分去了也挺好的。

杨：我姥姥说得那么捧着搁嘴边这么吃，要不就掉。我姥姥说的基本就是麻豆腐把米饭包住了。他们那底下也不抹酱，跟您还是不太一样。

阎：对！据说这是从东北带过来的。

杨：好像是努尔哈赤的，秋天打猎，我看过这方面的东西。咱们家不是有个亲戚是赵尔巽的后裔，他专门写过菜包的事。

干菜馅包子特麻烦吧？

阎：那会儿蒸那个干菜馅的包子呀，可真费事。北京的干菜是白菜或雪里蕻这两种，有个别的用菠菜，是秋菜菜大拨下来比较便宜的时候做。一般的时候是白菜或是雪里蕻下来，洗干净了以后焯一下，在院子拉上绳子晒，晒干了把它收起来，留到冬天吃。到过年的时候……我印象小时候有两三年那样，那会儿日子好过一点儿，自己家里宰一口猪或者是跟邻居合着，一口猪一家一半。从腊月底就开始弄这些年菜，也就熬肉汤什么的，这样就有比较油的汤。用煮白肉的那汤泡，就是让干菜把油和水分都吸进去……

杨：哦，吃进油去。

阎：对。然后把它泡软了，完了再剁，再搁肉末什么的做成馅。那会儿也许没有现在这么多吃的花样，所以觉得到过年吃一次干菜馅包子，就说这干菜馅包子可好吃了。大概是因为油都浸到那菜里头了，说是干菜，但是有嚼头儿，特别香。

杨：我姥姥讲他们家没吃过。

阎：晾干菜的菜不是说都是老的，还得拣那比较好点儿的菜晾。解放前没有储存白菜这一说呢。就是现买，到秋天白菜大拨下来的时候，便宜就多买点儿。

亲友都说我娘做的饭（菜）好吃，其实她做的也是些家常菜。比如她常做的一个"烧白菜"即为一例。冬天多储存一些大白菜，我娘会把外面的菜帮大多扔在南墙根放着的咸菜缸里，然后上半部分熬白菜，连着根那部分再分别用外几层炒菜，菜心做烧白菜。做法是：齐着菜头（根部的疙瘩）切下，将菜心横断切下，约三四寸长一段，根部连着不切断，再把这段菜心顺着切成 8 或 10 条牙儿，在锅里倒上比一般炒菜稍多的油，白菜入锅煸炒，把白菜煸软煸透，略显黄色，再放入酱油、糖、少许水，焖一会儿。若做栗子烧白菜，就把生栗子（剥了硬皮）先用清水煮一会儿，再和白菜一起烧；若没有栗子，可泡点儿海米，泡软，连泡海米的水和海米一起倒入煸好的白菜搁锅里烧（即盖上盖焖一会儿），使菜入味，收汤即可。记得小时候，饭桌上常见的是熬白菜腌的白菜帮。这白菜帮有时小四方块，大多是横着切丝，倒点醋一拌，炸点花椒油或（干）辣椒油往上面一倒，就着窝头吃可香了。而上面说的烧白菜不是经常吃的，或是有客人来，或是不大寻常的日子，才做一回。一来因为一棵白菜就一个菜心，全家都吃，三棵白菜（的心儿）也不够，像我们小孩也就每人给你夹一筷子尝尝就行了。前几年，家族姐弟聚会，我做了栗子烧白菜带去，人家不认，失败了。

另外，夏天我娘常做的一个菜叫"独咸茄"，现在想想应该是"煮"字，音变，说成"独"的音了。这是在夏天茄子便宜时常吃的一种菜。中午时就把茄子切成（连皮）大块（叫菱角块儿），搁在院子让太阳晒晒，去去水汽，泡一把黄豆，在锅里用清水煮这黄豆和茄子，放适量的盐煮好了，放在一个大碗或小盆里，用炒勺或炒锅炸点花椒油倒在茄子上，一般是午后就煮好了，晚饭时吃已晾凉了，且很入味儿，再撒点香菜，是一样很实惠的菜肴。长大了我也学着做，可总做不出那味儿来。

这杀猪吧，头蹄下水都给那个杀猪的，也不用给他（做活的）钱了，他都给你刮干净弄好了。我们一般就要那肝和肉。肉皮可以做豆儿酱，肉皮冻。这肉呢，一般是炖一锅肉，另外呢，煮一大块白肉。白肉一般上供完了以后呢也可以……就这正月吃好几样。就是切了片，这一盘白肉，比方蘸酱油、蘸蒜什么的。也可以白肉、粉丝、白菜弄一砂锅。那会儿过年是吃得好一点儿。

我记得还自己摇过元宵。

杨：还自己摇元宵，那怎么摇？

阎：我姐姐还真自己动手过呢。那个笸箩可能是借来的，我们家原来没有，是一个稍微长一点儿的柳条编的笸箩。底下搁一个像擀面杖似的那么一个棍儿，把这笸箩架到这上头。笸箩里边呀都是干的江米面，把那个元宵馅，我们那馅呀，可能有买的，有的自己熬的，就是拿那个白糖，搁那青丝、红丝、芝麻、桂花什么的。

杨：那等于是什锦的。

阎：嗯，把这些跟白糖和在一起，然后在锅里头就那么搅，搅到最后水分都蒸发了，它都成一坨了。搁到那个石板上，就有点儿像大理石桌面那么一块东西，搁到那上面不就不粘嘛。然后拍平了，用刀切成小方块儿，这个就是馅。把这馅啊，放在有糯米粉的笸箩里头。

杨：是江米面。

阎：就是，我们那会儿就叫黏米面，实际有两种，还一种黄米面。

杨：黄米面，黄米面吃着硬点儿。

阎：哎，一种白的，一种黄的，黄米面蒸年糕。

杨：做切糕什么的那种。

阎：哎。白的糯米粉摇元宵。干面就搁在那笸箩里头，把这一块一块的馅也搁里头。然后就拿一个碗，哦，不是碗，好像是有点儿能漏的……就往里洒点儿水摇。这一方块馅就跟一块糖似的，加上点水，它就裹上点儿干面，再洒点儿水再摇，就那么摇着摇着，它外头粘的面慢慢慢大了，就成元宵了。所以元宵是摇出来的，不像南方的汤圆是包出来的。

杨：过去您家常摇元宵吗？我没听我姥姥说她们摇过。

阎：我小时候印象挺深的，还有自己做酱油，做咸豆什么的。那时候不知道是困难哪还是习俗，自己做所谓的酱油，好像酱油挺贵的也挺高档的。一般就是买盐，每年这鲜的水疙瘩下来的时候吧，买那么些水疙瘩，拿盐先腌上，然后黄豆泡了搁一块儿煮，再搁点大料瓣，反正有点五香味，还挺香的。煮到这色儿比较深了，然后把这个汤就一罐一罐留起来。主要就是那黄豆和咸菜，借着那个味和咸淡，熬出来的汤就当酱油了。有时候还送人。那会儿可能买一瓶酱油，就按过日子来说挺贵的。

杨：那酱油刚发明没多长时间。

阎：煮了的豆在院子里铺着席子晒，晾干了，我们小的时候要上学了，就给一把黄豆当零食装兜里。

3. 上学带饭

阎：现在好多外地人在北京做买卖，说是北京烧饼，不是那味儿。还有的就管叫芝麻火烧，什么叫芝麻火烧呀？过去火烧就是火烧，烧饼就是烧饼。

杨：烧饼有芝麻呀。

阎：烧饼有芝麻，里边有芝麻酱，有层，而且呢……

杨：有点儿五香粉什么的。

阎：有一点儿小茴香，就不搁别的了。烧饼、螺丝转儿、油炸鬼、炸麻花，早点铺子主要是这几样。

杨：炸麻花就是油条吧？

阎：不是。麻花就是麻花，油条不叫油条，叫"油鬼"，就是现在叫"焦圈儿"。有那么两年我们生活还可以，早晨一个小孩儿给5分钱上学去。5分钱在那会儿能买一套，3分钱一个烧饼，2分钱一个油炸鬼。

杨：烧饼馃子一套？

阎：一套，夹在里头。不像现在那个油条那么老长，就这么一个小圆圈儿，正好夹在烧饼里头。像我姐姐就不吃这个早点，她就省着攒着，完了就买这书买那书的。有一段时候去上学，早晨给5分钱，你这5分钱愿意吃早点也行，你要不吃早点呢，一般的像冬天吧，堂屋生一个洋炉子，那洋炉子有烟筒，北京原来的那炉子没有盖也没有烟筒，所以到晚上就得搬出去。

杨：要不然中煤气。

阎：对，在这以前就烧炕炉子。我娘晚上就都是切点儿窝头片炕（音"抗"，烤的意思）在洋炉子边上。

杨：熥着？

阎：叫"炕"着，不叫"熥"。

杨："kàng"着是哪个？

阎：其实都是"烤"的音变，就是搁那儿炕着吧。早晨你要愿意拿，就拿几片。

杨：就跟那烤白薯似的那么做。

阎：炉子周围拿那个粗铁丝，弯的那么一个，好像就支出去那么一圈儿，这一圈儿上头，它也不是很密的网子，就是能接着点儿这炉子的气吧。稍微要是弄得好，靠火近的，有一点儿焦嘎巴，小孩儿不都爱吃那个稍微焦一点儿的。反正有窝头，你愿意拿就拿点儿，早晨那个5分钱就留到中午，上中学以后我们中午一般带饭。像女二中吧，听说别的学校也是那样，它都有一个小卖部。像我们那会儿没有学生食堂，小卖部那儿有炸丸子、炸豆腐。

杨：哦，豆面丸子。

阎：素丸子跟豆腐弄一锅汤，然后撒点儿芝麻酱、辣椒油什么的，再撒两根香菜，一碗5分钱。有一阵儿学校给老师热饭的那个大灶旁边有地儿，可以拿饭盒带点儿大米小米啊，一般就是小米，洗完了搁上水。从早晨去了就搁在那炉台边上，到中午放学的时候它就成饭了，就能吃了。有时候就带这个，然后上那个小卖部买那 5 分钱一碗丸子豆腐汤，或者是买 5 分钱一包炒花生米就着吃。反正一般的像这种中下等水平的家庭吧，能让孩子上学，中午也带一顿饭。最困难的时候就做不到这个了。

其实我们这种家庭跟那个农业什么丰收歉收没关系。收入就是我爸一个人的工资，我们没有别的，反正是哪年过得比较好，就是整个社会的大环境比较好，钱不那么毛，所以比较好一点儿的时候，像过年能够自己家里买一头猪杀了，或者是两家分，一家一半。总之，只够温饱，可能有那么几年稍微过得好一点儿，但不是每年都能这样。

三、平房院的生活

1. 王大人胡同丙 60 号老宅

杨：从涞水回到北京之后，住过哪儿您都知道吗？

阎：反正从小听说住过丰盛胡同。后来知道那所房子早就卖了，大概我爷爷都没住过。就是大人们常常说起它。另外呢，原来崇慈女中在北新桥大二条①，后来搬到哪儿去了。钱粮胡同旁边叫什么？

杨：魏家胡同。

阎：隆福寺的北边。

杨：隆福寺北边，什锦花园？

阎：不是什锦花园，好像那儿原来有一处房子，后来也卖了。从我记事儿就都是租房住了。民国以后，就是自家的房产没了，卖了，然后就租房住了。可能一个是房住得合适，孩子上学方便，一个是也得考虑房租。我就想，多少次搬家可能都跟房租有关系。房租合适，总是找能住得开又便宜点儿的。（笑）

我知道的就是公益巷儿②。我姐姐跟我都不是在王大人胡同生的，

---

① 北新桥大二条：现名交道口北二条，交道口东大街北侧，呈东西走向。东起雍和宫大街，西止安定门内大街，南有两条支巷通交道口北头条，北有支巷通交道口北三条。全长 681 米，宽 6 米，沥青路面。明代属崇教坊，称二条胡同。清代属镶黄旗，沿称，宣统时称大二条胡同。民国后沿称。1965 年整顿地名时将针鼻胡同并入，改称交道口北二条。"文化大革命"中一度改称红日北路三条，后恢复原名。现胡同内有北京第六医院等单位，余为居民住宅。

② 公益巷：国子监街南侧，呈南北走向，中间曲折。北起国子监街，南止方家胡同，东邻青炭局胡同，西靠马园胡同，全长 188 米。明代称交趾号胡同，清宣统时称为公益巷，至今沿袭未变。

我姐姐生在方家胡同里头有一个小胡同叫公益巷儿，我生在交道口大三条，那时至少是两三年搬一处。从我大弟弟开始就都在王大人胡同了，在王大人胡同就比较稳定了，至少住了十几年。等于从我懂事儿了，上小学，都在王大人胡同住，我这三个弟弟，前两个都是在王大人胡同生的。所以我印象最深、记忆里头有的就都是王大人胡同了。

从东直门大街和东四北大街交界的北新桥那十字路口往北数，头一条就是箍筲胡同，第二条就是报恩寺，第三条就是王大人胡同了，再往北就是炮局、雍和宫了。王大人胡同在北新桥北，是东西走向的胡同，差不多中间偏东路南的一个小胡同儿，这小胡同儿没有名，就一块儿排着号。这小胡同里头有三家，三个门，路西一个门，在里边，我们是头一个门，叫丙60号。我们这个小胡同口上一边拿砖垒的这么两个砖垛子，我们小时候藏猫猫什么的常在垛子那儿藏。

开始是这一个院儿七间都是我们住，北屋五间，中间这一间开开门儿有两个台阶儿，台阶儿下来有砖铺的甬路，这甬路呢一直连到大门口，等于这么拐一个弯儿。北房两边的两间叫耳房，那会儿不是有用人嘛，好像那耳房是用人住的。像冬天，基本上就堆点儿东西或者什么的。活动就在这三间房，这三间呢是我们一家，祖母跟我两个叔叔住西边一间。我父母带我们几个孩子住东边，中间叫堂屋，相当于现在的客厅。我三叔有工作了，他就带着太太搬出去租房住；我三叔没工作了，太太跟我三叔又都回来住。

没有那么些单人床，屋里就俩炕。里屋这炕是我爸我娘带着我们几个孩子，那时候就不分，反正都是亲的热的了，亲戚孩子来了，什么侄子了，表侄什么的，可能再挤下俩。那边呢是我祖母，两个叔叔，不是经常都在。要说平常住闲的就是一个住东屋，一个是住耳房。

房租情况我也不太知道，后来可能是房租涨了，人口多，住不起。不是说人口多增加房子，而是越来越缩，越减。那个房东姓郭，给房东管事的，就是管家姓杨，那姓杨的就搬进来了，他们占了这个北房两头的各一间套间耳房。我们住北屋三间，还有东房两间。后来他们又办了一个煤铺，这煤铺冲西那边开个门就占了东房，等于那东房就给我们留了半间。我就记得，就是里头搁一个铺板床，这儿搁一个水缸，那么一个地儿，可能夏天能在里头切切菜什么的。东房的半间就是我们的厨房。我们家好几个住闲的都在那儿住过。

就我印象，我们住北屋的时候，东屋换过好几拨人。有印象的就是涞水方家的，有一次是姐儿俩，我们叫大姑二姑，不知道是哪房的，哪一支的，反正住过一段儿。东屋等于平常没有亲戚的话，就做厨房，老妈子就在那儿搭一个铺，叫下房。后来东屋不是我们的了，光北屋。北屋最边上那个套间好像搁个炉子什么的做饭，或者是堆点儿乱七八糟的东西。这主要住呢就住中间这三间。周末苏大叔上我们家来，等都安排好了，我苏大叔就告诉说："你们都快躺下啊，躺下了我就有地儿了。"他把俩大八仙桌对起来，然后谁再拿四把椅子也接上，算一个"床"。就这样，到周末就这儿横躺一个，那儿竖着躺一个。

等那个耳房人家也用了，东屋也没了的时候，就剩东屋那半间，我记得赵妈就住那儿。可是后来呢，收了一个也姓阎的老头儿，是因为有病，就在我们东屋那儿住，后来死在那屋了。赵妈就在，我们管它叫加堂屋，就等于这三间屋中间那个"厅堂"，天天晚上搭铺，就是早上起来拆了，晚上再搭上。

王大人胡同……我小时候是七间，后来就是五间，等于最后就是三间了。一直到日本快投降了，1944年后半年，王大人胡同口有一个铁工厂叫小细铁工厂，后来知道是日本的一个军工厂，就说要轰炸都紧着日本的兵工厂先炸。我母亲怀着孕，后来我父亲母亲带着我俩弟弟就搬到鼓楼地安门大街方砖厂辛寺胡同。就剩我跟我姐姐俩人在王大人胡同住。那会儿常识都不太懂，其实从王大人胡同搬到鼓楼旁边躲这炸弹也躲不开（大笑）。

在辛寺胡同，我八老祖儿他们住南房，给我们租的东房，1945年我这小弟弟就在辛寺胡同那儿生的。后来我们又搬回王大人胡同。1947年、1948年吧，大爷爷把我这八老祖儿接走去台湾了，我们就搬到辛寺胡同原来他们住的那三间南屋了，就不在王大人胡同住了。

杨： 现在不叫王大人胡同了吧？

阎： 叫北新桥几条几条。原来王大人胡同平行的这三条胡同的对面，就叫大头条、二条、三条还有小三条。这边后来也叫条了，他们说这边叫北新桥的几条，那边叫安定门的几条。

2. 王大人胡同

杨： 您对王大人胡同有什么印象？就整个这条胡同，房子的印象。

阎： 印象很深，这条胡同比平行的那俩（胡同）稍微宽点儿。王大人胡同的东口儿往北，应该是俄罗斯使馆，就是后来苏联大使馆。北新桥那一带人都管它叫"俄罗肃馆"，嗓子一拐弯，都那么叫。我们小时候，我现在想肯定是"一战"前后吧，苏联赶出来一些叫"白俄"[①]，我不知道他们是在使馆里头，或者使馆区干点儿什么事儿。

有时候中国人也评论他们，互相传，说："你看，这是月初……"那会儿管发工资叫"关饷"。"这刚关了饷，你看她们的篮子里头……"就是白俄老太太，她们买东西都提着挎到胳膊上的一个篮子，买肉啊，也买鱼呀。要到月末吧，一般这篮子里头就是土豆，就没那么丰盛了。

王大人胡同的东口儿，3号就是一个大院儿。我有一个同学在那个院儿，但她是寄人篱下，住她的舅舅家，没上到小学毕业就回老家了，所以我去过那个大院儿。

跟我们这小胡同斜对着的叫大康里，从东口往西有三个小胡同，那三个小胡同就叫大康里头条、二条、三条，都跟大康里排着。这大康里跟大康里头条之间就是四个我说的铺面房。从东数第一个，我们就管它叫油盐店，我印象没有名字，就叫油盐店，好像没有牌匾，不像那个粮店叫永顺成。这个油盐店也就那么两间门脸儿，小时候觉得那里头挺丰

---

① 白俄：指20世纪上半叶流亡于中国上海和东北等地的俄罗斯难民，他们集中居住于上海租界，特别是上海法租界中。白俄在中国度过了日本占领的艰难时期，1949年中华人民共和国成立后，上海的白俄就陆续迁出了。

富的，什么都有。反正居家过日子，吃的油盐酱醋，你像没有洋蜡了，那儿有；煤油，就是点灯的煤油也上那儿买去；煤油灯泡子、灯罩子坏了呀，也上那儿买去，都是居家过日子使的用的。到夏天一些青菜这儿也卖。其实现在想起来规模真是不大，就有点儿像解放后的副食店似的，但是应有尽有，甚至于连一般小孩儿用的文具也有，我们那会儿一人一个石板，就是薄木头框，中间是一块黑的石头的那么一块板。

杨：我知道，拿白的……

阎：叫石笔，我们管它叫画石，就是能画能写的那个石头棍儿。这石笔其实就是比小手指头还细的那么一根棍儿，就那么一小截。两三根石笔，一个石板，像粗毯子那样的布卷这么一个小卷，就当擦子，小孩儿上学都得有这个。一般到你做作业用笔在纸上写的时候才用本呢，一般练习或者是跟着老师写都用石板。这一个石板能跟着你一年两年，然后底下弟弟妹妹接着用。粉笔那都是老师用的，小孩儿都是用石笔。

杨：小时候我也用过。

阎：那时候小学都有写字课，实际就是毛笔字，有大字、小字。写小字的小字本是长方的格，一行一行的竖行，一行比方说 22 个格，今天给你留写三行小字。作文本呢是两行中间有一趟竖格，就跟后来的稿纸似的。

杨：啊，也是竖的吗？

阎：对，竖的，竖行的小字本、作文本、大字本。大字本就是米字格，一张或者是 16 个格，或者是 9 个格。这个油盐店也代卖这些简单的文具。今天回家写作文，一看本，剩下最后一张了，就拿几分钱上那小铺买去了。要买正式的文具，得从王大人胡同出口往南，走得比较远。一般胡同里头有这么一两个小铺，它是以油盐酱醋为主，也卖一点儿零碎东西，但是不卖那针头线脑。

杨：不卖这个？

阎：啊，针头线脑就得出去，那会儿管那叫"绒线儿铺"。要买白棉花线，那会说买一桄儿，就是一缕，不像现在有轴那个，要是轴线就讲究了。

　　杨：是挂还是桄?

　　阎：他拿那个桄子，就有点儿像放风筝绕线那样的一个东西。就拿那个桄子都打成线以后，然后就这么绕，绕，绕，（示范）有多少绕是一缕，然后稍微这么一拧，这就是叫一桄线。

　　杨：那跟一子儿线有什么区别呀?

　　阎：不叫子儿。

　　杨：不叫子儿，其实就是一子儿线。

　　阎：就是说这个量词，大概在北京至少有这么好几个叫法：一桄、一子儿、一缕。

　　那会儿的桄有粗有细，比方说买一桄白棉花线，一桄蓝棉花线。人家就问你："要三分的要五分的呀?" 就是有大缕的，有小缕的。

　　杨：挂面不也是一子儿一子儿的。

　　阎：面条叫一子儿，现在不知道都怎么说了。

今王大人胡同，已更名为北新桥三条

杨： 因为现在都是包装好的，或者按斤。

阎： 油盐店旁边是一个裁缝铺，裁缝铺旁边是一个小酒铺，酒都是散打的，在台子上搁着那么几个酒坛子，酒坛子上头有一个蓝棉的像套似的盖。那是一块方布搁到那个套上，上头箍好了，底下等于四个尖这么一盖，这四个尖就把这坛子给罩住了。坛子里头（的酒）可能级别不同，价钱不同，比方这是多少钱一两，那是多少钱一两的，都不一样。他还卖一点儿小酒菜，一般就是煮花生米、"玫瑰枣"就是桂花糖枣，炸花生米，炸花生米又分白的跟有皮的这么两种，还有煮咸花生。

杨： 主要就是花生。

阎： 哎，就是老夫妇俩，老头儿老太太，好像他们没有孩子，自己经营自己做。他们就住这个屋子，拿这柜子一挡，后边就是床，就那么一间铺子半间门脸。夏天门前头稍微支出来点儿，就好像窗台支出去那么一块儿，他那个酒坛子什么的就摆在门口。

再西边就是烧饼铺。大概他们老乡就在大康里头条那儿开了一间猪肉铺，猪肉铺呢有熟肉，这烧饼铺每天从那儿拿过来酱肘子。所以买烧饼可以给你夹上酱肉，管它叫酱肘子夹烧饼。说起来也算个笑话，我贺家的那表哥，小时候他有时候一回家，他的祖母，他叫太太，问他："你大舅妈给你吃什么呀？"说："烧饼夹酱肘子。""嗬，真香。"他长大了，他跟我说："那会儿不知道，姥姥家生活挺困难的。"这烧饼夹酱肘子可以赊，他们去呢就在那烧饼铺赊。等他们走了，姥姥家吃饭还是吃窝头。

烧饼铺就那么一小条，还不够一间屋呢，也是后边搭一个床铺。他们是哥儿四个，卖烧饼的是老三，一条腿有毛病。我前些年去，这间屋还有，是他们老四住啊还是谁住着呢。

3. 搬了多次家

后来从辛寺胡同又搬了，我能记得的至少有五六次。从那儿也是，从东房搬到南房，上个月阎枫她们开车带我还去了，那院儿全变样

217

儿了。

杨：就那个辛寺胡同，现在还有吗？

阎：还有，就在方砖厂里头的一个横胡同。方砖厂在地安门路口的北边，后门桥北的第一条胡同叫帽儿胡同，在帽儿胡同的北边就是方砖厂。方砖厂进去以后路北的一条胡同叫辛寺胡同，现在叫辛安里。这条胡同里头有一个大院子，解放前是一个市长住的。12 号，13 号是一个天主教堂，后来煤矿文工团的前身在 12 号那儿，现在的鼓楼医院也在那个胡同里头。

我们住那院儿是 7 号，从那儿又搬到交道口，在圆恩寺南边的板厂胡同。在这之前还搬到我舅妈那儿住过一段，就是东四北大街十二条口那儿。还搬到我一个同学那儿，土儿胡同。

杨：这土儿胡同在哪儿？

阎：交道口路口南边路东了，头一条胡同就是土儿胡同。现在还有没有？

杨：那您家怎么会搬了那么多次呢？

阎：我理解就是原来自己的房子没了，有时候互相介绍吧，托人什么的，孩子上学就近啊。但是都没有就着我爸爸上班近，我爸一直就有一个车。

杨：卫生局在哪儿啊？

阎：就在现在中南海呀。那会儿北京叫市府，要说上班了就说："上哪儿去？""上局子去了。""局子"，就是哪个局。要不就说市府的，说："在哪儿工作？""市府。"就是中南海里头，好像市政府的各局都在那里头，我去过一次。

4. 摇煤球

阎：每年快到冬天的时候，家家的主妇都为这一冬的煤操劳，发愁。一般还不到下雪就准备这一冬的煤球了。我说的就是经济情况比较好的那几年，到秋后就该找人在院子里摇煤球，别等到下雪了。

那会儿有骆驼队，从京西门头沟那边过来的。骆驼身上一边一袋子驮着煤末子，主妇就跟他讲价钱，说好了，然后他就给送进来。进来呢就问："煤末子倒哪儿？"要是不下雪的时候，就倒在院子的一个地儿堆成一堆。还有硬煤就是煤块儿，也是门头沟那边拉过来的。硬煤比煤球禁时候。另外呢还有碎煤渣，其实也是硬煤，就是比较碎了，"蓬火"的时候用。

我们那北屋前头门两边有这么宽的台阶，台阶就是比院子地下高出一块来，台阶上都晾煤。有那么一两年年景好的时候，就跟我说的杀猪的一样，还自己买煤末子，找那个摇煤球的来摇。

摇煤球的呀，他到秋末的时候都在这胡同里头串。他们都是扛一个筛子，有一个大板儿锹，有一个我不知道叫什么，也是那么一个木棍儿，前头是一个比较薄的平的那么一个铁板，他就拿这个东西"咔咔咔"切（煤）。

杨：有点儿像刀似的。

阎：哎，在这根棍子前头不是锹，不是铲东西的，它就是切割的。他们挑着筛子走在街上，人家就知道这是摇煤球的。

杨：也卖黄土是吧？

阎：也卖黄土，也有单卖黄土的，他们都互相有联系，认识。比方卖黄土的就告诉哪家哪家要摇煤球，你们就去吧。卖黄土的一般就是城外的，什么东直门外、安定门外的散户。他们知道城根哪儿有黄土，到时候就推着那种独轮小车，一边一个，或者是麻袋，或者是那箩筐，一车黄土多少钱。一般大人都知道或者是人家知道，你是多少煤末子，用多少黄土。反正黄土掺多了，这煤不好烧，黄土掺少了呢……

杨：那煤球是不是定不住啊？

阎：反正也不是怎么着它就炼渣子，渣子多就是说这煤没有完全燃烧，就都粘在一块儿了，可能这是黄土多。

我有时候上学中午回来，或者是周末，看见他们干活儿，小孩儿看着也挺有兴趣的。院子是一个长方形的，砖铺的甬路把院子分出来这么两块儿长方形的土地，他们在这土地上摇煤。他在地上先铺上一层煤末子，然后把煤末子从筐里头这么掊、掊地倒成一圈儿，再把黄土搁到里头。然后就往圈的中心倒水，一边倒呢，一边拿这铲子就和煤，就把煤末子跟黄土全都和成泥了。反正就是和成像咱们蒸棒子面窝头那个程度，不能太湿，太湿拿不起个儿来，也不能太干，太干就散了。然后他就拿锹把这些和好了的全摊到铺好的一层煤末子上。然后拿大铁锹来回抹，把它抹平了，跟一块厚毯子似的，他就拿那个切割的东西，"咚咚咚"就跟那个小孩子打格似的，先竖着这么一刀一刀地切，实际上横格就出来了，然后他再转90度，再那么横着切，就把这一块和好的煤饼全都打成小方格。

杨：我见过，切成小块儿。

阎：小方格就跟那酱豆腐似的，一块儿一块儿的。他就把那大筛子放在一个花盆上头，用大铲锹把剁好了的方块儿铲到那筛子上头，花盆等于是一个轴，就用两手摇这筛子。

杨：就跟摇元宵似的。

阎：哎，跟摇元宵似的，就这么来回摇。如果他觉得比较湿，他就再撒点儿干的煤末子，一会儿这方块就摇成球了。开始也是摊在地上晾，晾那么两三天。他要是在附近干活儿，过两三天他来看看。他要是上远处干活儿，他就告诉你这本家儿："等过两三天您翻翻。"那家里人自个儿就拿锹把它翻翻，就是让两边都晒晒，晾干了。我们有耳房的时候，就都收到屋里头，后来没有了，就都搁到北屋前头那个台阶上。

另外还有碎煤渣，叫煤砟子，其实也就是硬煤，但都比较碎了，就用来"蓬火"。

杨：什么叫蓬火？

阎：蓬火就是晚上睡觉前拿那碎煤渣添在火炉里，压上，不让它着得太快，可以维持到天亮，火没灭，早晨就不用现生火，后来又叫"封火"了。在北京城里头，要是炉子晚上封上，白天不用的时候蓬上，就比较省劈柴，好像一冬天也用不了多少劈柴。劈柴也论筐卖，买一筐劈柴，有时候炉火接不上了（要灭）就用劈柴重新点点，就可以让火着得旺一点儿。这一直到五几年才有蜂窝煤的吧？

杨：从我记事儿的时候就没用过蜂窝煤。但我还见过用煤球，您说切割成小方块儿，我还见过。

阎：那是在哪儿见的呢？

杨：胡同里头就见过，人家在门口，切成小块儿，我还不知道那是干什么的。

阎：使了一冬天，不管是煤球还是那个硬煤，都有好多煤末子，一般的大人就让孩子，像我跟我姐姐就干过，就叫"掇煤揣儿"。就是拿一个破盆，把这煤末子都搁在里头，拿水和了，这回就不用掺黄土了，基本都是煤球剩下的煤末子。然后就拿像小勺似的那么一个东西，就一个一个地在台阶上这么掇。掇出来的有点儿像饺子似的，稍微长一点儿，两边有点儿尖。要是剩的末子多，就用水和成煤泥，摊平，用破菜刀片横竖切割成小方块晾干，铲起来当煤球用。这也能凑合着再烧几天，哪儿都不能浪费了。

还捡煤核（音"胡"）儿，烧完了剩下的那个灰不能就倒出去，倒在一个筐或者一个筲箩里头。然后小孩儿放学了就在里边挑挑拣拣的，里边还有黑心的就挑出来，管这叫煤核儿。煤核儿就是还能烧的剩煤，比如中午饭做完了，下午不用让火着太旺，就把这煤核蓬到里头，就是延长它的时间。

也有跟煤铺买煤，那会儿叫"叫煤"。我们周围都有煤铺，煤铺是用柳条编的筐装煤，买煤就论筐，比方说我要一筐或者两筐煤球，两筐硬煤，两筐煤末子，大概这够过最冷的冬天。叫煤的时候，有的时候来回倒那个筐，也许能留下俩筐，把煤搁到筐里头，那么摆着。

一般冬天吧，那会儿像现在说的公务员，各单位不一样，有的有点儿福利，比方说两家分一车，或者是给半吨什么，叫硬煤，硬煤就是煤块儿，就是门头沟那边拉过来的无烟煤块。

5. 冬天烧炕

阎：北京那会儿家家都是有这么一个炕，就是整个这间屋子吧，靠窗户这半拉都是炕。那炕是砖砌的，炕底下有一炕洞，在上炕的这"墙"中间有一个空的洞，从炕这头一直通到炕里头，叫炕洞。把这炉子（很小的一个火炉子）生好了以后推到里头去，整个炕就热了。

一般的家啊，像我们三间屋子就烧一个洋炉子，搁中间这屋子，那两屋呢，有那么一个小炕炉子搁在炕洞里头，也叫小白炉子，实际上就是家里找谁弄来的小洋铁筒似的，底下弄两爪儿什么的。说是烧炕，实际不是烧炕，就是搁一个小炉子。农村那个是烧炕，那是连着外头做饭，那烟哪热气呀都跑进来了。北京这是有一个小炉子，叫炕炉子。

杨：我姥姥说他们用过白炉子。

阎：对，叫小白炉子。白炉子一般的家儿呀，就自己弄一个，实际上就是这么一个小铁筒，底下弄一炉算子，上头搁上煤。

6. 吃水

阎：就我们那一带吧，没有自来水。有自来水那都是解放以后了，街上有一个公共水管子，这一片都用这个。再后来，也是五几年开始，院子里头有自来水了。我小时候管那个卖水的地儿叫井窝子，这一条胡同就都吃这个水。

杨：卖水的地儿叫井窝子，那儿有井吗？

阎：那就是井，自然的一个井。卖水的把那个井水全都打上来，有两个就跟那个大木桶似的水槽子，这两个大水槽差不多一间小点的屋子这么大。那俩大水槽供这一片，那也好多户呢。我印象（管）这个井窝子的他们是一家人。后来我们在辛寺胡同，我们住那院儿里西屋那一家就是卖水的。我在王大人胡同住时，这井窝子就在我们那个东屋的南边，再往南往西边一个胡同叫骆驼脖儿，东边一片地叫草场，中间就是那个井窝子。现在想起来夏天那儿还真是个好去处，有几棵大树，我不知道它是算机井啊还是压水井？它也有一头小驴儿。

杨： 那小驴儿干吗使啊？

阎： 可能那小驴在那儿转，那水就出来，但是我不太懂它那结构，好像不是人在那儿压。它那是一个挺大的院儿，那两个大水槽子老满着，夏天一进去就觉得那里头阴凉阴凉的。他给周围送水，就推那么一辆独轮车，"哧溜哧溜"老远就听见水车来了。

他这车子上头啊是两个椭圆形的大桶，上头有盖。他推到门口，这个桶靠边的这下方有一个洞，有一个塞子，他在地上搁一个给你挑水的水桶，那个塞子一拔就放水，放满了，他把那塞子一塞，就挑起两桶水往缸里倒。今天倒了比方说两挑，就是四桶水，他就在我们大门口外头，拿那个石笔在砖墙上，画两道儿，都跟鸡爪子似的。就跟那投票写正字，一个正字齐了就知道这是五票，他这个是倒一挑水就画一道儿，画齐这五道儿就知道是五挑儿水。到月底他就知道你这一个月有多少个爪子，就算出你这一个月水钱是多少。这叫送水的，送水的都是一个月一算账。

杨： 在住家门口画？

阎： 在住家门口画。这个水缸就在院子里或是厨房那儿搁着，他都熟悉，他就是给你挑满了为止。如果今天他挑了一挑半就满了，明天他就多给你倒半挑，这种互相的信任感都是长年累月的。那会儿家里有暖壶的很少，急着用水呢就都用那个氽子，我不是跟你说过用氽子坐点儿开水。一般的那个茶壶外头有壶套子也能保点儿温，小孩儿一般就喝凉开水。一般来客人了要沏茶，就拿氽子，反正都用火炉子。用的时候把火捅开，拿火筷子扎个眼，有火苗了，就把水氽子往里一搁，一会儿就开了。

杨： 那会儿送水是不是尽是山东的？

阎： 他们反正都有口音，山东、河南的。

杨： 我姥姥跟我说过，送水的就是山东的，叫"三哥"，好像说不能叫老大，不能叫老二，就得叫老三。

阎：不叫老大是因为武大郎，叫老二好像还可以吧，都叫三哥。我想想啊，是说天津有个"论（音"杳"）儿"，怎么叫来着……忘了。

我们小时候就已经知道东直门那儿有自来水厂，但是解放前没通到各家各户。

我们王大人胡同住家靠着南墙根有三个大缸，一个是水缸，这水缸到冬天就挪到厨房里去了，夏天在外头。那会儿夏天说水缸穿"裙子"了，就是……（笑）

杨：什么叫水缸穿"裙子"了？

阎：就是要下雨了，天要下雨返潮，这缸里头有多少水，缸外头你就能看到这一圈是湿的，颜色比上头深。

杨：哦，这叫水缸穿"裙子"。

阎：水缸穿"裙子"了，就是说要下雨了。水缸上头一个大石板子盖着，里面是水。有的时候我娘叫我上院子打一壶水，坐到厨房那个火炉子上。我小时候特别爱听大人或者大一点儿的孩子（讲故事），像我表哥，我就磨他讲鬼故事，又爱听，又害怕。讲完了，人走了，哎哟，自己就怕极了，哪儿也不敢去。（笑）我娘要让我去打一壶水去，我说："娘，那您别关门，您在门口站着看着我。"我娘说："行。"我就拿着壶，有水舀子，拿水舀子往这壶里头灌水，一边灌一边回头看着。等我听见那北屋门咣当一声，我这壶"啪"就扔了，我就往回跑，也不知道怕什么。（笑）

7. 厕所和下水

阎：脏水一般的就是洗衣服的水和泔水，泔水你知道吗？就是剩的菜汤啊或者是做饭洗菜那些水，那会儿就叫泔水，家家都有一个泔水桶。这泔水桶就是装厨房的那些剩菜汤洗碗水什么的。院子里没有下水道，我们院子有一个沟眼（就是在靠近大门的院墙下边掏出一个方形的洞），夏天院里要是存水了，院里的水顺着那沟眼能流到外头去。外头小胡同地面是土地，它就慢慢渗下去了。反正要是雨大，夏天下连阴雨，院子里胡同里都存水。

我们那三间北房后墙根就是王大人胡同的小马路了，我们那后墙根跟这个胡同的地面之间有这么一个小土坡。泔水就得及时倒出去，就都倒在那土坡上，尤其冬天，你不倒出去，它就冻了，后面水就没法倒了。我忘了那是哪年了，那是日本投降以后了，有一段时间北京配给的都是那个红高粱米，淘那米的水都红极了。就记得我跟我姐姐抬着这个泔水桶出去倒。正赶上那个巡长在那儿串街，他就跟进来了，拿着警棍就嚷嚷，说："不能倒街上。"我娘就出来说："我们下回不倒了，下回不倒了。"一般老太太就这样跟他对付。

那回我五叔在家，我五叔就出去了："你瞎嚷嚷什么？你们卫生捐、卫生费年年收月月收，收完了那脏水仍没处倒，你不让倒，倒哪儿啊？你说让倒哪儿啊？"我五叔一直就是个文弱书生似的那样，我从来没见过他跟谁红过脸、吵过架，那天也跟他那儿嚷嚷。哎，这一嚷嚷，马瞎子他灰不溜儿地就走了。

杨：那巡长叫马瞎子？

阎：哎，这是这一片居民给他起的外号。我小时候就有这么个印象，你要是软弱吧，他就欺负你；你要稍微横点儿，当然啦你得有理，他就蔫儿了。真是，他们那会儿隔不多时间就来收，不知道什么捐什么税，反正有卫生捐，有这个税那个捐的，收了钱以后，这类问题他一点儿都没给你解决，脏水还没处倒。

我们那会儿管厕所叫茅房，上厕所叫上茅房。茅房那个茅坑到时候隔两三天淘粪的来给淘走。

我有一次在我一姑太太家，他们在车辇店胡同住的时候，那是自己的房。

那会儿就说家里有自来水，有"恭桶"，管那个卫生设备叫"恭桶"，这就算经济状况是上一层的了。他们有这卫生设备，我就不太懂啊，坐到那儿，比如你大小便完了，冲的这水是从哪儿来的？

杨：就是抽水的马桶？

阎：嗯，那马桶上头不是有一个水箱嘛，水箱那儿有一根绳，拽一下，这水就冲了。我就挺奇怪："这水是从哪儿来的呢？"我就把水箱上头的盖给拿起来，拿起来一看哪，里头有水，还有一个玻璃泡，这么大的一个玻璃球。

杨：就是现在马桶里那个塑料球的作用是吗？

阎：可能是，那会儿是一个玻璃泡，我也不懂那是什么结构，干什么用的。我就拿手一捅那玻璃泡，不知道怎么，那玻璃泡，跟它连着的那钩掉了还是这泡碎了？反正水就流一地，我就吓跑了。

家里的垃圾，那会儿屋里扫了地以后，拿那土簸箕倒哪儿呢？一般在门口就在门垛子旁边放这么一个土盆儿或木头箱子，实际就是一个垃圾盆儿。每隔两三天有人收走，管这类工人叫"倒土的"。就是脏水污水没人管，没有下水道。

8. 照明

阎：解放前基本上都是煤油灯，煤油贵的时候，有的时候就用那个，管它叫小油灯。就是家里自己捻这么一根长的棉花捻，搁在一个小碗或者一个小碟里头，把食用油，买便宜点儿的吧，倒在那小碗里头，那棉花捻就能点着了，也便宜，能使几天。要不就老催着我们晚上天黑之前最好你能把作业都做了，晚上就不用点灯熬油了。

一般不是为了大范围的照亮，比如说家庭主妇晚上要给上班的等门，孩子都睡觉了，要在那儿做点儿针线活儿什么的，一般就点那么一个小油灯。洋蜡应该说还是比较贵的，但是为临时用，家里都预备点儿洋蜡。平常用的就都是小的、短的、白色的蜡，红色的蜡就是办事儿的时候用的。

杨：红蜡是不是粗啊？而且底下是有那个孔的吧？

阎：底下都有那么一个洞，因为要插到蜡扦上，蜡扦呢就是这么一对，铜的。

一边一个，中间是香炉，一个香炉俩蜡扦儿嘛。过去讲中国什么都是对称的,这个对称就常常用一个香炉俩蜡扦做比喻。这蜡扦儿呢,它上头都是一个挺尖的那么一根铜扦,所以把那蜡要插到上头,这个蜡是比较讲究的蜡,底下粗,上头细,不是圆柱,越往上越细。底下粗的那个底上,有一个一插就进去的那么一个眼儿。

插蜡扦的那个蜡才有眼儿呢,一般就是年节或者是办事儿的时候用。还有的就是家里有祠堂或者佛堂,有的讲究的就是长年有个灯,或者是长年点蜡,或者是那蜡老搁那儿设着,什么时候有事儿用再点。我听说,像讲究的,比方王府或者比王府稍微次一点儿的那种叫大宅门还是叫什么?不叫府叫什么?

杨:宅门之类的。

阎:哎,那样的,它单有祠堂,就是有下人专管祠堂的,那他就负责,反正白天蜡都点着,或者是佛堂那香老让它着着。

杨:供佛长明灯嘛。那洋蜡呢?

阎:洋蜡就是灰白色的,都是一边粗的,一般都是上头点着了,滴几滴蜡油,往那儿一坐就行了。

抗日后两年,那会儿是有电灯了,家里没有现在这些电器设备,就一个灯。虽然有电灯,但不是每个月都能用得上,这月家里钱不够了,没交上钱,下月就给你掐了,你就没电灯用。你这月交了钱了,下月给你接上电,叫接上。这么想可能还是比较贵吧。经常弄那一个煤油灯,到时候就拿那个煤油灯去油盐店灌那么一下子煤油,没多少钱,几分钱,一毛多钱。

杨:还是那个煤油便宜。

阎:那是抗日战争末期了,还都让给电灯外头做一个灯罩,就拿黑布做面,红布做里,罩到那灯罩外头,就是你这屋子底下有亮,但是从外头看不见亮,意思就是让飞机在上头看不见屋里有亮。

杨:别暴露目标。

阎:哎,怕暴露目标。另外,都让窗户上头做帘子,也是外面黑的,里面红的。那也是一笔开销呢。那会儿还让玻璃上头都贴纸条,就

227

剪了那个纸条都贴成米字，就怕炸了以后玻璃碎了什么的。

9. 猪胰子

　　我们小时候像我们那样家境的人家，平时洗手洗脸（用香皂好像是太奢侈了），大多用猪胰子，有卖的，也有自己做的。记得过年时，如果杀一口猪，就让人家（宰猪人）把胰脏剔出来留下，然后加上碱一起熬制（不知还需要加什么"料"），熬成黏稠的糊状，再晾晾，出出水汽，然后用手揉成一个个的核桃大小的球，晾干后就是猪胰子了。另外一般洗手，也买一种有点香味的碱块，它是用模子做成花形、桃形等不同形状，大概比香皂便宜很多。

四、步行和包月车

阎：基本上大人孩子上学干什么的，就靠两条腿，都是走。我上中学的时候北京有了有轨电车。有轨电车基本上就是绕着天安门这一圈儿①。我想可能就是西四、西单，现在是不是叫二环呀？

杨：西四、西单不是二环呀，西四西单都是城里的。

阎：不是环哪？就这一圈儿，平安里、西四、西单，然后过天安门，那边东单、东四，就绕这么一圈儿。

杨：城里绕一圈儿。

阎：这一圈儿叫环行。因为我们同学买月票，上学。

杨：哦，那挺有钱的了。

阎：也算中产吧，她上学比我们远点儿，班里头比方50多人吧，有那么三四个有自行车的。

杨：呦，那有钱啊。

阎：有那么两三个有月票的。那时候中午兴借月票，那会儿不贴相片，就是拿着月票转一圈儿去，实际就是坐坐车，过过瘾。（笑）我们家离学校也挺近的，也没有想过给孩子买月票，没有这条件。

杨：您说那会儿崇慈女中在什么地方？

阎：崇慈女中在安定门二条，后来搬到东四那边，我就上女二中了，我就没……

---

①　有轨电车：北京1924年12月就开始有第一条有轨电车线路，自前门到东直门。以后又陆续增设了7条路线，但是基本上在内城和前门、天桥一带运行。临近解放，由于营业亏损及当局为备战等，致使大量电车损坏或停运，市内行驶的电车只有西城一两辆车。

杨：对，搬到那儿去就变成私立的了是吧？

阎：对，日本统治时期叫市立女六中，后来又恢复了，算崇慈了。崇慈在二条的时候我就上了一年，我就转到市立女二中去了。所以等于没怎么坐过这公交车。

杨：您要是住王大人胡同，到钱粮胡同那边也不远。

阎：啊，那会儿都走着。我后来在女二中上学，我跟我姐姐从鼓楼辛寺胡同，就是穿过黑芝麻胡同、圆恩寺，穿过两条胡同到女二中上学。解放初我们家搬到西城，在二龙路那儿住，我弟弟他们上学也都是走着。

杨：您父亲用一个包月车？

阎：对，用一个包月车，时间大概也不长。他有包月车那会儿，那是因为我舅舅死了，我舅妈一个人守寡，带着几个孩子，就把他们那个包月车连人带车推荐给我们家了。因为我们家人口多，也就多一个人吃多一个人住，那个人是河南人，叫刘三，人也挺好的。刘三的那个包月车就早晚送接我爸上下班，等于白天在家里，有事儿他也帮着干干，也弄弄。

杨：是住在您们家？

阎：住在我们家，就有这么一个车。后来我们家这经济状况越来越不行，他还拿我们这儿当一个基地似的，他也出去拉坐去，就等于他也得奔他自己的生活。没多长时间他就回老家了。

后来我爸上班大概有一段时候，也是有过一个包月车，那可能就是外边雇的，那种包月就是上下班，白天跟我们家没关系。

我记得我小时候大概上过一年幼稚园，在分司厅。上幼稚园的时候是一个比我们家还困难的我一个本家爷爷，我叫三爷爷，天天来背着我去。

杨：分司厅就是安定门内那个？

阎：对，分司厅有幼稚园。这样呢他在我们家吃两顿饭，早饭、晚饭。这爷爷那会儿是属于也没什么能力，没辙的那么一个人，那会儿就是他背了我这么一年，我有印象。

五、我们家的礼俗

1. 祖宗匣子和妈妈口袋

阎：我看过原来毓贤的照片，我小时候我们家有……就这么大的，管它叫"影"，在西墙那儿挂着。

杨：为什么挂西墙啊？

阎：满族人敬重的东西都挂在西墙，我看过一个材料，这是跟什么有关系？

杨：我听我姥姥的舅舅，他们跟我说，他们家原来有那个妈妈袋子①，就是挂在西墙上的，我觉得这是不是都是有关系的？

阎：满族凡是祭祖的或者是保留的那些老祖宗的东西，我们西墙上有那么一个，好像叫祖宗板子还是什么？在墙上钉一个横板，横板上是一个挺长的、黑的，算箱子还是算匣子呀？也是那种跟箱子似的，打开盖儿，合上就是有两个扣儿扣上，还有钉儿能锁上。有那么一个长匣子，那个匣子里边有几个老祖宗的影，卷起来的照片儿。还有可能是赖图库的，就是哪一代老祖宗打仗用过的铁帽子，有这么一个帽盒，帽盒是圆的。

杨：多高？

阎：盒子这么高吧，（示范）上头是一个尖的，就像沙丘似的，圆

---

① 妈妈口袋：旧时满族人家里每生一个男孩就绑一个五彩线或蓝布条，男孩再有了儿子就在代表他的布条下再绑布条，有几个儿子就绑几个，女儿不计。一辈辈传下来，布条就成了一个树形家谱，放在一个袋子里保存，这个袋子就叫"妈妈口袋"。"妈妈口袋"是满族的家谱。

锥体的，底下是一个圆柱的，上头是一个圆锥，这么样的一个……

杨：大概有多大？我觉得那个铁帽挺高的呢。

阎：大概，我小时候觉得挺大的。

杨：得有三尺吧？

阎：就是我说外头这个盒子，圆柱得有这么高。

杨：差不多三尺。

阎：上头也有这么高，就是那圆锥。

杨：那不是三尺，一尺多。

阎：也就是说底下要有一尺，上头有不到一尺也差不多。

杨：九寸八寸。

阎：因为它里面有棉垫和托，还能占点儿地儿。要是拿出来，帽子本身不会有那么高，没有二尺，（笑）我有一回还比画比画，挺沉的呢。

杨：那是什么样的？

阎：铁的，就是有点儿像现在舞台上还是电视里的那个，但是我就觉得古人戴着，他怎么戴呀？脑袋这儿，里头也没有棉垫，那就这么扣到脑袋上啊？

杨：那多硌得慌啊？

阎：多硌得慌，多疼啊！挺沉的呢。上头好像有这么两圈儿，就跟塔尖儿似的，一层比一层小，中间上去一个，顶柱那儿又多出一个小疙瘩来，就那么一个东西，铁的，这儿好像有一个檐儿，这么下来。后头稍微长一点儿，前头没有帽檐儿。反正在"文化大革命"中，我都没问我娘怎么弄的，它是埋了还是砸了？要砸也挺费劲的呢。

杨：是不是"大炼钢铁"的时候……

阎：没有，没有，那没有，不会把这个……1959 年，我们家那个祖宗匣子里头本来有一个"影"，就是老祖宗的相，是彩色的，我不知道是哪一代的。故宫也不怎么有人听说了，跑来找，跟我爸爸说。那会儿说给 500 块钱，要收这个相，我爸就说："我不能把老祖宗卖了。"那会儿 50 年代，500 块钱挺多的呢。

杨：那时候一个月也就挣几十。

阎：就是啊，我爸就没犹豫，也没跟别人商量，说："那不能，不能把老祖宗卖了。"我后来（"文革"后）还说："还不如那会儿就送给故宫了。"

杨：您看老祖宗那个彩色的是照片还是画？

阎：画儿，是彩色的画。另外就是有……你刚才说妈妈袋子，我不知道那个是不是叫妈妈袋子。一个一个小木片儿，一根绳拴一个片儿，一个片儿就是一个人，上头是一个总的，好像就是这个家族有史以来知道的始祖，然后下边两根绳三根绳就是底下有三代两代人。每一个男丁都有一个片儿，都拿那个绳拴着。如果这个男丁下面空了，就是他没后人了，然后一支一支地这么排下来，那也是家谱。

杨：那还不太一样，他们说那个妈妈袋子好像谁死了之后剪点儿头发。

阎：啊，那我没见过。我说的这个也是一个家谱，这个家谱就是每年大概是秋天吧，不会是春天，春天不是老有这毛儿那毛儿的嘛。秋天太阳好的时候，拿出来把这些东西都晒一晒，晒的时候孩子们能看见了，就提溜起来看看，挺新鲜的。这都是 1966 年以前，反正每年都晒晒，有时候我赶上在家了，有时候没在家。

我知道家里那个，就是一提溜，一根绳儿连着的那个家谱。对家族来说现在确实就是件文物了。另外，像那会儿老祖宗的影，我现在也说不上来是哪个老祖宗的影，还有帽子什么的，这些都挺珍贵的。老祖宗留下这点儿东西到我们这一代没给保住，全都给折腾没了。我爸那会儿，我不是说有一个影像，故宫来人说要收。

杨：我知道。

阎：那会儿 500 块钱是挺值钱的，比现在五万还值呢。我爸后来还这么说过呢："将来如果咱们家里留不住的话，捐给故宫也不能要这钱。""文革"那会儿那气氛挺紧张的，所以我就告诉我娘就都处理了，连家谱后来都烧了，都没了，没存住。尤其我退休以后，只要有空，我就想着法儿的……想找跟我们家族有关的，哎，有时候看见点儿什么我就记上，看见点儿什么我就记上。

2. 年节

阎：至于说到过年，那时候日子再不济，过年时也总要按老"规矩"——实际是习俗去安排，去过。比如一过了腊月二十三，就忙着办年货，主妇——我娘，就忙着备年货，除去把鱼啦、肉啦的准备好外，年根底下还要发面蒸馒头、包子、豆包什么的。三十儿晚上那顿饭是比较讲究的。那时北京人吃面食多吃米少，可三十儿晚上一般吃白米饭，因为有菜，晚饭前得上供、祭祖。

我的印象，过年前买一条鲤鱼，那活鲤鱼在缸里养几天，现在想起来那一缸水多腥呀。好像说鲤鱼比别的鱼都好，反正在那个缸里有时候一条，有时候两条，我有一回扒着那缸看，说这鱼还活着呢！就是做一整条的鱼，挺大的。到上供那天，把那鲤鱼从缸里捞出来，活的，在鱼身上贴一红纸，放到盘子摆到供桌上，就表示供的是活鱼。供完了再拿到厨房宰杀烹制。

杨：一会儿就做了。

阎：撤下来做。讲究的时候是八个碗，反正我数不上来，一个鱼、一个肉，肉是一个大方块，在一个大盘子或是一个大碗里。一个鸡，剩下的是你说的素咸食，实际就是素什锦。有一盘馒头，馒头都点上红点，都拿大料挑长得匀称的那样的，蘸那个红色的水儿在馒头中间点上，一点不就是一小梅花嘛。（笑）

其实我们不是长门，但是我爸爸等于是这一辈的，算是长孙吧，说不上来是不是正统维持似的。所以我父亲就好像是就整个阎家家族的长门长孙似的那样，到过年的时候，祖宗牌位摆在那儿，上上供。这本家吧，到过年的时候还都上我们那儿去拜祖宗，就是冲祖宗牌位磕头什么的。

反正到过年的时候我娘是挺累的，比较辛苦。王大人胡同院里南墙根有两个或者三个大缸，一个缸是水，水缸；一个缸就是咸菜缸；一个缸就是过年，有点像东北那种专搁干粮的，就是过年的时候蒸馒头、蒸包子、蒸豆包、做干菜馅儿包子什么的，弄得挺费劲的，还自己做点儿年糕。另外，我们家从西安回来以后，传下来的这么一个烙的面食，西安管这叫锅盔，我们叫锅饼，挺大的，可着大号铛烙的锅饼。冬天就搁一缸，跟一个天然冰箱似的，都在那儿冻着。那会儿讲究就是正月不动刀什么的，好像不止是破五儿，正月十五以前，不过我们家好像不那么论那老礼儿了，也做，至少初几那几天不做饭，就捡几个蒸蒸就吃。

另外，好像我娘在这些亲友里面做饭，怎么说呢，人家都说她做得这么好那么好，我娘也是累了一辈子，受累的命。像我说的这个一姑太太，还有像我二姑家，过年前买来一袋面搁这儿，让我娘给他们蒸，蒸馒头、蒸包子、蒸豆包，然后他们带走（笑）。

杨：您家过年还有什么吃的？素馅饺子吃不吃？

阎：吃，初一吃。管素馅儿叫攒馅儿，怎么叫攒馅儿呀，就是杂七杂八各种东西，要讲究点的话，也是口蘑。

杨：我发现老北京的东西老有口蘑。

阎：对，口蘑提味儿。菠菜、粉丝、黄花、木耳，白菜当然有了，鸡蛋。

杨：为什么吃素馅儿饺子？

阎：就是初一不杀生的意思。或者是整个正月都不杀生，有的正月一直到初五，破五儿以前不干活。其实在北京城里住的人无所谓干活不干活，反正就走亲戚什么的瞎串。初二吃馄饨，馄饨就是荤的了。其实就是以初一这一天为主，初一不动刀、吃素、不杀生。不动刀，反正就是凶器什么的就都不动，这样一年就平安，就顺。初二北京家家都吃馄饨，初二是祭财神的日子，馄饨样子像元宝，取其吉利的意思吧。过去每年初二的早晨我爸爸都去财神庙，不带我去。我干爹，实际上是一女的，应该叫大姑姑吧，她雇一马车，每年初二一早儿坐着这马车来，接上我爸然后去财神庙。回来有时候带回点小玩意儿什么的。

我不知道你知道不知道年三十儿晚上踩岁。

杨：不知道。

阎：好像从三十儿那天，或者头一两天就有那个，就像报童似的，那个小孩儿就在门口吆喝着："芝麻秸儿、松木枝儿。"实际就是松树枝子，现在想起来呀，不是松，是柏树，都是侧柏那种叶子的。

杨：不扎手的那种。

阎："芝麻秸儿"就是把芝麻摔出去以后的那个秆儿。他就一捆儿一捆儿地在门口儿卖。二十三前几天啊就开始嚷，送财神爷（指印好的画像）来了，送灶神爷来了，说"送"，其实解放后不是说相声的也说嘛。那芝麻秸儿、松木枝儿也是，到三十儿晚上前还有呢，白天都"送"，买那么几捆儿吧，就从街门到屋门这之间，不是有甬路嘛，就铺在地下，三十儿晚上啊，可能初一早晨也是，就都让大人孩子在那上头踩，叫踩岁。

杨：就把那晦气给踩下去是吗？

阎：哎，实际就是说送旧年，把这旧年送走了，迎新年，有这么一个也不是很正当的仪式，也算习俗吧。我不知道这是旗人的还是老北京的（习俗），那点儿钱好像还买得起。有的时候就包括送灶王爷的小孩儿，我娘都，比如他说五分钱吧，给他一毛钱，甭找了。就因为那些小孩儿都挺穷的，就靠着这个，也就挣几分钱。我们家也不怎么重视这个供灶王爷这样的事儿。

我不知道是因为我们家境的关系还是旗人没这讲究，我就没什么印象过八月节。

杨：哦，没怎么过八月节？

阎：中秋节，邻居家，我们那会儿都叫街坊，人家过，拿一个大杌凳儿摆上，我们看人家好像还摆兔儿爷。那会儿出去买泥塑的兔爷、兔奶奶搁在那儿，然后供上月饼。我们不怎么过，有时候人家送几块月饼给孩子分分。北京普遍就是自来红、自来白，也吃过，但是好像没有像过年那么重视……是因为穷，不做这个事儿还是整个习俗就不一样？我就不知道了。我不知道旗人过这节跟那个什么，是不是跟汉人不一样？
但是过年的时候呢，确实比较隆重。

3．请安

阎：解放前我们亲戚互相来往，还都请安的。

杨：那您家是不是请那"蹲儿安"啊？

阎：是啊，"蹲儿安"是女的。

杨：是，我姥姥说她们跟您家请安还不太一样。

阎：是吗？

杨：您家女的就这么着请安嘛，这么着，把手放在这儿，这么着。
（示范）

阎：不是，手放在这儿。（示范）

杨：哦，放在膝盖上。手放在膝盖上这么着吧，往下坐着是吧？

阎：哎！

杨：我姥姥她们是把脚这么一错，这么着请安，还不太一样。

阎：现在在电视剧里头都是这样。

杨：脚步一错那么着？

阎：嗯，我们不是，我们就这么一蹲。

杨：就是手放膝盖上一蹲？

阎：我上我后姥姥的娘家去，他们也不准是欢迎我，就是净逗我。
我小名叫妥，"小妥来了，请个安"。就这样，就好像看着新鲜似的。
因为那会儿不是都鞠躬嘛，就是满族人家还请安。我就觉得像我们家，
像贺家，至少在这些礼节上，一进这家你就能看得出来。

杨：我姥姥还给我专门说过这怎么请安。

阎：是吗？

杨：啊，她们也请，但是您对她们家这印象，这气氛浓吗？

阎：家里头知道的不太具体，就是在受璧胡同的时候我去过，好像
不是常去。像我二姑的婆家，还有就是我说的，后来跟着那景嘉爷爷去

那个……

杨：一姑太太，您的一姑太太，杨家？

阎：对，实际就是十一姑太太，就是作为孩子来说吧，给你的印象，就是一进这家和一进那家，感觉不一样。我就觉得像杨家，像贺家，明显的旗人的礼节一直维持得比较久，而且好像……是家里的整个气氛比较强调这个，还是就是那么熏陶的。好像家里头连挺小的孩子都怎么怎么着的，是不是有这么一个印象。

杨：像我那个太舅姥爷，就是我姥姥的舅舅跟我说过一个词叫"旗派儿"，是不是您感觉就……

阎：可能有关系，你姥姥的舅舅。

杨：关家。

阎：关家是满旗还是汉军旗？

杨：就是旗人，他们家是镶红旗。

阎：瓜尔佳吧？

杨：不知道，不知道他们到底是不是老姓？老姓就说是关。

阎：姓关应该是瓜尔佳，应该是。

杨：我感觉也应该是，但是他们自己不知道，就说是关。

4. 称谓

阎：我们小时候的那个称呼，现在基本上都改了，比方管母亲叫"娘"，管父亲叫"爸"，不叫"爹"。实际呢，我父母亲他们那一辈，管母亲叫"奶奶"。

杨：哦，他们那一辈管母亲叫"奶奶"？

阎：管奶奶叫"太太"。我们小时候还是管奶奶叫"太太"，但是已经不管母亲叫"奶奶"了。叫"娘"的时候其实都是姨娘。

杨：叫"娘"的时候都是姨娘？

阎：嗯，这是不是旗人过去称呼？

杨：那我姥姥她们都管母亲叫"娘"。

阎：我也叫"娘"啊，我就是说在以前，因为他管母亲叫"奶奶"。像我父亲什么的，管他的母亲都叫"奶奶"。其实那个祖母也是续弦，就叫"奶奶"，我母亲也管她叫"奶奶"，儿媳妇儿嘛。儿子、儿媳妇儿都管老太太叫"奶奶"，我们叫"太太"，就是孙子辈的。

杨：哦，是这么叫。

阎：嗯，一直叫，反正在我记忆里一直叫"娘"。可是解放以后呢，我们一说"太太"人家就乐，这祖母因为一直活到90多岁，我们也就随着我堂妹妹她们也叫"奶奶"了。

"姑姑"，不是这么叫。平常说话就说"姑姑"，但是称呼，我们家就是"姑"一个字，二姑、五姑、姑。

杨：我姥姥还是叫"姑姑"。

阎：是吗？我们就是"二姑""三姑"这么叫。现在我那侄子侄女也是叫我"二姑"，不叫"姑姑"。可能要是就一个（姑姑）的话，也许就叫姑姑，我没有这具体体验。（笑）所以从称呼上我觉得，你说是不是老北京，好像至少也是三代都在北京，这称呼不一样，不知道从哪儿带来的。

我舅妈的两个孩子住我们家，我娘是他们的姑姑。我也不知道他们是哪儿来的称呼法，他们管姑姑叫"姑爸爸"，管姑父叫"姑爷"。

杨：管姑姑叫"姑爸爸"？

阎：对，叫"姑爸爸"，这称呼我就不知道从哪儿来的，我也问过她，她说她们家……就是我舅妈娘家的侄女管我舅妈也叫"姑爸爸"，这可能是从他们那儿来的。我们家，就是满族的这些亲戚没有这么叫的。

北京还有管姑姑叫"娘儿"的，就稍微有一点儿阴平音的"娘儿"。"三娘儿""四娘儿""二娘儿"，有时候稍微高一点儿，"娘儿""娘儿"，就这样的一个音。

杨：叫"娘儿"是您家哪门亲戚？

阎：我们家没有，我小时候有个同学，按现在算，那也算老北京吧？他们有时候说话我就听着，管姑姑叫平声的"娘儿"。"我二娘儿"，我以为是他的二伯母呢。不是，是他二姑。（笑）我原来那老伴儿，他是浙江人，他们管姑姑叫"娘儿"。

杨：哦，他们叫"娘儿"。

阎：嗯，我不知道他们那儿都那样还是怎么着？是浙江叫"娘儿"？我听他说他爸的姐姐和妹妹，都说"二娘儿""三娘儿"。

我有一个同学，她说："这是我二爸爸给做的。"我说："你怎么还有二爸爸？"她管她大妈（伯母）叫二爸爸。

还有伯父，我们都叫大爷，我小时候的同学，有的就叫伯伯（音掰）、大伯，二大爷就叫二大伯。我怀疑至少是河北的或者外地来的，好像北京不这么叫。

杨：现在我反而觉得叫伯伯的多了。

阎：你要说叫伯父伯母，这就好像有点儿……

杨：很文雅了。

阎：就像书面用语用到口头上来了，所以从称呼上看，好像这变化也不一样，所以这称呼……

杨：乱七八糟啊。

5. 办丧事

阎：那会儿要办丧事儿的时候，我忘了喜事有没有，可能也有，叫"送幛子"。那会儿可以出份子，就像现在办喜事出份子，一个红包里头有多少钱。也可以送幛子，幛子就是一大条，拿竿挑上挂上，这么一大条，或者是绸子，或者是布料什么的，大概主要是绸子。一般要是死人的时候都是蓝的，喜庆的呢就是红绸子。"幛光儿"，就是幛子上贴四个字，比方说"永垂不朽"吧，那会儿不会是这个词，"千古"什么的，四四方方的菱形这么贴着，是正方形的，但贴时两个角在上下、两个在左右。

杨：不是正方那么贴。

阎：哎，是这么斜着贴的，菱形的四个大字，叫幛光儿。对，还有时候人家求我爸写幛光儿。就是这个（纸）买来的时候，这四张纸上头有印好了的花边，中间留着那一块儿就是……

杨：专门让人写字的。

阎：让人写字的。也有上款、下款，都写上。

我爷爷去世，其实我没什么记忆，应该也就两岁。但是后来总说，那会儿办事吧，我就想，作为我爸爸，是个长子，那会儿都叫发（音"伐"）送，发送就是办丧事。发送老家儿，大面上也得过得去，那时候并不富裕，但是也搭天棚，那会儿一办事，甬管……

杨：那个是齐脊大棚吧？

阎：反正是搭天棚，满墙的，因为你搭上棚了，那帐子就都挂到里头。要不然你在院子或者是屋子，那怎么弄啊？没法弄。有的人家呢就到庙里头去，庙里头有这个设备，等于是租用人家的地方，比方说是七天是多少天。要是自己在家里呢，就搭个棚，搭个棚办事。我后来知道，搭这棚可能就是我们家那个赵妈她女婿，我说叫魏祥的，都是他一手经办的。

6. 解放后的观念

阎：解放以后，就是当时人的一种观念，也说不上形成了人生观、世界观，就好像是要背叛自己的家庭去跟党走，去干革命，这就是最正确的、最先进的。至于家里头那些旧的亲戚呢，好像就像我们家的这些亲戚，尤其像我二姑他们这边的，那就等于跟封建的那些什么东西……就是从出身成分来说呀，不是属于革命的，或者是那一部分阶层的，是不是就应该远哪？

我就记得我爸爸去世，作为儿女嘛，我们当然都挺那个……记得就是你那个姑姥姥，来送了一个包袱。

杨：包袱里头是不是用银锞子、金锞子包的？

阎：对，是用金箔银箔（敷金银粉末的纸）叠成元宝形，祭奠亡人时把它烧化，意思是让亡人在阴间有钱用。然后放我爸那个，没有牌位，就是照片前吧。

杨：那会儿都讲究送这个吗？

阎：不啊，已经是解放后好几年了。我就心里头挺……因为我母亲还活着呢，我母亲呢，当然就也挺感激她的，就接待她。我就想：张大姐怎么这会儿还能弄到这类东西呢？就好像一解放，这些（都没了）。我后来往南方去，我觉得旧的东西南方保留得多，北京破得多。

杨：送包袱解放前很普遍的？

阎：解放前是很普遍。解放后都已经好几年了，市面上早就看不见了。

杨：60 年代了。

阎：60 年代了，我就一下子，我就觉得挺惊讶的，没有那种就是觉得，哎哟，这个表姐这么想着我爸爸，还给我爸爸送……就觉得，呦，张大姐年纪这么轻怎么还搞这一套，我后来当然跟谁也没说。

杨：但是现在回想起来就不是那种心情了吧？

阎：当然了，现在想想，人家是在那种环境下，还能用传统方式表达对亲人的关怀思念，当时真不简单。我这么想，北京文化层次比外地高一些，学校多，一解放所有的中小学生就普遍地开始接受新的教育，好像什么烧纸啊，祭奠死去的亲人啊，好像这些都是旧的，都是该革除的，这种观念就形成了。好像亲戚也不走了，那些什么上坟了，烧纸了，这些都该破了，都是迷信的东西，都是旧的。这种观念可以说是统治了这一代人。

我 90 年代末去深圳工作了几年，在我住的那个楼上就能看到下边，每一家门口都是出了门，好像左边是财神，右边是土地呀还是什么。就是天天早晨这主妇，从屋里出来第一件事儿先到门口上上香。这个村里哪家里头要是死了人吧，还就是这些活动，我也不必具体说。

杨：什么出殡啊。

阎：不仅是出殡。在北方我都没看见过，比方说这本家儿吧，弄一个像藤椅似的，实际是扎的那个纸活。上边抬着一个，算判官啊是还算什么？抬着这，然后一路走，一路吹吹打打，抬到我门口了我就跟着，抬到你们门口了，你们家人就出来跟着，越走越多这个队伍。就一直送到村头是哪啊？

因为我在的那个学校，叫机场实验学校，就是机场给附近村里办的一个私立中学，天天住在那儿，村子里的生活情况都看得见。我就觉得这个气氛怎么会（这样）？北京这些年都没见过。那时候清明节，学生就说："老师，怎么不放假呀？我们还拜山呢，都去不了了。"这不是这几年咱们也……

杨：都放假了。

阎：增加了清明节的假，我才把这事儿联系起来。我就想，确实"破四旧"呀，北京没等到"文化大革命"，一解放就全破了。当然在老年人的心里边怎么想，真实的情况怎么样？我就不敢说了。那时候十几岁，几岁，现在六七十、七八十的这一拨人。

杨：包括我姥姥当时二十多的。

阎：好像这一解放也确实是，解放前太……一个国民党那时候也太腐败了，一个是这个物价涨得太快……

所以，比我们大一辈或者是大一点儿，二三十岁的青壮年吧，比如我五叔他们，就对新事物接受得快。我觉得我爸爸可能旧的意识还多点儿，但是他也能在整个社会的生活上比较出来，解放以后慢慢安定下来了，像北京最穷的龙须沟改造了，还有政府各部门各街道办的这些实事。所以人们就觉得解放以后确实是天也变了，什么都变了，就对旧的那些，不说深恶痛绝，也就觉得不应该再那样了。包括一些习俗啊，所以那时候我就觉得人们好像，有的老人去给亲人上坟，都偷着，不敢跟子女说。子女就老觉得这个都是属于封建的、迷信的。

杨：所以亲戚之间的这些往来也就……

阎：哎，一个呢可能就是说也确实都忙，最主要的大概就是各种亲戚朋友之间原来解放前都是什么成分、什么身份，比较复杂，后来就干脆，好像基本上都不来往了。

杨：也有点儿政治压力。

阎：都不来往了。

杨：原来成天就是串门……

阎：原来这串门也就是女流，因为妇女基本上都是家庭妇女，也没什么别的任务，所以就都是互相串门聊天。解放以后那些稍微有一点儿文化，或者还能干什么的就都去找事儿干，那会儿叫找事儿，就是有工作了，也就顾不上串亲戚了。

杨：我感觉好像这些年，亲戚之间的这种认识又有所改变。好像"文革"以后，像您家、我姑姥姥她们家、我姥姥她们家，都逐渐在恢复这些东西。

阎：是，因为这种属于民族的传统的，"破"不掉的。嗨，尤其这十年"文化大革命"，破得太厉害了。在所有老百姓心里都觉得是整个民族的创伤。我最那个什么的就是……把家谱等文物全毁了。我在47中，47中等于是挑起全市武斗的最主要的学校，那会儿学校有一辆十轮大卡车，那学校规模也比较大，都是住校，开着车进城"破四旧"，回来就说又打死多少多少，就听他们说。所以我就给我娘写信，那会儿也没有电话……

杨：不是写信把照片烧了吗？

阎：对，就让她把那些该烧的都烧了，至于是烧了是埋了还是都怎么处理了，反正我觉得让我娘得安全，别因为这个……我娘的身体要是红卫兵进去噼里啪啦打一顿就完了。

据说红卫兵一进那院儿，看见我们家屋门上头有牌子，是军属，就说："哎哟，大娘，咱们是一家人。"

杨：怎么算军属？是因为您姐姐？

阎：我姐姐参军，有一个牌儿，给钉到门口了。北屋是房东，他们就把那房东老太太，老太太本来还是半瘫痪状态呢，那会儿没有轮椅，就是一个藤椅，老在那上坐着，后来给老太太揪出来，让她跪在地下也不怎么。我听我娘说，就是说她是房东，那会儿叫房产主。后来那个老太太就说："我们好几年不收房租了，我们把房交出去，但是房管局不要。"就说南屋阎太太知道，我娘就赶紧出去说，说这个……房东老太太，他们家那老头儿也是党员，是一个医院的院长，也是一个党员，早好几年就说："咱们不能收这房租，这属于剥削。"就交房管局，房管局不收。我估计那老头儿听到点儿什么风声，所以他就把各屋交的房租都交给我娘，让她搁到一存折里存上，说："将来怎么说再说，反正这钱我现在不收了。"我娘就拿这存折跟这个红卫兵小将说，说："房东啊是不收房租，房租已经都存到这儿了。"结果红卫兵就没打那老太太。后来他们赵家的人就老跟我们说，说："阎大妈救了我妈一命。"

参考书目

诗书继世长

《清实录》，中华书局，1985 年。

弘昼等：《八旗满洲氏族通谱》，辽海出版社，2002 年。

《（光绪）大清会典事例》，光绪二十五年刻本。

《清史稿》，中华书局，1977 年。

《清史列传》，中华书局，1987 年。

《东华录》，中华书局，1980 年。

《八旗通志初集》，东北师范大学出版社，1985 年。

《钦定八旗通志》，吉林文史出版社，2002 年。

道光己酉科直省举贡《同年录》。

咸丰五年乙卯科顺天乡试《同年齿录》。

《叶赫颜札氏家谱》，毓俊 1886 年重修。

［清］震钧：《天咫偶闻》，北京古籍出版社，1982 年。

［清］夏仁虎等：《旧京琐记燕京杂记》，北京古籍出版社，1986 年。

［清］朱一新：《京师坊巷志稿》，北京古籍出版社，1982 年。

吴廷燮：《北京市志稿》，北京燕山出版社，1998 年。

陈宗蕃：《燕都丛考》，北京古籍出版社，1991 年。

张德泽：《清代国家机关考略》，中国人民大学出版社，1981 年。

朱彭寿：《清代人物大事纪年》，北京图书馆出版社，2005 年。

吴廷燮：《北京市志稿》，北京燕山出版社，1998 年。

余棨昌：《古都变迁纪略》，北京燕山出版社，2000 年。

《义和团史料》（上下），中国社会科学出版社，1982 年。

《清末教案》（1~6 册），中华书局，1996—2006 年。

北京大学历史系：《义和团运动史料丛编》，中华书局，1962 年。

陶孟和：《北平生活费之分析》，商务印书馆，1930 年。

李鹏年等：《清代国家机关概述》，紫禁城出版社，1989 年。

张宗平等译：《清末北京志资料》，北京燕山出版社，1994 年。

［美］周锡瑞《义和团运动的起源》，江苏人民出版社，2010 年。

［美］西德尼·D. 甘博：《北京的社会调查》，中国书店出版社，2010 年。

［美］甘博、孟天培：《二十五年来北京之物价工资及生活程度》，北京大学出版部，1926 年。

胡绳：《从鸦片战争到五四运动》，人民出版社，1981 年。

翦伯赞主编：《中国史纲要》，人民出版社，1964 年。

李侃等：《中国近代史》，中华书局，1994 年。

耿申：《近代北京教育记事》，北京教育出版社，1991 年。

邓菊英：《北京近代教育行政史料》，北京教育出版社，1995 年。

定宜庄、汪润：《口述史读本》，北京大学出版社，2011 年。

定宜庄：《老北京人的口述历史》，中国社会科学出版社，2009 年。

定宜庄、郭松义等：《辽东移民中的旗人社会》，上海社会科学院出版社，2004 年。

郭松义等：《清朝典制》，吉林文史出版社，1993 年。

刘小萌：《清代北京旗人社会》，中国社会科学出版社，2008 年。

尹钧科：《北京历代建置沿革》，北京出版社，1994 年。

北京市档案馆等编：《北京电车公司档案史料》，北京燕山出版社，1988 年。

袁熹：《北京近百年生活变迁》，同心出版社，2007 年。

刘庆俄：《大海的女儿——颜一烟的生平和创作》，中国和平出版社，1994 年。

索　引

A

安达理（安达礼，安达哩）/4，10，20，21，22，23，24，25，
27，28，29，30，33，38，39，45

B

八老祖/13，15，49，123，213

报恩寺/43，114，143，212

C

菜包/204，205

E

二姑/43，44，70，73，78，86，87，95，108，109，130，147，
148，150，151，152，153，154，155，156，158，161，178，183，
235，237，239

二姑太太/13，14，118，120，129，130

F

方家胡同/8，43，94，100，170，211，212

方兆麟/165，166

168，169，181，195，231

Z